北京市专利代理师协会
首都知识产权服务业协会　组织编写

专利代理
流程实务指南

ZHUANLI DAILI LIUCHENG SHIWU ZHINAN

李　钟／主编

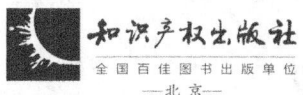

全国百佳图书出版单位
——北京——

图书在版编目（CIP）数据

专利代理流程实务指南/北京市专利代理师协会，首都知识产权服务业协会组织编写；李钟主编. —北京：知识产权出版社，2019.4（2021.10重印）
ISBN 978-7-5130-6130-8

Ⅰ.①专… Ⅱ.①北… ②首… ③李… Ⅲ.①专利—代理（法律）—中国 Ⅳ.①D923.42

中国版本图书馆 CIP 数据核字（2019）第 038052 号

内容提要

本书讲解了专利代理流程基础知识、中国专利申请流程、PCT 专利申请流程、中国专利无效流程、向国外及中国港、澳、台地区提交专利申请流程等内容，全面呈现专利代理业务中的主要流程操作内容。本书以能指导读者进行实际流程操作为基本原则，从具体流程操作角度出发，重点对专利代理流程的基本操作和操作中遇到的实际问题进行了详细阐述。本书的读者范围广泛，专利申请人、专利代理师、专利审查员及相关工作人员都可参考本书。

责任编辑：龚　卫　　　　　　　　　责任印制：刘译文
封面设计：段维东

专利代理流程实务指南

北京市专利代理师协会　　　组织编写
首都知识产权服务业协会
李　钟　主　编

出版发行	知识产权出版社有限责任公司	网　　址	http://www.ipph.cn	
电　　话	010-82004826		http://www.laichushu.com	
社　　址	北京市海淀区气象路 50 号院	邮　　编	100081	
责编电话	010-82000860 转 8120	责编邮箱	gongwei@cnipr.com	
发行电话	010-82000860 转 8101	发行传真	010-82000893/82005070/82000270	
印　　刷	北京建宏印刷有限公司	经　　销	各大网上书店、新华书店及相关专业书店	
开　　本	720mm×1000mm 1/16	印　　张	19	
版　　次	2019 年 4 月第 1 版	印　　次	2021 年 10 月第 3 次印刷	
字　　数	326 千字	定　　价	80.00 元	
ISBN 978-7-5130-6130-8				

出版权专有　侵权必究
如有印装质量问题，本社负责调换。

编 委 会

主　编： 李　钟
副主编： 李　强　谢顺星
编　委： 王德道　高永懿　党建新　李　泽　陈可南
　　　　　郭建伟　康雯星　杨德山　陈佳妹　张　亮
　　　　　于春晓　杜艺莹
编　者：（按姓氏笔画排序）
　　　　　丁　媚　王　雪　王　智　王学强　王静宇
　　　　　石丽燕　卢淑艳　吕米南　刘水清　汤亚静
　　　　　杨　莎　杨新华　杨德山　李泽艳　张　伟
　　　　　张　英　张　晶　陈佳妹　季向红　钟　晶
　　　　　宫传芝　贾　磊　郭　寰　高少蔚　康雯星
　　　　　覃月霞　薛义丹

序

　　1985年4月1日，伴随着我国第一部现代专利法的颁布实施，我国的专利制度建立，专利代理行业应运而生。经过30多年的发展，我国专利代理行业得到了快速的发展，截至2018年12月底，全国共有2195家专利代理机构（不含国防专利代理机构），其中北京市有专利代理机构580家，占全国专利代理机构总量的26.42%。

　　当前，我国经济发展进入速度变化、结构优化、动力转换的新常态。知识产权作为科技成果向现实生产力转化的重要桥梁和纽带，激励创新的基本保障作用更加突出。党的十八大以来，党中央、国务院围绕知识产权工作作出了一系列战略部署，"十三五"时期知识产权事业发展将迎来重大战略机遇，创新主体在知识产权保护和运用过程中对高水平知识产权服务的需求更为迫切。面对新形势，加快发展专利代理行业是加强知识产权保护和运用的重要组成部分，是建设知识产权强国的必然要求。

　　专利代理服务中，流程是案件流转的依据，专利申请流程纷繁复杂，存在较多的期限和程序。立案、撰写、答复、授权、缴费、复审、无效都必须做到毫无差错。专利错过优先权期限、请求实质审查期限、答复期限、办理登记期限和缴费期限而被驳回的情况不胜枚举。这些情况很大程度上是由于流程管理方面的疏漏造成的。从这方面来说，专利代理流程人员的业务能力对专利代理服务质量的提升有着非常重要的作用。2017年国家知识产权局印发的《专利代理行业"十三五"规划》就明确提出"加强对专利代理人助理、流程管理人员等辅助人员的培训"。

　　要加强对专利代理流程人员的培训，首先需要一本优秀的教材，没有专业的学习教材，专利代理流程人员就很难得到专利代理流程的系统学习。

　　本书全景展示了专利代理业务中的主要流程，结合案例对相应的业务流程进行深度讲解，既可以作为专利代理流程人员的入门培训教材，也可作为已从事专利代理流程工作的人员提升自身能力重要参考。同时从事专利代理服务行业的其他人员也能从本教材中获得自己需要的知识，提升自身能力，从而提高自身业务水平。

目前还没有一本公开出版的专利代理流程实务教材，因此，本书的出版发行在一定程度上填补了我国专利代理流程管理专业培训教材的空白。希望通过本书能有助于加强专利代理流程人员培训，提高专利代理服务质量，促进专利代理行业发展，从而助力我国经济的快速发展。

前 言

随着知识产权强国战略的不断推进以及公众知识产权意识的不断提升,包括专利在内的知识产权的申请量增长迅速,专利代理行业得到了极大的发展。在专利代理行业快速发展的同时,提升专利代理服务质量是提高专利质量、有效保护专利权人权利、推进我国知识强国战略的重要保障。

专利代理流程业务是专利代理业务的重要组成部分,包含了时限、处理方式等涉及专利权利稳定性、广泛性的重大问题,是专利代理服务质量的重要保障。据调查,大多数专利代理案件的非正常结案(业内称为"死案")都是由于流程业务处理不当造成的。

由于专利代理流程业务长期被行业忽视,特别是相关的教材比较缺乏,专利代理业务流程人员缺少专业的培训和指导,业务能力不能有效提高,这在一定程度上制约了专利代理服务质量的提升,影响了专利代理行业的快速发展。为规范专利代理流程人员的操作,培养更高效的专业流程人员,编撰一本专门针对专利代理流程的教材迫在眉睫。

本书由北京市知识产权局组织策划,并全程参与指导,北京市专利代理师协会组织行业专家进行编写,是国内第一本专利代理流程的教材。本书翔实地讲解了专利代理流程基础知识、中国专利申请流程、PCT 专利申请流程、中国专利无效流程、向国外及中国港、澳、台地区提交专利申请流程等内容,全面呈现专利代理业务中的主要流程操作内容,并结合操作中遇到的实际问题进行具体阐述。

教材类图书的编撰,其实用性是至关重要的。本书以能指导读者进行实际流程操作为基本原则,从具体流程业务操作角度出发,重点对专利代理流程的基本操作和遇到的实际问题进行了详细阐述。希望本教材能有助于培养适应中国社会发展需要的高素质专利代理流程实务人才,提升专利代理服务质量,为我国建设知识产权强国贡献一份力量。

　　本书在多方支持和努力下才得以出版，感谢在本书编撰过程中做出贡献的每一位领导和专家。

目 录

第1章 专利代理流程基础知识 1
  1.1 专利代理流程业务 1
  1.2 专利代理业务划分 2
  1.3 专利业务相关行政部门 3
  1.4 专利申请形式 5
  1.5 专利代理流程人员职业操守 7

第2章 中国专利申请流程 9
  2.1 术语及定义 9
  2.2 收文操作实务 13
  2.3 立案操作实务 19
  2.4 时限监控处理操作实务 24
  2.5 递交操作实务 33
  2.6 初审阶段流程操作实务 43
  2.7 实审阶段流程操作实务 48
  2.8 复审阶段流程操作实务 55
  2.9 授权阶段流程操作实务 61
  2.10 PPH流程操作实务 64
  2.11 保密审查请求操作实务 73
  2.12 著录项目变更操作实务 79
  2.13 文件办理操作实务 89

第3章 PCT专利申请流程 …… 97
3.1 PCT国际申请阶段流程操作实务 …… 97
3.2 PCT进入中国国家阶段流程操作实务 …… 111

第4章 中国专利无效流程 …… 123
4.1 请求方专利无效代理操作实务 …… 123
4.2 专利权人方专利无效代理操作实务 …… 136

第5章 向国外以及中国港、澳、台地区提交专利申请流程 …… 141
5.1 向国外提交专利申请流程操作实务 …… 141
5.2 PCT申请进其他国家阶段流程操作实务 …… 149
5.3 中国台湾、香港、澳门专利申请流程操作实务 …… 208

第6章 其他专利代理流程 …… 230
6.1 年费管理流程操作实务 …… 230
6.2 专利运用流程操作实务 …… 245

第1章 专利代理流程基础知识*

1.1 专利代理流程业务

专利代理,是指专利代理机构受专利申请人(或者专利权人)委托,以委托人的名义代为办理专利申请等相关事务。为处理专利代理相关事务,专利代理机构中工作人员可分为两大类:一类是以技术资料为基础,根据技术资料撰写申请文件以及进行文件检索、翻译申请文件、答复审查意见、处理专利无效等事务的人员,包括专利代理师及专利工程师;另一类是负责专利代理相关的全部流程业务,包括官方文件处理(官方文件制作、递交、收取)、客户沟通、信息处理(客户信息录入、客户文件转达)、与代理师之间文件流转、专利相关时限监管等的人员,行业内称为专利代理流程人员。

1.1.1 官方文件的处理

官方文件的制作:专利申请需要递交文件到国家知识产权局专利局(以下简称"专利局"),由其进行相关文件的审核。流程人员需要按照规定格式制作官方文件,有固定表格的按照表格要求填写相关内容,最终将标准文件递交到专利局。专利局网站上有专利相关手续文件的各类表格,供使用者下载使用。

官方文件的递交:官方文件的递交包括电子提交、面交以及邮寄三种方式。专利代理机构多采用前两种递交方式,其递交期限更准确,安全性更高。采用电子提交方式,是通过 CPC 客户端将所有文件的电子版递交到专利局或各代办处;采用面交的方式,需要流程人员递交纸质版文件到较近的专利代办处或者专利局;邮寄的方式在专利代理机构中较少采用,是将纸质版文件通过

---

* 编撰:陈佳妹,北京市专利代理师协会。审订:吕米南,北京维澳专利代理有限公司。

挂号信的方式邮寄到专利局或者专利代办处。

官方文件的收取：专利代理机构仅能从专利局 CPC 客户端下载有代理权限的官方文件，代理机构的流程人员负责收取及归档。电子递交的文件可通过 CPC 客户端直接收取、下载下发的官方文件。面交及邮寄的文件需要查收纸质版官方文件。

1.1.2 客户沟通、信息处理工作

客户信息录入：代理机构有新客户或者客户信息变更时，需要及时录入及更新客户信息，以保证代理机构与客户之间的顺畅沟通。

客户文件的转达：代理机构接收到官方文件，尤其是后续需要反馈处理意见或者需要客户确认的文件之后，需要转达给委托方（客户），并等待客户反馈。

1.1.3 与代理师之间的文件流转

在代理机构内部，流程人员与专利代理师或专利工程师之间的沟通主要为内部文件的流转，流程人员对代理师完成的文件进行编辑整理，整合成标准官方文件以递交到专利局及各代办处。在部分代理机构中，流程人员还负责文件的审核工作，对代理师完成的文件进行文件格式以及错别字等审查，提高官方文件的递交质量。流程人员与专利代理师/专利工程师之间的另一文件流转方面的交集为任务分配及任务提醒，流程人员根据要求及需求将代理任务分配给各专利代理师/专利工程师。

1.1.4 专利相关时限监管

专利代理业务中时限管理分为两个部分：一部分是法定期限或者指定期限，统称为官方期限监管；另一部分是代理机构自行设定的专利监管期限。官方期限是专利代理机构必须进行监管的期限。官方期限延误会导致严重的法律后果，如"死案"、视为撤回、视为放弃等。代理机构自行设定的专利监管时限，是专利代理机构为了提升客户体验、提高工作效率或者防止官方期限延误所设定的时间期限，如申请文件撰写期限、提供审查意见答复意见的期限等。

1.2 专利代理业务划分

专利权具有独占性、时间性和地域性。

（1）独占性。专利权是一种无形财产权，具有排他性质，任何人要使用

专利，除法律另有规定的以外，必须得到专利权人的许可，并按双方协议支付使用费，否则可能涉嫌侵权。

（2）时间性。专利权在有效期限届满后就不再存在，它所保护的发明创造就成为全社会的共同财富，任何人都可以自由利用。专利权的期限是由专利法规定的。

（3）地域性。一个国家授予的专利权只在授予国的国内有效，对其他国家没有任何法律约束力，每个国家所授予的专利权，其效力是相互独立的。

因为专利权的地域性特点，同一技术方案往往需要在全球多个国家进行专利申请，而且各个国家专利制度也会有所不同。专利的地域性在专利代理机构中体现为两种专利代理业务划分——国内专利代理和涉外专利代理。相应的，专利代理机构中也根据不同的专利代理业务进行流程人员分配。

1.2.1 国内专利代理

国内专利代理是指通过中文能够完成，且专利事务涉及的官方机构为中国专利行政部门的专利相关代理业务。

中国专利代理根据业务类型分为专利申请、专利复审及专利无效以及在中国境内以中文完成的其他专利代理业务（如著录项目变更等）。在后续章节中会详细介绍每种类型中国专利代理业务的具体流程及事项。

1.2.2 涉外专利代理

涉外专利代理包括需要用中文以外的其他语言进行处理的专利代理业务以及PCT国际专利申请代理业务。

涉外专利代理从业务实践角度分外内业务及内外业务两大部分。其中，外内业务指国外申请人以PCT及《巴黎公约》等方式进入中国的专利申请等业务；内外业务指中国申请人以PCT及《巴黎公约》等方式向其他国家进行专利申请等业务。

1.3 专利业务相关行政部门

我国《专利法》第3条规定："国务院专利行政部门负责管理全国的专利工作，统一受理和审查专利申请，依法授予专利权。省、自治区、直辖市人民政府管理专利工作的部门负责本行政区域内的专利管理工作。"国家知识产权局专利局是国务院直属的行政机构，履行上述职责。

我国国家知识产权局下设专利局负责专利申请受理、审查以及专利权授予工作。具体的，专利局设置有初审及流程管理部、专利文献部、自动化部以及机械、电学、通讯等多个审查部，并在北京、江苏、广东、河南、湖北、天津、四川7个省份设置了专利审查协作中心。

其中，专利局的初审及流程管理部是专利代理流程业务中交集较多的部门，其主要负责：受理专利申请及其他相关文件；收取专利费用；办理发明专利授权手续，颁发专利证书；管理专利代办处等事宜。

专利局的审查部及各省份的审查协作中心为专利审查工作的主要负责部门，其主要职责包括：

（1）对部分发明专利申请进行实质审查。

（2）对部分PCT国际申请进行国际检索和国际初步审查。

（3）对专利申请进行分类。

（4）作出实用新型专利检索报告。

（5）参与发明、实用新型、外观设计的复审和应诉。

（6）为国内企事业单位提供涉及专利申请和保护的相关法律和技术咨询等。在流程业务中，专利审查过程中的审查意见通知书来源于审查部或者审查协作中心。

我国《专利法》第41条规定："国务院专利行政部门设立专利复审委员会，专利申请人对国务院专利行政部门驳回申请的决定不服的，可以自收到通知之日三个月内，向专利复审委员会请求复审。"《专利法》第45条规定："自国务院专利行政部门公告授予专利权之日起，任何单位或者个人认为该专利权的授予不符合本法有关规定的，可以请求专利复审委员会宣告该专利权无效。"我国专利复审委员会❶为国家知识产权局直属事业单位，主要职责如下：

（1）对不服专利局驳回申请的决定提出的复审请求进行复审。

（2）对无效宣告请求进行审理。

（3）负责有关专利确权案件诉讼的应诉工作。

（4）参与专利确权和专利侵权技术判定的研究工作。

（5）接受人民法院和管理专利工作部门的委托，对专利确权和专利侵权案件的处理提供咨询意见。

---

❶ 根据中央机构改革部署，国家知识产权局原专利复审委员会并入国家知识产权局专利局，不再保留专利复审委员会。涉及原专利复审委员会的业务办理程序不变。

另外一个与专利代理业务密切相关的机构为专利代办处。专利代办处全称为"国家知识产权局专利局××代办处"（以下简称"代办处"）。代办处是专利局在各省、自治区、直辖市知识产权局设立的专利业务派出机构，主要承担专利局授权或委托的专利业务工作及相关的服务性工作。截至目前，我国设立的专利代办处共32个，分别为：北京代办处、长春代办处、成都代办处、重庆代办处、长沙代办处、福州代办处、贵阳代办处、广州代办处、哈尔滨代办处、合肥代办处、呼和浩特代办处、海口代办处、济南代办处、杭州代办处、兰州代办处、昆明代办处、南昌代办处、南京代办处、南宁代办处、上海代办处、苏州分理处、深圳代办处、沈阳代办处、太原代办处、西宁代办处、石家庄代办处、天津代办处、武汉代办处、乌鲁木齐代办处、西安代办处、银川代办处及郑州代办处。

专利代办处目前主要业务包括：专利申请文件的受理、费用减缓请求的审批、专利费用的收缴、专利实施许可合同备案、办理专利登记簿副本及相关业务咨询服务。

在专利申请文件受理方面，专利代办处可以受理的专利申请文件包括：

（1）内地申请人提交的发明、实用新型、外观设计专利申请文件。

（2）外国申请人及港、澳、台地区的申请人委托依法设立的专利代理机构提交的专利申请文件。

（3）与专利申请文件一同提交的其他文件。专利代办处不能受理的专利申请文件和其他文件包括：

①PCT申请文件及其他文件；

②专利申请被受理后提交的其他文件。

1.4 专利申请形式

我国《专利法实施细则》第2条规定："专利法和本细则规定的各种手续，应当以书面形式或者国务院专利行政部门规定的其他形式办理。"在专利代理行业中，以书面形式办理各种手续的专利处理方式称为纸件申请。目前，与纸件申请相对应的另一种非常重要的手续递交方式就是电子申请，即以电子形式办理专利相关的各种手续。

1.4.1 书面递交形式办理专利相关手续

以书面形式办理专利相关手续包括面交及邮寄两种方式。面交是指将专利相关的各种手续的纸质版文件直接递交到专利局受理部门。邮寄的方式是指通过邮局将专利相关的各种手续的纸质版文件邮寄到专利局的受理部门。如，目前我国专利局的专利申请受理部门为"国家知识产权局专利局受理处"，邮寄申请文件到专利局时，可注明"国家知识产权局专利局受理处"收。邮寄到专利代办处时，可注明"专利局××代办处"收。

对于面交到专利局受理部门的文件，文件的递交日为当日；而对于通过邮寄方式递交到专利局的文件，根据《专利法实施细则》第4条的规定，以文件寄出的邮戳日为递交日。但是，《专利法实施细则》第4条也明确规定，如果邮戳日不清楚，除当事人能提出证明外，专利相关手续文件以收到日为递交日。

1.4.2 电子递交形式办理专利相关手续

以电子递交形式办理专利相关手续是指通过专利局专利电子系统递交专利相关手续文件到专利局。

电子申请是指以互联网为传输媒介将专利申请文件以符合规定的电子文件形式向专利局提出的专利申请。需要注意的是，区别于有些国家使用专线网络或电子邮件形式进行电子文件提交，我国专利申请的电子文件通过互联网传输，且通过互联网提交到专利局的电子文件必须是使用专利局电子申请系统编辑和传输的、符合相应技术规范的电子形式文件。

专利代理机构及创新主体均可以注册成为电子申请用户。专利代理机构可以通过客户端为所代理的多个客户递交电子文件到专利局。创新主体自身可以通过专利局电子申请系统为自身递交电子文件到专利局。

使用电子申请时，除规定的某些类型文件外，各种手续文件都要以电子文件形式提交，而不能以纸质形式提交。

目前，发明、实用新型、外观设计专利新申请，进入中国国家阶段的国际申请，复审与专利权无效宣告请求，以及上述各种请求的后续中间文件均可以使用电子申请提交。而且纸质申请在任何审查阶段均可以转换为电子申请，转换过程可直接在专利局电子申请系统上完成。

但是保密专利申请不能使用电子申请形式，即使通过电子申请形式递交的普通申请经审查认为专利申请需要保密的，也会将该专利申请转为纸件形式后继续审查。

目前，虽然PCT申请国际阶段不能利用专利局电子申请系统进行处理，但是也可以通过网站在线进行PCT电子申请，网址为：http://www.pctonline.sipo.

gov.cn。而且专利局电子申请系统的账户可以直接登录上述网站。

通过专利局电子申请系统递交的电子文件递交时间为电子文件提交当日，且专利代理机构也可以从电子系统接收、下载专利行政部门下发的官方文件，此方法及时、便捷、高效。因此，电子申请也即采用电子递交形式办理专利相关手续是专利代理机构普遍采用的与官方对接的形式。

1.5 专利代理流程人员职业操守

1.5.1 遵纪守法

专利代理流程人员应遵守国家法律法规，按照《专利法》及其实施细则的规定为客户办理专利申请、专利复审、专利无效以及其他专利相关流程业务。按照国家法律法规要求协助客户准备专利业务相关文件。不得伪造专利业务相关文件，也不得怂恿客户提供虚假证明等专利业务相关文件。

1.5.2 勤勉尽责

专利代理流程人员应从客户及公司的角度出发，耐心、勤奋、尽职尽责，从以下几个方面严格要求自己：

（1）工作耐心、细心，努力避免工作中的失误。

（2）对专利相关各种手续文件进行检查，及时发现、修改、完善。

（3）对工作中获取的技术信息及客户信息保守秘密。

（4）按照公司要求及客户指示处理相关工作，杜绝个人主观臆断。

（5）提升团队合作意识，互帮互助。

1.5.3 专业高效

作为一名专业的专利流程人员需要掌握以下专业信息。

（1）不同专利代理业务所对应的专利行政部门。如专利新申请初期由专利局初审及流程管理部负责，复审及无效由专利局的复审委负责。

（2）不同专利手续需要的文件。包括文件种类及文件数量。

（3）各种专利手续文件的标准格式。可以从专利局网站下载或者从国家知识产权局发布的其他渠道获取文件，同时要关注专利局发布的相关信息，及时更新及调整递交程序。

（4）专利手续文件中信息要求。需要根据文件中规定的要求核对申请人提供的信息，保证提交的文件符合要求。

（5）熟悉专利局电子申请系统。

（6）熟悉采用书面递交形式办理专利相关手续。明确书面递交文件的国家专利部门所在位置、办公时间。

（7）专利手续处理期限。如补正处理期限、审查意见通知书期限以及缴费时间期限等。

（8）专利手续期限的计算方式。根据《专利法实施细则》第4条的规定："国务院专利行政部门邮寄的各种文件，自文件发出之日起满15日，推定为当事人收到文件之日。"专利代理流程人员需要根据官方文件的发出日期及要求的期限计算专利手续办理的最后时间。特别值得注意的是，计算复审委下发的复审和无效决定的上诉时限时不应包含推定收到的15个工作日。

专利代理流程人员要通过专业技能的学习、培训以及平时工作经验的积累不断巩固和提高专业技能，以更好地服务于创新型国家建设。

另外，专利代理较高的期限要求给专利代理流程业务提出了高效率要求。这是因为，专利代理流程人员的处理效率直接关系到专利代理各种手续的最终提交期限，如专利申请文件的提交日期影响到后续专利审查的新颖性、创造性，早提交一天可能会有助于专利授权，而晚提交一天可能会导致专利被驳回。因此，专利代理流程人员需要熟练使用专利局电子申请系统，提高专利申请及其他专利代理手续办理的效率，为创新主体（客户）服务，保护其创新成果。

第2章 中国专利申请流程*

本章从流程业务办理的角度介绍一件专利申请从客户委托到授权各个阶段的操作实务,并详细说明在中国专利局办理保密审查、著录项目变更业务以及文件办理业务的具体操作流程。此外,本章还将对在国家知识产权局专利局(以下简称"专利局")通过专利审查高速路(以下简称"PPH")处理专利相关业务的操作流程进行说明。

2.1 术语及定义

专利代理流程中某些固定的操作及文件具有统一的术语名称,本节对中国专利申请流程中所涉及的流程术语进行集中说明,具体如表2-1-1所示。

表2-1-1 专利代理流程术语

序号	术语名称	定义
1	发文	包含除通过电子邮件形式以外,通过传真、邮寄方式(含挂号信及快递发送)给客户发送文件的处理过程
2	收文	专利代理机构通过传真、电子邮件、邮寄等方式接收客户发送的文件或物品;还指对收到的文件或物品进行查询、登记并分发到各个部门的处理过程
3	确收函	客户或收信方以书面形式确认收讫专利代理机构发出的信函

---

* 编撰:刘水清、卢淑艳、王雪、宫传芝、杨新华,北京康信知识产权代理有限公司;2.1~2.4节审订:吕米南,北京维澳专利代理有限公司;2.5~2.8节审订:张晶,北京路浩知识产权代理有限公司;2.9~2.13节审订:石丽燕,北京万慧达律师事务所。

续表

序号	术语名称	定义
4	专利新申请	首次提交至专利局的或通过《巴黎公约》方式进入中国的发明新申请、实用新型新申请、外观设计新申请,以及在规定期限内将专利合作条约(以下简称"PCT")国际申请按照专利局规定的格式要求,提交PCT进入中国国家阶段的专利申请
5	新咨询	客户就一件事情咨询专利代理机构意见,但并未明确委托代理办理该项事务时,专利代理机构做的一种立卷处理方式,以便日后客户再提及相关事宜时,专利代理机构可以查询,保持答复的前后一致性,以及保持后续立案时的信息完整性
6	CPC客户端	用于将专利申请文件以符合规定的电子文件形式向专利局提交及接收专利局以电子文件形式向专利代理机构发送各类通知书的电子申请系统
7	收文同步CPC	通过CPC客户端,将专利局以电子文件形式发送的各类通知书同步导入业务管理系统
8	客户特殊要求	客户提出的与专利代理机构通用制度和规程不一致的与委托代理事务相关的要求
9	内部办公系统	专利代理机构内部使用的局域网办公系统,可实现内部文件的流转、信息发布、邮件传送、文件的审批等功能
10	内网	专利代理机构内部工作人员所用的,无法连接外部网站的计算机通信网
11	外网	可以连接任意外部网站,查询网上信息的计算机通用网
12	客户系统	可以实现专利代理机构与客户之间传输文件的系统,专利代理机构与客户之间往来的各类文件均通过该系统进行上传或下载
13	指示函日期	客户发来电子邮件时显示的日期、普信或者挂号信上的邮戳收讫日期、系统下载日期或快递签收日期
14	卷号	专利代理机构内部对案件的统一编号,可以根据不同业务类型设立独立的案件编号,如可以对咨询事项设立咨询卷号;对新案正式委托事项设立正式卷号

续表

序号	术语名称	定义
15	专利官方通知书	专利局根据《专利法》《专利法实施细则》和《专利审查指南2010》的相关规定，下发的涉及案件非实体内容的通知书。一般涉及案件状态等内容，不需专利代理机构答复，该类通知书的主要类型有：专利申请受理通知书、国际申请进入中国国家阶段通知书、初步审查合格通知书、发明专利申请公布通知书、发明专利申请公布及进入实质审查阶段通知书、发明专利申请进入实质审查阶段通知书、手续合格通知书、恢复权利请求审批通知书、审查业务专用函、退款审批通知书、专利证书等
16	专利官方审查意见通知书（以下简称"OA"）	指专利局根据《专利法》《专利法实施细则》和《专利审查指南2010》相关规定对专利申请进行实质审查，下发的涉及案件实体内容的通知书，通知书中会指出案件不符合规定的具体情况，该类通知书主要类型有：第一次审查意见通知，第N次审查意见通知书，复审通知书，分案通知书，驳回决定等
17	代理报告	将提交至官方的文件转达给客户并同时开具账单，缴费或者给客户提供其他法律服务并同时开账单的代理业务
18	任务	即时限，指完成一项工作需在规定的时间之内（规定的时间：可以是客户要求的时间、官方要求的时间以及专利代理机构内部要求的时间等）
19	官方绝限	答复官方的最后截止期限（包含绝限当天）
20	长期时限	官方绝限较远的时限，如年费时限、实审时限等
21	下任务	即下时限，指将需要完成的工作根据要求（即可以是客户要求的时间、官方要求的时间以及专利代理机构内部要求的时间等）下达给不同办案人，并在业务管理系统中体现该项任务
22	修改任务	即修改时限，指根据客户来函等信息在业务管理系统中对任务内容进行修改或标注
23	销时限	根据办案人入卷信息或以代理机构内部管理系统形式发送的文件核销任务，体现任务具体内容的附件需要存入文档系统并经相关销时限的办案人确认无误后方可销时限

续表

序号	术语名称	定义
24	延时限	办案人根据任务处理的实际情况提出延期请求，经上级审批的形式达成延长任务处理期限的过程
25	技术交底书	由申请人提供给专利代理机构的拟申请专利的技术说明性文件
26	新申请指示回应	专利代理机构收到客户委托向专利局受理处提交的发明专利申请、实用新型专利申请、外观设计专利申请或分案申请的指示函后，在规定期限内（一般为当日）确认收到客户相关指示并将严格遵照执行，同时与客户确认提交上述新申请时所需要的文件或信息的信函
27	DAS	优先权文件数字接入服务（Digital Access Service）简称DAS，是由世界知识产权组织国际局建立和管理，通过专利局间的合作，以电子交换方式获取优先权文件的电子服务
28	主动补正	专利申请人在未收到形式类补正通知书时，发现专利申请文件的形式缺陷并进行补救的措施
29	形式类补正通知书	专利局根据《专利法》《专利法实施细则》和《专利审查指南2010》的相关规定，通知专利代理机构需补正的非实体文件和信息，或指出非实体文件或信息不符合要求的通知书。一般情况下，通知书中会指出缺陷及应补正内容或信息，并要求限期补正。该类通知书的主要类型有：补正通知书、办理手续补正通知书、视为未要求优先权通知书等
30	保密审查	对于发明或实用新型申请是否涉及国家安全或者重大利益进行审查
31	发明	对产品、方法或者其改进所提出的新的技术方案
32	实用新型	对产品形状、构造或者其结合所提出的适于实用的新的技术方案
33	文档系统	代理机构内部用于管理和存储与开展知识产权代理业务相关的电子文档管理系统。存储的内容包括但不限于：专利业务相关文档、商标业务相关文档、法律业务相关文档、合同电子档、客户特殊要求中涉及的函件、操作手册等
34	业务管理系统	代理机构针对知识产权代理业务自主开发的一套适用于公司业务运作流程的软件系统

续表

序号	术语名称	定义
35	专利事务服务	专利事务服务（原专利审查流程公共服务）是专利局依照《专利法》《专利法实施细则》以及《专利审查指南2010》的规定，基于专利审批全流程中的文件、期限、费用、审批进程、法律状态等信息，面向公众、专利代理机构、专利申请人以及专利权人等提供的与专利审查相关的公共服务
36	文件副本和证明文件	专利文件副本和证明文件是为满足当事人在社会经济、法律活动中对专利相关文件的需要而设立的
37	文档查阅和复制	文档是在专利申请审查程序中以及专利权有效期内逐步形成，并作为原始记录保存起来以备查考的各种文件的集合。专利局仅提供专利申请文档中按照规定可以查阅复制的内容，如审查程序中专利局发出的各类通知书和决定书等文件的查阅和复制。请求人通过查阅和复制专利申请文档，可以了解专利申请的审批流程相关信息
38	文件备案	文件备案是指同一申请人或专利权人就多份申请或专利与专利代理机构签订总委托书，或者申请人或专利权人仅持有一份证明文件原件，而该原件又涉及多份专利申请或专利时，专利代理机构可以将文件原件交至专利局备案。专利局对专利代理机构提交的文件原件进行审核后，给出备案编号并将文件原件存档

2.2 收文操作实务

本节主要介绍收文操作实务，旨在指导专利代理机构流程人员进行收取和分发文件的工作以及需要注意的事项，以便使流程人员在工作中能够及时有效地将信息传递给相关人员。

通常情况下，专利代理机构在服务客户时，为了保证客户信息的安全性，应该将专利代理机构工作人员的电脑进行内网和外网的隔离，以便在有病毒或者黑客来袭时，保证专利代理机构内部工作的内网信息不丢失、不被窃取。

内外网的隔离也从一定程度上保证了专利代理机构人员在处理客户案件时无法直接将相关文件拷贝出公司，避免客户信息和专利代理机构信息的外泄。

除了内外网的隔离外，建议专利代理机构统一收文的归口，由收发文人员收取并分发邮件给相关人员，尽量避免过多的人看到不同客户的信息，降低泄密风险。

本操作实务主要是基于统一归口收文且实行内外网隔离的情形下收取及分发文件的工作。

2.2.1 收文分类

专利代理机构的收文主要分为以下三类：

（1）通过 CPC 客户端接收的专利局下发的电子类通知书。

（2）通过邮寄或从专利局直接取回的纸件类通知书。

（3）通过电子邮件、传真、快递、普信、挂号信、客户系统下载等途径获得的客户文件。

2.2.2 人员基本要求

收文操作对专利代理流程人员有以下基本要求：

（1）正确理解客户信函内容。

（2）快速、准确地完成分发工作。

2.2.3 期限要求

通常情况下，专利代理机构流程人员应在当日下班之前将所有收取的官方文件以及客户文件处理完毕。通过电子邮件、传真等电子方式的来函，最晚在收到客户信函的一个小时内完成收取分发等工作；官方下发的电子文件或纸件文件，涉及有答复绝限或者客户指定期限的，应当日完成收取、录入、任务下达等具体工作。

收文过程中涉及标注"urgent""紧急"等字样的信函或答复期限较短的官文，应安排优先处理。

2.2.4 实务操作

2.2.4.1 官方文件处理

1. 电子官方文件处理

（1）收取官文。打开 CPC 系统，点击【接收】，获取列表，下载当日需要接收的官文并进行计数。（注意下载完成后要确保所有官文显示"下载完成"，若有"下载失败""下载中"的信息显示，则需重新下载该官文。）

（2）导出官文。针对下载完成的官文，勾选希望导出处理的官文，点击

【导出】并记录总数。

(3) 导入专利代理机构业务管理系统。如专利代理机构业务管理系统与 CPC 有接口，可通过信息技术手段直接将数据同步到内部业务管理系统，若涉及未完整导入系统的案件，则需手动补充录入。

如专利代理机构与 CPC 无对接口，需将官方文件及相关信息逐个手动录入业务管理系统。

(4) 下载清单、核对数量。在外网登录专利申请网站 http://www.cponline.sipo.gov.cn，下载官文清单并与当日收取到的官文数量进行核对，确保专利局发文数量与专利代理机构收文数量一致。

专利代理机构可根据内部收文的数量确定核对周期，如官文数量少于 100 件的专利代理机构可以一周核对一次，官文数量大于 100 件的专利代理机构建议采取每日核对的方式。

(5) 处理电子官文。将电子官文分门别类地存放在相应的文件夹中，同时进行命名，命名时至少包含"卷号_ 官文名称_ 发文日期"。

按照专利代理机构内部的要求将官文信息发送给办案人及相关人员。（注意官文处理顺序，一定要优先处理有官方指定期限和法定期限的官文。）最后将官方文件上传至文档系统或者专利代理机构内部业务管理系统。若无相关文档存储系统，建议存放在公司服务器指定位置。

2. 纸件官方文件处理

纸件官文按照以下步骤处理。

(1) 将纸件官方文件分类放置，优先处理带有官方绝限的官文。

(2) 根据申请号信息查找专利代理机构卷号，并标注在官文右上角空白处（可以使用铅笔标注或者使用标签纸）。

(3) 将官文的相关信息录入到专利代理机构内部业务系统。

(4) 将纸件官方文件进行扫描。

(5) 将扫描后的官方文件进行统一命名，名称至少包含"卷号_ 官文名称_ 发文日期"。

(6) 按照专利代理机构内部的要求将官文信息发送给办案人及相关人员。（注意官文处理顺序，一定要优先处理有官方指定期限和法定期限的官文。）

(7) 将官方文件上传至文档管理系统或者专利代理机构内部业务管理系统。若无相关文档存储系统，建议存放在公司服务器指定位置。

(8) 如客户需要纸件官文，则将纸件邮寄给客户；如客户不需要，则专利代理机构应将纸件分别进行归档。

2.2.4.2 客户文件的处理

1. 电子邮件文件处理

对于电子邮件的处理，因各个专利代理机构使用的邮件工具不尽相同，以下仅以最常用的 Foxmail 和 outlook 来举例说明关于电子邮件的处理要求。

（1）收取邮件。

打开邮箱（Foxmail 或者 outlook 等收取电子邮件的工具），点击【全部收取】。

（2）筛查邮件。

① 每日上午处理的第一批邮件，在外网处理时的原则如下。

a）将带有"urgent""very urgent"等紧急标识的邮件导出、确收，标为已读邮件。

b）垃圾邮件直接点灰、删除。

c）将【确收函】直接移至 Foxmail 中新建的【客户确收】文件夹。

d）将需下载的邮件移至 Foxmail 中新建的【下载】文件夹。

e）将退信和内容包括"不在办公室"类的邮件导出，标为已读邮件。

f）将【新申请】邮件导出、确收，移至【新申请】文件夹。

g）将【新咨询】邮件导出、确收，标为已读邮件。

h）核对 U 盘中邮件与收件箱中剩余邮件（带有红色箭头和灰色已读标记的邮件）的数量。

i）将非本部门处理的邮件，直接转发至需处理部门的邮箱，将信函放至【待确收】文件夹等待其他部门确收。

② 每日上午处理的第一批邮件，在内网处理的原则如下。

a）将退信和内容包括"不在办公室"类的邮件放入【退信】文件夹，留在最后处理。

b）处理电子邮件，发完内部管理系统后与已发内部管理系统核对数量，确认无误后将邮件移至【已发送】文件夹。

c）将新申请、新咨询的邮件，从内部管理系统发给【立新案】和【立咨询】的同事。

③ 处理除第一批邮件以外的剩余邮件，原则是：按时间顺序分批处理、导出并进行确收。

注意：在内网处理邮件时，可同时在外网收取新的邮件，以确保急件能够及时处理。

（3）处理邮件。

主要流程：看信函内容—查询卷号—文件改名—将文件传递给办案人及相关人员—发内部管理系统。

① 看信函内容：收文人员应快速阅读信函，总结信函大意，以便通过信函内容确认信函应该发送的办案人。

② 查询卷号：根据信函内容中提及的申请号、发明名称、委托人卷号等指向性的信息查询专利代理机构卷号。

③ 文件改名：建议将导出的信函统一命名格式，命名至少包含"卷号_客户代码_信函主旨大意_日期"。

④ 把处理过的信函，按照专利代理机构内部原则，将信函发送给办案人及相关人员。

⑤ 将信函分别上传文档系统或专利代理机构内部业务管理系统。

2. 传真文件处理

（1）专利代理机构有传真管理系统的，可按如下方式进行处理。

a）核对纸件传真和电子传真是否一致。

b）查看传真，点击需要重新命名的文件，右键复制到桌面固定的文件夹内。

c）针对需要确收的信函，可采用传真接收器自带的功能进行确收，此处需特别留意自动链出的传真号是否正确，并注意确认是否确收成功。

（2）专利代理机构无传真管理系统的，可按如下方式处理：

建议将文件扫描后进行重新命名、发内部管理系统、存档等工作。

（3）处理传真。与处理邮件步骤相同。

3. 快递、普信、挂号信文件处理

（1）收取快递、普信、挂号信。将收取到的快递、普信、挂号信按照类型分类；将涉及案件相关的客户函件或者证明文件原件等进行扫描。如有必要，可对文件进行全彩扫描。

（2）处理快递、普信、挂号信。与处理邮件步骤相同。

4. 客户系统下载文件处理

（1）下载客户系统中的文件。不同客户所使用的系统大多不太相同，但是原则上客户上传到系统的文件，系统会自动发送通知给专利代理机构，收文人员要根据收取的系统下载邮件及时登录客户系统下载文件（具体下载步骤与客户系统有关,收文人员要仔细阅读客户系统的操作指南)。

如客户系统中上传文件无自动发送的通知,则需要收文人员固定时间段(例如每天上午 10 点,下午 3 点,下班前 10 分钟)去登录客户系统确认是否有新的函件需要处理。

(2) 处理客户系统下载的文件。与处理邮件步骤相同。

2.2.4.3 其他文件的处理

1. 客户或官方来电

收文人员针对客户或官方的来电应记录到电话记录单中(可以是个 WORD 文档或者 TXT 文件等),然后根据来电的内容相应进行分发处理。

如专利代理机构其他人员接到客户或官方的来电,为确保专利代理机构内部信息的准确传达及完整性,建议同样填写电话记录单并通过内部工作系统将电话记录单转给收文人员,由其根据电话内容进行分发、存档等相应处理。

电话记录单的处理步骤与邮件相同。

2. 拜访客户或客户来访时提供的文件

拜访客户或客户来访时收到的文件,如非电子版,则需要先扫描成电子版形式然后再进行处理。

拜访或客户来访时获取的文件处理步骤与邮件处理步骤相同。

2.2.5 收文实务小结

对于专利代理机构中收文业务模块的管理,各个代理机构因公司内部操作要求不同,具体操作的步骤和内容有所不同。但是收文工作在专利代理机构中是非常重要的环节之一,尤其是对于统一收发文件的专利代理机构而言,收文岗位的重要性不言而喻。如若收文遗漏重要信函或者官方文件,则可能造成"死案"等情况的发生,因此收文工作在专利代理机构要严格规范操作。

对于专利代理机构的收文岗位工作而言,管理建议如下。

(1) 收文人员应保证每天下班前将当天收到的官方文件以及客户信函文件处理完毕。

(2) 对收取的官文或者信函进行数量的核对,保证信函或者官文无遗漏。

(3) 因客户信函所提及内容可能非一个事项,因此阅读信函时要保证信函内容理解正确且无遗漏。信函命名时的主旨大意要总结清楚客户最想要表达的意图,同时要让内部人员看到标题能快速判断是否要优先处理。

(4) 对于客户标明"urgent"的邮件,一定要第一时间处理;对于当天绝限的案件或者来函，要第一时间处理。

（5）若邮件需非本部门的人员处理，需要转发其他部门知晓或者处理的，一定要追踪至信函已由其他部门处理完毕为止。

（6）如果专利代理机构的收文人员是集收文和分发一起的，建议此岗位用有一定工作经验且比较熟悉专利代理机构内部关系的人员。

（7）建议专利代理机构使用电子文档管理系统存储客户往来以及官方往来和其他内部文件。

2.3 立案操作实务

本节主要介绍立案的操作实务，旨在指导专利代理机构流程人员如何进行立案的操作，规范立案工作。

立案是指对于客户委托的新申请或者新咨询，根据专利代理机构内部的要求设立相应卷号的过程。立案的目的是通过不同客户、不同事件对应不同的卷号的方式，为后续存档或者查询建立便捷的通道，方便将来办案人开账单以及财务对账单之用。另外，对每个咨询和案件设定卷号，对于客户而言，也便于统计和管理所委托的事项。

2.3.1 立案分类

立案可分为对新案委托前的咨询立案以及新案正式委托的新申请立案。

一般而言，咨询立案相对于新案委托立案简单些，给予卷号时，咨询卷号和新案委托的卷号应该有明显的区别，以便办案人处理案件时有所区别。如新案委托立案时，有前期咨询的卷号，应该与咨询相关联，以便办案人处理案件时可以参考前期咨询和答复的内容。

2.3.2 立案期限

无论是立咨询案还是立新案，应该注意当天收到的指示必须当天完成立案的工作，并将立案信息发送给办案人及相关人员。

2.3.3 实务操作

2.3.3.1 立咨询案

1. 确认立案类型

（1）阅读信函，确认客户是正式委托专利代理机构申请还是仅咨询申请的报价或者所需文件等事项。如仅咨询专利相关的法律事项则需要立咨询卷。

（2）根据信函内容确认答复咨询的部门以及办案人。

（3）确认来函客户的基本信息，确认是否新客户。如果是新客户，根据专利代理机构的内部规则确认是否需要在客户维护档案信息中添加新客户的信息。

（4）确认来函是否抄送专利代理机构内部其他部门邮箱，以便确认是否需要抄送该部门知晓。

（5）确认来函对专利代理机构人员的称呼，以便后续发送人员需抄送其知晓或者确认其为办案人。

2. 查询是否立重卷

（1）通过客户提供的客户方卷号、专利申请号、优先权号、PCT 申请号等关键字查询之前是否针对该咨询立过咨询卷。

（2）对于不同客户咨询的同一个问题，需要立不同的咨询卷号，但可以分配给同一办案人处理。例如：对于 PCT 进入中国国家阶段的案件，可能不同客户会发来针对同一个 PCT 号的报价函，这时需要立不同的咨询卷，同时要将咨询卷之间建立关联，以免出现报价或法律意见不一致的情况。

（3）如是延续之前咨询的新问题，则注意引用原咨询卷号，而非再次立咨询案。

3. 立咨询案注意事项

基于客户咨询的问题、来函客户的名称、是否有绝限等事项建立咨询卷号。每个专利代理机构应该对于咨询卷号有不同的指定规则，原则上建立新的咨询卷应包括但不限于以下内容。

（1）给客户咨询的问题提供一个区别于正式卷的咨询卷号（该咨询卷号亦应与其他部门的咨询卷号设立原则相区别）。

（2）记录来咨询的客户名称，如无法直接从信函中看出客户名称的，可从来函时电子邮箱后缀来寻找蛛丝马迹。例如：客户来函时的正文中未提及公司的名称，只署了名字，但电子邮箱后缀是@ABC.com，则可以试着使用 www.＋电子邮箱后缀的方式，即 www.ABC.com 的方式查询公司名称。如实在无法查询出客户名称的，应记录客户来函人的姓名或者电子邮箱等，以便将来查询用。

（3）详细总结客户来函的大意，记录诸如优先权号、PCT 国际申请号、发明名称、申请号等著录项目，以便在查询是否立重卷号时使用。

(4) 确认办案部门、办案人信息。对于新咨询应重新命名，命名时至少包含卷号_客户名称或代码_新咨询+信函主旨_日期。

(5) 将新立的咨询卷号发送给相关人员。原则上客户咨询应在24小时内回复，因此需要立咨询案的岗位人员收到咨询后优先处理该信函。

2.3.3.2 立新案

1. 确认立案类型

(1) 阅读信函，确认是咨询还是新案委托的指示。如是正式委托提交申请的指示可立新案。

(2) 确认新案委托的类型（例如：新申请提交指示、提交公众意见、提交无效请求，撰写答复审查意见通知书、代缴年费等），以便确认办案部门。

(3) 确认客户委托此案之前是否有相关咨询，如有，则需要立案时关联之前客户咨询函和答复咨询的内容。

(4) 确认来函客户的基本信息，确认是否新客户。如果是新客户，根据专利代理机构内部流程管理规定确认是否需要在客户维护档案信息中添加新客户的信息。

(5) 确认委托客户的专营人（维护人或销售负责人）。如有维护该客户的专营人，专利代理机构可以根据内部规定确认新案的委托是否抄送客户的专营人。

(6) 确认信函是否抄送其他部门以及来函时对专利代理机构人员的称呼，以便确认是否需要抄送相关部门或者相关人员。

2. 查询是否立重卷

(1) 通过客户提供的客户方卷号、专利申请号、优先权号等关键字查询之前是否已针对该案立过正式卷。

特别注意：优先权号并非唯一的标准，即客户可以针对一个优先权号提交不同案件，因此查到相同优先权号的案件时，需要配合甄别其他信息（如对方卷号、发明名称等）来确认是否已立过新案。如果立案人员实在无法判断，根据专利代理机构内部流程管理的规定，可请市场人员或代理师或秘书先与客户确认后再行处理。

(2) 查询时建议使用模糊查询的方式，避免由于空格或者标点符号的中英文格式不一致，导致查询失败。

3. 确认新案期限

新案委托包括但不限于新申请提交、专利无效、提公众意见、撰写答复审查意见通知书、代缴年费等，立案时精准地把握新案委托时期限是立案岗位人员必须掌握的，这样才能对当天绝限或者绝限很近的案件优先处理并第一时间通知相关人员处理该案。

4. 立新案注意事项

立案时应注意是否有潜在利益冲突或者客户明确要求确认利益冲突的，一定要第一时间启动利益冲突查询的机制，确认无利益冲突后方可立案。

基于客户委托的案件的类型，确认是否有官方绝限，并建立正式卷号。每个专利代理机构应该对于正式案件的卷号有不同的指定规则，原则上立案至少应包含以下步骤：

（1）给新案提供一个区别于咨询卷的正式卷号。该卷号亦应与其他部门的正式卷号设立原则相区别，例如：国内客户的委托案件可以使用 PN 开头的卷号，国外客户的委托案件可以使用 PW 开头的卷号。

（2）记录客户来案时客户名称。如是新客户，则需要记录该客户的详细信息至客户管理系统。一般情况下，客户名称比较长，通常立案时使用客户的简称为宜。

（3）确认案件的官方绝限。

（4）确认办案部门、办案人信息。对于新案应重新命名，命名时至少包含卷号_客户名称或简称_新案委托_日期。

（5）确认客户新案委托的指示函中的特殊要求，以便后续操作照此执行，例如对于发送信函需要抄送的要求、开账单的要求或者发送账单的要求等。

（6）发送新案给相关办案部门（组），同时抄送相关人员（相关人员包括但不限于市场人员、专利负责人、信息录入岗位人员、指示回应人员、时限人员等）。

（7）原则上，委托的新案应给客户出具一份比较正式的指示回应（即跟客户确认收到指示、确认案件绝限、确认提交所需文件等内容的信函），该指示回应应在 24 小时内发送客户。

2.3.3.3 信息采集

由于各个专利代理机构使用的业务管理系统不同，信息采集的界面和内容也有所不同，但是原则上，信息采集的目的是便于查找记录、自动生成各类信函、递交官方文件相关信息自动带入以及将来大数据分析所用，所以记录的内容越翔实，将来使用时越方便。

1. 咨询案件信息采集

咨询案件信息采集主要包括但不限于以下内容：

（1）咨询卷号。

（2）客户名称或者客户简称。

（3）客户联系方式（包括但不限于客户地址、电话、电子邮箱等）。

（4）咨询的详细内容。

（5）PCT申请号、优先权号、申请号、公开号等（如有则需要记录）。

（6）办案人信息。

2. 新案委托信息采集

新案委托的信息采集主要包括但不限于以下内容：

（1）正式卷号。

（2）客户委托指示日、立案日。

（3）委托案件的客户名称及客户简称。

（4）委托案件的客户联系方式（包括但不限于客户地址、电话、电子邮箱等）。

（5）案件类型（包括但不限于专利申请、提公众意见、专利无效、发明、实用新型、外观设计、《巴黎公约》、首次申请等）。

（6）来案国、办案国。

（7）办案组别。

（8）咨询卷号（如有需要关联）。

（9）申请人信息（包括但不限于申请人中文名称、英文名称、国籍、申请人中文地址、申请人英文地址、组织机构代码等）。

（10）发明人信息（包括但不限于发明人中文名称、英文名称、身份证号、第一发明人国籍等）。

（11）优先权相关信息（包括但不限于优先权日、优先权号、优先权国别）。

（12）发明名称。

（13）是否需要同时提实审。

（14）是否需要提前公开。

（15）是否涉及费用减缓。

（16）提交期限相关（包括但不限于官方绝限、客户指定提交期限、专利代理机构内定提交日等）。

立案的类型不同，信息采集的内容略有不同，但是上一个新案委托所需采集的信息基本上已包含，各专利代理机构应该在保证以上最基本的需要采集的信息外，根据各公司的情况适当增加采集的内容。

信息采集的内容对以后的工作有着至关重要的作用，专利代理机构可在内部业务管理系统中增加"防呆"控制，对于比较重要的内容（例如优先权相关的信息等）可采用系统纠错的方式保证录入信息的准确性。

2.3.4 实务小结

立案环节是专利代理过程中比较重要的环节之一，遗漏立案或者立案不准确可能会造成"死案"或者产生额外的费用等问题，虽然各个专利代理机构对于立案的要求有所不同，但立案工作的基本原则是大致相同的，在立案时需要特别注意的内容如下。

（1）立案前务必查询是否立重卷，这是立案时必不可少的环节。立案时，应注意是否有潜在利益冲突或者客户明确要求确认利益冲突的，一定要第一时间启动利益冲突查询的机制，确认无利益冲突后方可立案代理。

（2）国内客户委托案件或者国外客户付款信用差的客户委托案件时，要确认是否需要先付款再立案办案。

（3）确认客户新案委托的指示函中的特殊要求（例如对于发送信函需要抄送的要求、开账单的要求或者发送账单的要求等），以便后续操作照此执行。

（4）确认新案委托是否涉及官方绝限。

（5）信息采集的内容对以后的工作有着至关重要的作用，因此建议信息采集中比较重要的内容（例如优先权相关的信息、PCT国际申请的相关信息等）可以采用背靠背录入的方式。

2.4 时限监控处理操作实务

本节主要介绍时限操作实务，旨在指导专利代理机构流程人员如何进行时限管理的工作以及需要注意的事项，以便使专利各个节点在满足官方期限要求的基础上，把握住客户的要求，同时又能按照专利代理机构的内部要求完成各项工作。

通常，一件专利在其整个生命周期内会遇到各式各样的期限，而在专利代理机构工作中，对各种期限的管理，一般统称为"时限管理"。各个专利代理机构由于管理方式的不同，对期限管理的方式亦有所区别，但是总体上期限管理的主旨还是在满足官方期限和客户要求的前提下，高效地完成工作。

2.4.1 期限分类

期限可以大致分为三类：官方期限、客户指定期限、内部期限。

2.4.1.1 官方期限

官方期限又可以分为法定期限和指定期限。

法定期限是指《专利法》及其实施细则中规定的各种期限。例如：《专利法》第 42 条规定，发明专利权的期限为 20 年，实用新型专利权和外观设计专利权的期限为 10 年，均自申请日起计算；《专利法实施细则》第 51 条第 1 款规定，发明专利申请人在提出实质审查请求时以及在收到国务院专利行政部门发出的发明专利申请进入实质审查阶段通知书之日起的 3 个月内，可以对发明专利申请主动提出修改。诸如此类，专利法或者专利法实施细则中明确规定期限的可以统称为官方期限中的法定期限。

指定期限是指审查员在根据《专利法》或者《专利法实施细则》作出的各种通知书中，规定申请人（或者专利权人）等进行某种行为的期限。例如：《专利法》第 37 条规定，"国务院专利行政部门对发明专利申请进行实质审查后，认为不符合本法规定的，应当通知申请人，要求其在指定的期限内陈述意见，或者对其申请进行修改；无正当理由逾期不答复的，该申请即被视为撤回。"这里的"指定的期限"就是官方时限中的指定期限。

2.4.1.2 客户指定期限

客户指定期限是指客户要求完成某项工作的期限。收到客户指定的期限后，要注意查看此期限是否满足官方期限的要求，如果不满足一定要提前告知客户，以免出现延误官方期限的情况。

2.4.1.3 内部期限

内部期限是指专利代理机构内部根据对整体案件效率的把握而规定办案人应该完成某项工作的时间。内部期限通常要在满足官方期限要求的前提下，同时兼顾客户指定期限。例如，官方规定提交实质审查请求的期限是自申请日（有优先权的，自最早优先权日）起三年；专利代理机构内部要求提交实质审查请求的期限是官方绝限前一周；客户要求提交实质审查请求的期限是自新申请提交后一个月，那么在这种情况下，提交实质审查的内部期限就应该定在新申请提交后一个月。

2.4.2 期限要求

通常情况下，当天收到的需要下时限（也可称为"任务"）、修改时限、销时限的案件当天下班前都要处理完毕。不涉及官方期限或者客户指定期限的时限，最迟第二天的上午应处理完毕。

2.4.3 实务操作

2.4.3.1 下时限

1. 下新申请时限（参见表 2-4-1）

1）时限计算方法（参见表 2-4-1）。

表 2-4-1 申请时限计算方法

序号	事由	案件类型	官方期限计算方法	对应法条
1	新申请提交	发明、实用新型	自最早优先权日加 12 个月	《专利法》第 29 条
2		外观设计	自最早优先权日加 6 个月	《专利法》第 29 条
3	新申请提交	分案申请	办理登记手续通知书 2 个月加发文日 15 天（或者收到驳回提复审期间、复审决定不服提行政诉讼期间、视为撤回的恢复期限内）	《专利法实施细则》第 42 条；《专利审查指南 2010》第一部分第一章 5.1.1

以下特别注意：

（1）外观设计申请不能要求本国优先权提交新申请案件。

（2）如要求本国优先权提交新申请案件的，其所要求的优先权案件将下发视为撤回通知书，该通知书无法恢复。

（3）如果是分案申请，需要注意母案的状态，根据母案的状态确认分案的绝限。

2）内部时限。

通常情况下，对于有流程监控系统的专利代理机构，按照系统设定好的流程监控自动生成的时限即可；对于无流程监控系统的专利代理机构可以对新申请委托作如下的时限内容。

（1）新申请提交时限。

① 对于需要撰写的发明或者实用新型案件，通常需要下返一撰的时限、定稿时限、新申请提交时限。内定完成一撰的时限按照专利代理机构的规定日期完成即可，通常情况下不要超过一个月，定稿时限根据返一撰的内定提交日往后顺延两周，新申请提交时限根据定稿的内定提交日往后顺延一周（例如，客户2017年3月1日指示提交申请，返一撰的内定提交日是2017年3月31日，定稿时限内定提交日就是2017年4月14日，新申请提交时限的内定提交日是2017年4月21日）。有客户指定期限的，按照客户指定期限制定代理机构内部完成期限。

② 对于需要翻译的发明或者实用新型案件，通常需要翻译新申请时限、新申请提交前给客户review时限、新申请提交时限。通常情况下翻译需要下两周的完成时限，新申请提交前给客户review的时限下三周的完成时限，新申请提交的时限下一个月完成的时限。

需要注意的是，如果涉及要求优先权，注意所有内定提交日不能超过官方绝限日（例如：客户2017年3月1日指示提交申请，官方绝限是2017年4月1日，则新申请提交的内定提交日就是2017年3月31日，review的时限可以下在2017年3月24日，翻译的时限下在2017年3月17日）。

③对于GUI外观设计或者普通外观设计案件，通常只下新申请提交时限即可，完成时限按照专利代理机构的规定即可，通常情况下不超过两周，GUI外观设计可以适当顺延至三周完成。根据专利代理机构的需要，亦可在新申请提交时限前下一条返稿或者review的时限，内定提交日根据新申请提交日往前推一周的时间。

（2）新申请代理报告及开账单时限。

一般情况下，新申请提交的代理报告根据专利代理机构要求报告的内容不同而设定不同的内定提交日。例如：报告内容仅是告知客户新申请提交日的，可以定新申请提交当天报告客户；报告内容是提供电子受通的，可以定新申请提交后三天或者一周；报告的内容是不仅需要提供受通还需要开账单的，可以定新申请提交后两周。

总之，新申请报告的时限，可以根据报告内容的不同设定不同的完成日期，原则上不要超过一个月的时间。

3) 新申请提交后需要后补文件的时限(参见表 2-4-2)。

通常下,新申请提交后,对于 PCT 进中国国家阶段的申请,如果提交时没有同时提交转让证明、委托书等文件,官方通常会下发形式缺陷通知书或者补正通知书,如果是通过《巴黎公约》形式进入中国,没有同时提交优先权证明文件,官方直接下发视为未要求优先权通知书,此时需要提交恢复权利请求,缴纳恢复费同时提交优先权证明文件。因此为了避免出现恢复权利导致产生额外费用等情况的发生,建议在新申请提交后,及时判断需要后补的文件,先行将时限下上,避免出现失误。

表 2-4-2 需要后补文件的时限

序号	事由	案件类型	官方期限计算方法	对应法条
1	优先权证明文件（在先申请副本）、优先权转让证明	发明、实用新型、外观设计	自申请提交之日加 3 个月 分案申请提交日加 2 个月	《专利法》第 30 条、《专利审查指南 2010》第一部分第一章 6.2.2.4、《专利审查指南 2010》第一部分第一章 5.1.2
2	代理委托书	发明、实用新型、外观设计	自申请提交之日加 3 个月 分案申请提交日加两个月	委托书没有提交的,均会下发补正通知书,按照补正通知书的指定日期答复即可
3	生物保藏证明和存活证明	发明	申请时或者最迟自申请日加 4 个月 分案申请提交日加两个月	《专利法实施细则》第 24 条,《专利审查指南 2010》第一部分第一章 5.1.2
4	提交实质审查请求	发明	自申请日加 3 年（有优先权权的自最早优先权日加 3 年）	《专利法》第 35 条
5		分案申请（发明）	自原案申请日加 3 年（有优先权权的自原案最早优先权日加 3 年）或分案申请的递交日加两个月（以后到期的为准）	《专利法实施细则》第 42 条,《专利审查指南 2010》第一部分第一章 5.1.2

除提交实审外,其他内定提交日均可下在官方绝限前一个月或者官方绝限前一周。

对于提交实审而言,因为时间较长,通常情况下,如未同时提交实审,则应该下提醒客户提交实审、提实审、发实审报告的时限。

通常情况下,提醒客户提实审的内定提交日是绝限前3个月,提实审的内定提交日是绝限前一周,发实审报告的内定提交日是提实审后一周。

2. 下官方通知书的时限

官方下发的通知书大致可以分为有官方绝限类通知书和无官方绝限类通知书。

1) 有官方绝限类的通知书。

带有官方绝限类的通知书很多,涉及法定期限的通知书如表2-4-3所示。

表2-4-3 官方绝限

序号	事由	案件类型	官方期限计算方法	对应法条
1	视为撤回通知书	发明、实用新型、外观设计	恢复的期限:视为撤回通知书两个月加发文日15天	《专利法实施细则》第6条
2	视为未要求优先权通知书	发明、实用新型、外观设计	恢复的期限:视为未要求优先权通知书两个月加发文日15天	《专利法实施细则》第6条
3	视为放弃取得专利权通知书	发明、实用新型、外观设计	恢复的期限:视为放弃取得专利权通知书两个月加发文日15天	《专利法实施细则》第6条
4	专利权终止通知书(因未缴纳年费而终止)	发明、实用新型、外观设计	恢复的期限:专利权终止通知书两个月加发文日15天	《专利法实施细则》第6条
5	驳回决定	发明、实用新型、外观设计	提复审的期限:驳回决定3个月加发文日15天;驳回决定3.5个月加发文日15天至5.5个月加发文日15天内可提出复审请求和恢复请求	《专利法》第41条;《专利审查指南2010》第四部分第二章2.3

续表

序号	事由	案件类型	官方期限计算方法	对应法条
6	授予专利权通知书及办理登记手续通知书	发明、实用新型、外观设计	缴纳办登费期限：授予专利权通知书及办理登记手续通知书两个月加15天	《专利法实施细则》第54条

涉及指定期限的通知书举例如下：
(1) 各类补正通知书：2 个月加发文日 15 天。
(2) 各类缺陷通知书：2 个月加发文日 15 天。
(3) 答复第一次审查意见通知书：4 个月加发文日 15 天。
(4) 答复第 N 次（N>1）审查意见通知书：2 个月加发文日 15 天。
(5) 复审通知书：1 个月加发文日 15 天。
(6) 复审补正通知书：15 天加发文日 15 天。

一般下有官方绝限的通知书的时限主要包括以下内容。
(1) 转达通知书的时限：通常下在收到通知书后两周左右时间，如果需要翻译或者提供答复意见的（如第一次审查意见或者驳回通知书）可以下在收到通知书后一个月左右的时间。根据专利代理机构的需要还可在转达之前，给内部人员下翻译的时限，时限的内定提交日是转达通知书的内定提交日前一周即可。答复期限较短的通知书，转达时限通常为收到通知书后一周左右时间。

(2) 答复通知书的时限：此时限通常是在收到通知书时预下的，所以内定提交日可以下在官方绝限前一周。

(3) 答复通知书报告的时限：此时限可以根据专利代理机构的要求，确认报告时是否同时开账单，通常情况下，报告的时限应该在答复后两周内给客户出具报告及账单。

2) 无官方绝限类的通知书。

无官方绝限类的通知书，如初审合格通知书、手续合格通知书、公布通知书、专利证书、期限届满前通知书等。无官方绝限通知书可以根据客户的要求确认是否需要转达给客户，如果需要转给客户的，通常情况下，直接下转达通知书的时限即可，内定提交日是收到通知书后一周。

针对公布通知书，代理机构流程人员需要特别关注是否涉及香港申请第一阶段。

针对专利证书，专利代理机构流程人员需特别关注是否涉及香港申请第二阶段或澳门申请。若客户委托专利代理机构负责后续年费维持业务，还应当及时在业务管理系统中进行任务设置。

3. 下客户来函时限及其他

（1）对于客户来函时要求提供文件的时限，可以根据专利代理机构的需要下答复客户信函的时限，内定提交日通常为收到客户来函日当天。

（2）对于客户要求提交变更、转让、许可等指示时，可以下提交变更、转让、许可等的时限，内定提交日通常为客户指示后一周或者客户提供完整材料后一周。根据专利代理机构内部的规定，可以在提交官方后，再下一条报告客户的时限，内定提交日通常为提交后一周。

（3）客户指示主动修改的时限，通常下提交主动修改的时限，内定提交日为收到客户指示后一周（但不得晚于官方期限）；报告提交主动修改的时限，内定提交日为提交主动修改后一周。

（4）对于官方打来的审查员电话意见，通常下转达审查员电话意见，内定提交日为接到电话后一周；答复审查员电话意见，内定提交日为转达后一周；报告答复审查员电话意见，内定提交日为答复后一周。

2.4.3.2 修改时限

1. 办案人延期时限

针对已下的任务，由于客户原因或者办案人无法按时完成任务等情况可以延长任务的内定提交日，但是此期限不能超过客户指定的期限和官方绝限。建议办案人的延期申请需通过上级领导审批，否则滥用延期无法达到真正的监控目的，从而影响整体工作的效率，甚至影响客户关系，严重的会造成延误官方绝限，造成申请人或专利权人权利的丧失。如专利代理机构内部有成熟的业务系统，可借助系统功能有效管理延期。

2. 客户来指示需要修改时限

对于等客户指示才能做的时限内容，待收到客户指示后，应该在该条时限中标注收到的文件或者客户的指示日期和内容，然后调整该提交时限的内定提交日为收到文件或者客户指示后一周（该时限亦可根据专利代理机构的内部规定有所调整，但原则上不能晚于客户指定期限和官方绝限）。

2.4.3.3 销时限

销时限是指在办案人完成任务的情况下，将该条下给办案人的任务销掉，即填写该条时限的实际完成日。销时限的原则如下。

（1）对于答复客户的时限，实际完成日应该填写办案人实际发出信函的日期（例如电子邮件发送的日期、传真回执的日期、邮寄快递的日期等）。

（2）对于电话答复客户的，应该要求办案人填写"电话记录单"，以打电话的日期为准。

（3）对于跟客户面谈的，应该要求办案人填写会谈纪要，以会谈日期为准。

（4）对于提交官方的时限，实际完成日应该填写实际提交官方的日期（例如：提交纸件的应该有官方盖章的回执单或者打孔的回执单，以回执单上的日期为准；电子提交的，以电子提交回执中的日期为准；缴费的应该以缴费收据的日期为准等）。

（5）关于某些已经下时限，但是由于种种原因导致无需处理的时限，应该在时限条目中进行详细备注，备注的内容包括哪天哪个人反馈因为什么原因导致无需处理该时限，并根据反馈的日期核销时限。

2.4.4 实务小结

对于期限监控的工作，如果是按部就班，常规工作处理，一般情况下不会出现期限上的大问题，出现问题的，往往是非常规、容易忽略的细节。

诸如母案、分案、香港案件、澳门延伸等带有关联关系的案件，务必在系统中建立关联关系，这样一旦母案状态有变化使得其相关联的案件官方绝限明确时，可以及时监控，避免延误期限。

对于时限管理需要重点关注以下几方面。

（1）设定内定完成日时注意避开节假日。一般情况下，能按照工作日计算内定完成日的，按照工作日计算。如果按照自然日计算内定完成日的，遇到节假日通常下在节假日前一天。

（2）设定时限时要特别注意详细标注该条时限的具体内容，以便让办案人看到该条时限即可知晓需要做的事情。

（3）计算官方绝限时一定不能出错。一般情况下，能系统自动计算绝限的，一定要保证后台计算公式的正确。设定内定完成日时，一定不能超过官方绝限和客户指定提交期限。

期限管理是流程管理工作中很重要的一部分，因此作为时限管理的工作者需要实时关注专利法修改的动态，关注客户的各种要求，关注内部对于效率方面的要求，提高警惕，谨慎处理每一条任务，对客户要求具有一定的敏感度和关联意识。

2.5 递交操作实务

本节主要介绍申请递交阶段流程操作实务，旨在指导专利申请流程人员在申请递交阶段如何进行流程实务操作。

2.5.1 期限相关

专利申请的三大要素之一——期限，是专利代理机构流程人员需特别关注的事项，也是代理机构流程管理中需重点监控的部分。一旦出现期限延误，特别是法定期限的延误，将会直接导致申请人权利丧失，造成无法挽回的后果。申请阶段的主要期限如下。

（1）优先权。

发明、实用新型专利申请自最早优先权日起12个月；外观设计专利申请自最早优先权日起6个月。

（2）分案申请。

在收到专利局对原申请作出授予专利权通知书之日起2个月期限（即办理登记手续的期限）届满之前提出分案申请。

对于已收到驳回决定的原申请，自申请人收到驳回决定之日起3个月内，不论申请人是否提出复审请求，均可以提出分案申请；在提出复审请求后以及对复审决定不服提起行政诉讼期间，申请人也可以提出分案申请。

对于已提出过分案申请，申请人需要针对该分案申请再次提出分案申请的，再次提出的分案申请的递交时间仍应当根据原申请计算。但是，因分案申请存在单一性的缺陷，申请人按照审查员的审查意见再次提出分案申请的情况除外。

具体申请阶段的其他期限方面的要求，请参见本书"2.4 时限监控处理操作实务"的内容。

2.5.2 适用范围

通过《巴黎公约》途径或首次向专利局提交的发明专利、实用专利新型或外观设计专利申请。

2.5.3 实务操作

2.5.3.1 申请前文件准备

1. 核对客户提供的文件

(1) 国内客户。

国内客户通常在新申请委托信函中会提供技术交底书、申请人信息、发明人信息等。

目前国内客户申请量达到一定规模的都有自己的专利管理系统,新申请委托函会以"模板信函"形式发送到专利代理机构。代理机构流程人员收到客户委托后,应核对客户提供的文件是否有页数缺失,委托信函中信息是否有明显错误(如申请类型前后不一致),如果有这些问题出现,可以在新申请指示回应中与客户确认。

由于国内客户便于电话沟通,也可以通过电话与客户沟通。为保持文档的完整性,电话内容应记录在电话记录单中,具体信息可参见本书第2章2.2 收文部分内容。

(2) 国外客户。

国外客户通常在新申请委托信函中会提供外文申请文件、申请人信息、发明人信息、优先权信息、客户卷号信息、是否提出实质审查请求、对信函往来或账单出具方面的要求等。

流程人员核对客户提供的外文申请文件是否有页数缺失、申请人是否有中文名称、是否有委托书、申请人是否与优先权申请的申请人一致等。如果不一致,根据《专利法实施细则》第31条第3款规定,要提供优先权转让证明文件),可以在新申请指示回应时与客户确认或者要求客户提供相关证明文件。

2. 新申请指示回应

新申请指示回应在收到客户委托函后当日或最晚一个工作日内发出。其主要作用是告知客户专利代理机构已经收到新申请委托,同时也会请客户协助提供专利申请所必须的信息或者文件。

(1) 对于已经建立合作关系的客户,因为客户与专利代理机构之间已经形成默契配合,所以这类客户的新申请指示回应主要是告知客户专利代理机构的案卷号、负责撰写案件的代理师姓名和联系电话,方便后续客户与代理机构、代理师联系。

(2) 对于首次合作的客户,由于客户与专利代理机构之间尚未形成配合默契，所以这类客户的新申请指示回应除了告知客户专利代理机构的案卷号、负责撰写案件的代理师姓名和联系电话外，还会请客户提供申请专利所必须的信息和文件（参见《专利审查指南2010》第一部分第一章"4. 申请文件的形式审查"和"6. 其他文件和相关手续的审查"）。

2.5.3.2 申请递交

1. 申请递交文件

1）发明专利申请递交文件。

（1）基本提交文件。

a）请求书。要使用专利局规定的书式（专利局网站可以下载），请求书填写的具体要求参照《专利审查指南2010》第一部分第一章"4.1 请求书的要求"。

b）摘要、摘要附图（可无）、权利要求书、说明书、说明书附图（可无）。一般由专利代理师制作，流程人员只需将专利代理师提供的文件拆分成五份单独的文件用于提交即可，拆分时注意不能出现缺页、丢字的情况。

（2）其他提交文件。

a）委托书。委托书可以分为单独委托书和总委托书两类。单独委托书仅可用于个案申请，而针对同一申请人就多份专利申请委托同一代理机构办理的，可以建议申请人直接签署一份总委托书。专利代理机构可以将总委托书原件到专利局进行备案，专利局审核原件后，将会给出总委托书备案编号，后续提交案件时可在请求书中填写备案编号。

以电子申请方式递交案件的，在请求书中需注明总委托书备案编号，同时需在 CPC 客户端选择专利代理委托书，根据电子申请的相关要求写明委托事项等信息。若采用的是单独委托书，则需将签署后的委托书的扫描件附上。

以纸件方式递交申请的，若已经有备案后的总委托书，在提出专利申请时可以不再提交专利代理委托书原件，而提交总委托书复印件，同时写明发明创造名称、专利代理机构名称、专利代理师姓名和专利局给出的总委托书编号，并加盖专利代理机构公章。

委托书可以后补，后补期限为自收到补正通知书之日起两个月内，在专利申请确定申请号后补交委托书的，还应当注明专利申请号。

b）在先申请文件副本。要求国外优先权，通过电子申请提交的，无须提交在先申请文件副本原件，只需将在先申请文件副本原件扫描提交即可。优先权证明文件可以后补，后补期限为自申请日起3个月内，分案申请自分案申请递交日起两个月内。

目前部分国家（日本、英国）可以不用提供在先申请文件副本，新申请提交的同时提交DAS请求，但是必须要有接入码（可能是数字或字母），此信息客户一般会在指示函中告知，提交DAS请求，也要同时提交在先申请文件副本首页中译文。

要求欧洲优先权的，只需在请求书中写明在先申请的申请日和申请号，并提交在先申请文件的首页中译文即可。注意：从2012年10月23日起，不需提供在先申请文件副本，也无需提交其他形式的请求（如DAS）。要求韩国优先权的发明与实用新型专利，自2014年1月1日起，与要求欧洲优先权一样，只需在请求书中写明在先申请的申请日和申请号，并提交在先申请文件的首页中译文即可。不需提供在先申请文件副本，也无需提交其他形式的请求（如DAS）。

要求美国优先权的发明与实用新型专利，自2014年10月8日起，与要求欧洲、韩国优先权一样，只需在请求书中写明在先申请的申请日和申请号，并提交在先申请文件的首页中译文即可。不需提供在先申请文件副本，也无需提交其他形式的请求（如DAS）。

要求本国优先权的，其在先申请文件的副本由专利局制作。申请人在请求书中写明了在先申请的申请日和申请号，并在规定的期限内缴纳优先权要求费，即视为提交了在先申请文件副本。

c）优先权转让证明文件。要求优先权的在后申请的申请人与在先申请文件副本中记载的申请人应当一致，或者是在先申请文件副本中记载的申请人之一。不一致的，应当提交由在先申请的全体申请人签字或者盖章的优先权转让证明文件。

电子申请，无需提交优先权转让证明文件原件，只需将优先权转让证明文件原件扫描提交即可。优先权转让证明文件可以后补，后补期限为自申请日起3个月内，分案申请自分案申请递交日起两个月内。

d）生物保藏及存活证明。涉及生物材料的专利申请，申请人应当在请求书和说明书中分别写明生物材料的分类命名，保藏该生物材料样品的单位名称、地址、保藏日期和保藏编号，并且相一致（参见《专利审查指南2010》第二部分第十章9.2.1）。申请时请求书和说明书都未写明的，申请人应当自申请日起4个月内补正，期满未补正的，视为未提交保藏。

电子申请，无需提交生物保藏及存活证明原件，只需将生物保藏及存活证明文件原件扫描提交即可。生物保藏及存活证明文件可以后补，后补期限为自申请日起 4 个月内，分案申请自分案申请递交日起两个月内。

e）实质审查请求书。实质审查请求书中填写的内容要与提交内容一致。

f）原文申请文件。申请人提供的原说明书、权利要求书和附图是外文的，应当复印一份与新申请同时提交，供审查员参考，原文申请文件不具法律效力。中国台湾及香港客户提供的繁体说明书不再作为原文申请文件提交，提交原文申请文件的应当在请求书第二页"附加文件清单"栏目内进行指明。

如果用电子申请提交，无需提交原文申请文件。

g）向外国申请专利的保密审查。《专利法》第 21 条第 1 款规定，任何单位或者个人将在中国完成的发明或者实用新型向外国申请专利的，应当事先报经专利局进行保密审查。

申请人拟在向专利局申请专利后又向外国申请专利的，应当在提交专利申请同时填写向外国申请专利保密审查请求书，并在请求书的第 24 栏附加文件清单中有显示。未按上述规定提出请求的，视为未提出请求。

具体关于保密审查的相关要求及注意事项，请查阅保密审查操作实务。

◆注意事项

（1）请求书中的发明名称要与说明书中的一致。

（2）发明人要求不公布姓名的，请求书第 8 栏"发明人"栏要勾选"不公布姓名"。

（3）第一发明人为中国国籍时必须填写身份证件号码。

（4）申请人要填写身份证件号码或组织机构代码。

（5）请求费用减缓的，请求书中第 10 栏"申请人"栏务必要勾选"请求费减且已完成费减资格备案"。

（6）要求提前公布的，请求书第 22 栏"提前公布"栏要进行勾选。

（7）申请人要求优先权的，应当在提出专利申请的同时在请求书中声明；未在请求书中提出声明的，视为未要求优先权。申请人在请求书第 18 栏"要求优先权声明"栏中应当写明作为优先权基础的在先申请的申请日、申请号和原受理机构名称。

（8）发明和实用新型专利同时申请的，务必要在请求书第 21 栏"同日申请栏"中进行勾选。

（9）请求书做完核查无误后按照下列顺序装订文件：请求书—说明书

（摘要—摘要附图—权利要求书—说明书—说明书附图）—其他文件（仅限于纸件提交申请使用）。

2）实用新型专利申请递交文件。

（1）基本提交文件。

a）请求书（要求同发明专利申请）。

b）摘要、摘要附图、权利要求书、说明书、说明书附图（需拆分成 5 份单独的文件用于提交）。

（2）其他提交文件。

a）委托书（要求同发明专利）。

b）优先权证明文件（要求同发明专利）。

c）优先权转让证明文件（要求同发明专利）。

d）原文申请文件（要求同发明专利）。

e）向外国申请专利的保密审查（要求同发明专利）。

◆注意事项

（1）请求书中的发明名称要与说明书中的一致。

（2）发明人要求不公布姓名的，请求书第 8 栏"发明人"栏要勾选"不公布姓名"。

（3）第一发明人为中国国籍时必须填写身份证件号码。

（4）申请人要填写身份证件号码或组织机构代码。

（5）请求费用减缓的，请求书中第 10 栏"申请人"栏务必要勾选"请求费减且已完成费减资格备案"。

（6）发明和实用新型专利同时申请的，务必要在请求书第 18 栏"同日申请"栏中进行勾选。

（7）申请人要求优先权的，应当在提出专利申请的同时在请求书中声明。未在请求书中提出声明的，视为未要求优先权。申请人在请求书第 15 栏"要求优先权声明"栏中应当写明作为优先权基础的在先申请的申请日、申请号和原受理机构名称。

（8）请求书做完核查无误后按照下列顺序装订文件：请求书—说明书（摘要—摘要附图—权利要求书—说明书—说明书附图）—其他文件（仅限于纸件提交申请使用）。

3）外观设计专利申请递交文件。

（1）基本提交文件。a）请求书（要求同发明专利）；b）简要说明、图片或者照片。

（2）其他提交文件。a）委托书（要求同发明专利）；b）优先权证明文件（要求同发明专利）；c）优先权转让证明文件（要求同发明专利）；d）原文申请文件（要求同发明专利）。

◆注意事项

（1）外观设计申请提交时必须提交简要说明，否则将导致申请不予受理。

（2）请求书中的外观设计产品名称要与简要说明中的一致。

（3）发明人要求不公布姓名的，请求书第8栏"发明人"栏要勾选"不公布姓名"。

（4）第一发明人为中国国籍时必须填写身份证件号码。

（5）申请人要填写身份证件号码或组织机构代码。

（6）请求费用减缓的，请求书中第10栏"申请人"栏务必要勾选"请求费减且已完成费减资格备案"。

（7）申请人要求优先权的，应当在提出专利申请的同时在请求书中声明；未在请求书中提出声明的，视为未要求优先权。申请人在请求书第14栏"要求优先权声明"栏中应当写明作为优先权基础的在先申请的申请日、申请号和原受理机构名称。

（8）如果是一个外观专利中包含N个相似设计，或是M个成套产品，需要在130101表格中的第16、17栏勾选并填写相应个数。

（9）请求书做完核查无误后按照下列顺序装订文件：请求书—简要说明—图片—其他文件（仅限于纸件提交申请使用）。

4）分案申请递交文件。

分案申请递交所需文件同上述发明、实用新型和外观设计专利申请。

◆注意事项

（1）分案申请的类别应当与原申请的类别一致。

（2）分案申请应当在请求书中填写原申请的申请号和申请日；对于已提出过分案申请，申请人需要针对该分案申请再次提出分案申请的，还应当在请求书中相应位置填写针对的分案申请的申请号。

（3）其他注意事项参照本章发明、实用新型和外观设计申请注意事项。

5）申请文件递交

申请文件递交步骤如下：

（1）根据专利代理师提供的说明书文件，流程人员开始处理新申请提交案件。

（2）仔细阅读客户往来信函，查找关键信息（案件类型、客户要求等），查看客户特殊要求（例如是否提前公开，是否同时提交实质审查请求，是否要求费用减免等）。

（3）制作专利申请请求书表格、导入 CPC 系统的压缩包。

（4）将压缩包导入 CPC 系统中，修改或补充表格，并上传文件。

（5）填写好 CPC 系统后，按照一定格式命名，导出文件到电子申请专用文件夹/待发文件夹。

（6）将递交文件给专利代理师进行核查。

（7）核查无误后，将压缩包导入 CPC 系统中签名发送递交。

◆注意事项

通过 CPC 电子申请系统提交文件并收取电子申请回执（没有电子回执的要重新提交）。如果专利申请为非电子申请，则需要将文件提交到专利局受理窗口或者通过挂号信邮寄方式邮寄专利局。提交到窗口和邮寄方式，应注意以下方面：

（1）提交到专利局受理窗口的文件，专利局会返回盖有专利局收文章戳的提交文件清单。

（2）挂号信邮寄方式递交的，请保留邮局盖有收件日期章戳的邮寄回执。

2. 申请递交费用

专利局下发专利申请受理通知书的同时，还会下发缴纳申请费通知书或费用减缴审批通知书（适用于要求费用减缓的申请）。

申请费的缴纳期限是自申请日起两个月内，或者自收到受理通知书之日起 15 日内（以后到期日期为准）。需要在该期限内缴纳的费用明细会在通知书中注明。流程人员需格外注意，若新申请同时提出实质审查请求，收到的缴费通知书中不会注明实质审查费用，流程人员需自核案件的实际情况，一次性缴足申请费用。具体操作如下：

（1）专利代理机构在收到缴纳申请费通知书或费用减缴审批通知书后，应建立任务进行监控（期限为自申请日起两个月内，或者自收到受理通知书之日起 15 日内）。

（2）缴纳申请费。具体缴费金额参见缴纳申请费通知书或费用减缴审批通知书中的要求。如果申请同时提交了实质审查请求，还应该同时缴纳实质审查请求费。

费用可以直接向专利局（包括专利局各代办处）缴纳，也可以通过邮局或者银行汇付，或者以规定的其他方式缴纳（如电子缴费）。

◆注意事项

（1）未在规定的期限内缴纳或者缴足申请费（含公布印刷费、申请附加费）的，该申请被视为撤回；未在规定的期限内缴纳或者缴足优先权要求费的，视为未要求优先权。

（2）费用通过邮局或者银行汇付的，应当在汇单上写明正确的申请号（或专利号）以及缴纳的费用名称，且不得设置取款密码。不符合上述规定的，视为未办理缴费手续。

（3）在汇单上还应当写明汇款人姓名或者名称及其通讯地址（包括邮政编码）。同一专利申请（或专利）缴纳的费用为两项以上的，应当分别注明每项费用的名称和金额，并且各项费用的金额之和应当等于缴纳费用的总额。

（4）在中国内地没有常住居所或者营业所的当事人使用外币向专利局缴纳费用的，应当使用指定的外币，并通过专利代理机构办理，但另有规定的除外。

（5）费用通过邮局汇付，且在汇单上写明申请号（或专利号）以及费用名称的，以邮局取款通知单上的汇出日为缴费日。邮局取款通知单上的汇出日与中国邮政普通汇款收据上收汇邮戳日表明的日期不一致的，以当事人提交的中国邮政普通汇款收据原件或者经公证的收据复印件上表明的收汇邮戳日为缴费日。

（6）费用通过银行汇付，且写明申请号（或专利号）以及费用名称的，以银行实际汇出日为缴费日。

（7）费用通过邮局或者银行汇付，未写明申请号（或专利号）的，费用退回，视为未办理缴费手续。

（8）因缴费人信息填写不完整或者不准确，造成费用不能退回或者退款无人接收的，费用暂时存入专利局账户（以下简称"暂存"）。费用入暂存的，视为未办理缴费手续。

3. 申请递交流程

专利代理机构收到客户新申请委托后，代理机构建立案卷，给出内部案卷号，然后进入案件递交流程，具体操作如下：

（1）回应新申请指示（收到客户委托后一个工作日内）。

（2）撰写申请文件。针对国内客户委托的需要代理机构撰写申请的案件，有客户指定期限的按照客户指定期限指定计划完成日；客户没有要求的，按照代理机构内部要求制定计划完成日。

（3）递交申请文件。通常根据优先权期限或者客户要求期限制定计划完成日，没有优先权期限或者客户要求期限的，按照代理机构内部要求制定计划完成日。

（4）发送递交报告。

（5）转达受理通知书。

2.5.3.3 递交报告

申请递交后一个工作日内，简单报告客户专利申请已经提交。

2.5.3.4 转达受理通知书

专利申请递交后，符合受理条件的，专利局会下发"专利申请受理通知书""缴纳申请费通知书"或者"费用减缴审批通知书"。

电子申请形式递交的，专利申请在申请递交后1~2个工作日可以收到电子版本的专利申请受理通知书，在递交日10个工作日后会收到纸制版的专利申请受理通知书。

结合代理机构的流程管理要求以及客户要求，国外客户可在收到电子版受理通知书后正式报告客户申请情况；国内客户因大多需要受理通知书原件办理资助或内部留存使用，可在收到纸制版的通知书后及时给客户发送正式转达报告。这个转达报告应告知客户详细的申请信息（例如发明名称、申请人、申请日和申请号），还会给客户提供申请递交文件用于客户存档使用，也会把专利申请受理通知书转达给客户。报告中还会简单介绍接下来的申请流程，提醒客户相关期限。开具专利申请的账单，随转达报告一并发送给客户。

2.5.4 实务小结

本节重点介绍了专利申请递交阶段的流程实务操作，包括申请前文件准备、申请递交和递交报告。申请递交是重要的一环，涉及的内容也比较多，大家要重点关注。申请递交的期限也非常重要，因为一旦错过将无法补救，还需要大家重视。

当然，本书无法穷尽申请阶段所有的流程实务，还需要大家在实践中不断总结知识点和操作经验。

2.6 初审阶段流程操作实务

本节主要介绍通过《巴黎公约》途径或首次向专利局提交的发明专利、实用新型或外观设计专利，在申请初审阶段流程操作实务，旨在指导专利申请流程人员在初审阶段如何进行流程实务操作。

发明专利、实用新型专利和外观设计专利申请初步审查（以下简称"初审"）的范围包括：申请文件的形式审查、申请文件的明显实质性缺陷审查、其他文件的形式审查和有关费用的审查。

2.6.1 期限相关

专利申请初审阶段是自专利申请受理通知书下发至专利申请进入实质审查阶段通知书或授予（实用新型、外观设计）专利权通知书下发的时间段。

2.6.2 实务操作

2.6.2.1 主动补正提交

主动补正所涉及的专利申请文件存在的形式缺陷一般包括：委托书、优先权证明文件、优先权转让证明文件、生物保藏及存活证明等在内的证明文件。

具体操作如下：

（1）专利代理机构在收到客户提供的文件后，应时建立主动补正任务（通常收到文件后一周内提交官方，有两项任务：主动补正提交、报告客户）。

（2）确认客户提供的文件是否符合专利法、专利法实施细则及相关要求（如委托书的要求参见《专利审查指南 2010》第一部分第一章 6.1.2；优先权证明文件的要求参见《专利审查指南 2010》第一部分第一章 6.2.1.3、6.2.2.3；优先权转让证明文件的要求参见《专利审查指南 2010》第一部分第一章 6.2.1.4、6.2.2.4；生物保藏及存活证明文件的要求参见《专利审查指南 2010》第一部分第一章 5.2.1）；文件不符合要求的，及时与客户进行沟通，要求客户重新提供符合要求的文件。

（3）制作补正书。补正书中填写的内容要与提交内容一致，引用法条要正确，即《专利法实施细则》第 51 条。

（4）通过 CPC 电子申请系统提交文件并收取电子申请回执（没有电子回执的要重新提交）。如果专利申请为非电子申请，则需要将文件提交到专利局受理窗口或者通过挂号信邮寄方式邮寄至专利局。提交到专利局受理窗口的文件，专利局会返回盖有专利局收文章戳的提交文件清单；挂号信邮寄方式递交的，请保留邮局盖有收件日期章戳的邮寄回执。

(5) 提交文件一周内报告客户。如需收费，同时开具账单，随提交报告一并发送给客户。

◆注意事项

(1) 有些文件必须要在规定的期限内由申请人主动补交，专利局是不会发出补正通知书的，如生物材料保藏证明和存活证明、在先申请文件副本、优先权转让证明文件和不丧失新颖性宽限期的证明文件等。

(2) 补正如果没有在期限内递交，将导致申请视为撤回或者权利丧失。相关期限如下：

a) 委托书补正期限为自收到补正通知书之日起两个月内。

b) 优先权证明文件和优先权转让证明文件补正期限为自申请日起 3 个月内。

c) 生物保藏及存活证明文件补正期限为自申请日起 4 个月内。

d) 分案申请期限（针对上述文件）为自分案申请递交日起两个月内。

2.6.2.2 提前公布声明

专利局收到发明专利申请后，经初步审查认为符合专利法要求的，自申请日起满 18 个月，即行公布。申请人请求早日公布其发明专利申请的，可以要求提前公布专利声明。提出提前公布声明不能附有任何条件。提前公布声明符合规定，在专利申请初步审查合格后立即进入公布准备。

具体操作如下：

(1) 收到客户指示后，应及时建立提前公布任务（至少应在收到客户指示后一周内提交官方审批，可设立两条任务：提交提前公布声明与报告客户）。

(2) 制作提前公布声明。提前公布声明中填写的内容要与提交的内容一致。

(3) 通过 CPC 电子申请系统提交文件并收取电子申请回执（没有电子回执的要重新提交）。如果专利申请为非电子申请，则需要将文件提交到专利局受理窗口或者通过挂号信邮寄方式邮寄专利局。提交到专利局受理窗口的文件，专利局会返回盖有专利局收文章戳的提交文件清单；挂号信邮寄方式递交的，应保留邮局盖有收件日期章戳的邮寄回执。

(4) 专利代理机构至少应在提交文件一周内报告客户。如需收费,应同时开具账单,随提交报告一并发送给客户。

◆注意事项

(1) 提前公布声明只适用于发明专利申请。

(2) 提前公布声明可以在申请递交的同时提交。

2.6.2.3 初审阶段通知书的处理

1. 补正通知书

申请文件存在可以通过补正克服的缺陷的,专利局会发出"补正通知书"。"补正通知书"中会指明专利申请存在的缺陷,说明理由,同时指定答复期限。经申请人补正后,申请文件仍然存在缺陷的,专利局会再次发出补正通知书。

具体操作如下:

(1) 专利代理机构收到"补正通知书"后,应建立任务并进行监控。补正通知书的任务一般会包括三项:转达补正通知书任务、补正提交任务和报告客户任务(补正通知书的答复期限为自收到通知书之日起两个月内)。

(2) 专利代理机构将"补正通知书"转达客户。但是如果补正通知书中提及的形式缺陷,专利代理机构与客户有约定,属于专利代理机构可以直接处理的情形,则可由专利代理机构直接处理,无需转达客户。

(3) 专利代理机构收到客户提供的文件或客户指示后,确认文件能否克服补正通知书中的缺陷。如果不能,应及时与客户进行沟通,要求客户重新提供能够克服补正通知书中缺陷的文件。

(4) 制作补正书及相关文件。补正书中填写的内容要与提交的内容一致,引用法条要正确,即《专利法实施细则》第44条。

(5) 通过CPC电子申请系统提交文件并收取电子申请回执(没有电子回执的要重新提交)。如果专利申请为非电子申请,则需要将文件提交到专利局受理窗口或者通过挂号信邮寄方式邮寄至专利局。提交到专利局受理窗口的文件,专利局会返回盖有专利局收文章戳的提交文件清单;挂号信邮寄方式递交的,请保留邮局盖有收件日期章戳的邮寄回执。

(6) 专利代理机构应在提交文件一周内报告客户。如需收费,同时开具账单,随提交报告一并发送给客户。

◆注意事项

(1)"补正通知书"如果不能在规定期限内答复,将导致申请视为撤回。

(2)因正当理由难以在指定的期限内做出答复的,提交延长期限请求书,说明理由,并缴纳延长期限请求费,延长期限请求费以月计算。延长的期限不得超过两个月,对同一通知书或者决定中指定的期限一般只允许延长一次。

(3)国内申请人委托代理机构递交申请,未提供委托书的,在补正通知书规定的期限内仍不能提供委托书的,视为未委托代理机构。

2. 发明专利申请初步审查合格通知书

经初步审查,对于申请文件符合专利法及其实施细则有关规定并且不存在明显实质性缺陷的专利申请,包括经过补正符合初步审查要求的专利申请,专利局会发出初步审查合格通知书。

具体操作如下:

(1)专利代理机构收到"初步审查合格通知书"后,应建立任务进行监控(即文件转达任务)。

(2)将"初步审查合格通知书"转达客户。如果要收取服务费,需开具账单一并随信函转达客户。

3. 发明专利申请公布通知书

发明专利申请经初步审查认为符合专利法要求的,自申请日起满18个月,即行公布。专利局可以根据申请人的要求早日公布其申请。

具体操作如下:

(1)收到"发明专利申请公布通知书"或发明专利申请公布及进入实质审查阶段通知书后,应建立任务进行监控,即文件转达。

(2)将发明专利申请公布通知书或发明专利申请公布及进入实质审查阶段通知书转达客户。如果要收取服务费,请开具账单一并随信函转达客户。

◆注意事项

(1)公布通知书仅针对发明专利。

(2)如果客户要基于中国发明专利申请提交香港标准专利申请,则要在中国专利申请公开日6个月内提交香港标准专利第一阶段申请。

2.6.2.4 实用新型、外观设计专利申请主动修改

实用新型或者外观设计专利申请人自申请日起两个月内,可以对实用新型或者外观设计专利申请提出主动修改。对申请文件的修改,不得超出原说明书

和权利要求书记载的范围。

具体操作如下：

（1）专利代理机构收到客户的主动修改指示和文件后，应及时建立主动修改任务（主动修改期限为自申请日起两个月内，至少应建立两条任务：主动修改提交任务、报告客户任务）。

（2）确认客户提供的文件是否符合专利局要求。文件不符合要求的，及时与客户进行沟通，要求客户重新提供符合要求的文件（此部分的判断及沟通由代理师完成）。

（3）制作"意见陈述书"及修改替换文件。其中，"意见陈述书"中填写的内容要与提交内容一致，引用法条要正确，即《专利法实施细则》第51条。"意见陈述书"要使用专利局规定的书式（专利局网站可以下载）。

（4）通过 CPC 电子申请系统提交文件并收取电子申请回执（没有电子回执的要重新提交）。如果专利申请为非电子申请，则需要将文件提交到专利局受理窗口或者通过挂号信邮寄方式邮寄至专利局。提交到专利局受理窗口的文件，专利局会返回盖有专利局收文章戳的提交文件清单；挂号信邮寄方式递交的，请保留邮局盖有收件日期章戳的邮寄回执。

（5）提交文件一周内报告客户。如需收费，同时开具账单，随提交报告一并发送给客户。

2.6.2.5　实用新型、外观设计专利申请审查意见通知书

初步审查中，如果申请文件存在不可能通过补正方式克服的明显实质性缺陷，专利局会发出审查意见通知书。

"审查意见通知书"中明确具体地指出申请文件中存在的缺陷，并指出其不符合专利法及其实施细则的有关条款，说明审查员将根据专利法及其实施细则的有关规定准备驳回专利申请的倾向性意见。

具体操作如下：

（1）专利代理机构收到"审查意见通知书"后，应建立任务进行监控（审查意见通知书的答复期限为自收到通知书之日起两个月内，审查意见通知书中可建立三条任务：转达审查意见通知书任务、答复审查意见通知书任务和报告客户任务）。

（2）专利代理机构将审查意见通知书转达客户。

（3）收到客户指示后，确认按照客户指示修改的文件是否符合专利局要

求。不符合要求的，及时与客户进行沟通，要求客户重新提供修改意见（此部分判断和沟通由代理师完成）。

（4）制作"意见陈述书"及相关文件。"意见陈述书"要使用专利局规定的书式（专利局网站可以下载）。"意见陈述书"中填写的内容要与提交内容一致，引用法条要正确，即《专利法实施细则》第44条。

（5）通过CPC电子申请系统提交文件并收取电子申请回执（没有电子回执的要重新提交）。如果专利申请为非电子申请，则需要将文件提交到专利局受理窗口或者通过挂号信邮寄方式邮寄至专利局。提交到专利局受理窗口的文件，专利局会返回盖有专利局收文章戳的提交文件清单；挂号信邮寄方式递交的，请保留邮局盖有收件日期章戳的邮寄回执。

（6）提交文件一周内报告客户。如需收费，同时开具账单，随提交报告一并发送给客户。

2.6.3　实务小结

本节重点介绍了专利申请初审阶段的流程实务操作，包括主动补正、提前公开、初审阶段的官文处理、实用新型/外观设计专利申请的主动修改、审查意见通知书的处理。大家要明确初审阶段的审查范围和初审阶段的各种官方期限。

当然，本书无法穷尽初审阶段所有的流程实务，还需要大家在实践中不断总结知识点和操作经验。

2.7　实审阶段流程操作实务

本节主要介绍发明专利申请实审阶段流程操作实务，旨在指导专利申请流程人员在实审阶段如何进行流程实务操作。

专利局对发明专利申请进行实质审查，其目的在于确定发明专利申请是否应当被授予专利权，特别是确定其是否符合专利法有关新颖性、创造性和实用性的规定。经实质审查发现没有理由驳回的，专利局应当作出授予发明专利权的决定。

2.7.1　期限相关

实质审查请求应当在自申请日（有优先权的，指优先权日）起3年内提出，并在此期限内缴纳实质审查费。在实质审查请求的提出期限届满前

3个月时,申请人尚未提出实质审查请求的,专利局会发出期限届满前通知书。

2.7.2 实务操作

2.7.2.1 实质审查请求提交

实质审查请求的具体操作如下:

(1) 专利代理机构对于申请递交没有同时提交实质审查请求,或者申请同时提交实质审查请求但未缴纳实质审查费的发明专利申请,应建立任务监控。实质审查请求的提出期限为自申请日(有优先权的,指优先权日)起3年内提出。设立监控实质审查请求的任务,至少应包括三项:提醒提交实质审查请求任务、实质审查请求提交任务和报告客户任务。

(2) 提醒客户提交实质审查请求(通常为绝限前3个月,在收到客户正式指示前要逐次提醒客户)。

(3) 收到客户指示后,制作实质审查请求书,可在CPC客户端直接制作。如代理机构业务管理系统与CPC有接口,也可通过系统生成请求书并导入。

(4) 缴纳实质审查请求费。常规费用为人民币2500元,如有费减,代理机构流程人员需特别注意并按照费减后的标准缴纳。

(5) 通过CPC电子申请系统提交文件并收取电子申请回执(没有电子回执的要重新提交)。如果专利申请为非电子申请,则需要将文件提交到专利局受理窗口或者通过挂号信邮寄方式邮寄至专利局。提交到专利局受理窗口的文件,专利局会返回盖有专利局收文章戳的提交文件清单;挂号信邮寄方式递交的,请保留邮局盖有收件日期章戳的邮寄回执单。

(6) 专利代理机构至少应在提交实质审查请求后一周内报告客户,同时开具账单,随提交报告一并发送给客户。

◆注意事项

(1) 实质审查请求,最早可以在申请同时提交。

(2) 实质审查请求书和实质审查费缺一不可。

(3) 未在期限内提交实质审查请求的,或虽提交实质审查请求但未缴纳相关费用的,发明专利申请将被视为撤回。

2.7.2.2 发明专利申请主动修改

发明专利申请人在提出实质审查请求时以及在专利局发出发明专利申请进

入实质审查阶段通知书或公布及进入实质审查阶段通知书之日起的 3 个月内，可以对发明专利申请提出主动修改。

具体操作如下：

（1）专利代理机构收到客户主动修改指示后，应及时建立主动修改任务（确认主动修改的提交阶段，注意官方期限），至少应包括主动修改提交任务和报告客户任务。

（2）确认客户要求修改的内容是否符合专利局要求。不符合要求的，及时与客户进行沟通，要求客户重新确认修改内容（此部分的判断及沟通由代理师完成）。

（3）制作提交文件，在制作过程中应注意如下情况：

a）如是提交实质审查请求同时提交主动修改的，修改内容标注在实质审查请求书中。

b）如是在专利局发出发明专利申请进入实质审查阶段通知书之日起的 3 个月内提交主动修改，需要单独制作意见陈述书。

c）意见陈述书要使用专利局规定的书式（专利局网站可以下载）。

d）意见陈述书中填写的内容要与提交内容一致。

e）引用法条要正确，即《专利法实施细则》第 51 条。

（4）通过 CPC 电子申请系统提交文件并收取电子申请回执（没有电子回执的要重新提交）。如果专利申请为非电子申请，则需要将文件提交到专利局受理窗口或者通过挂号信邮寄方式邮寄至专利局。提交到专利局受理窗口的文件，专利局会返回盖有专利局收文章戳的提交文件清单；挂号信邮寄方式递交的，请保留邮局盖有收件日期章戳的邮寄回执单。

（5）专利代理机构至少应在提交文件一周内报告客户。如需收费，同时开具账单，随提交报告一并发送给客户。

2.7.2.3 实审阶段通知书的处理

1. 进入实质审查阶段通知书

实质审查请求符合规定的，在进入实质审查程序时，专利局发出发明专利申请进入实质审查阶段通知书或公布及进入实质审查阶段通知书。

具体操作如下：

（1）专利代理机构收到发明专利申请进入实质审查阶段通知书后，建立任务进行监控（即文件转达）。

（2）将发明专利申请进入实质审查阶段通知书转达客户，如果要收取服务费，专利代理机构需开具账单一并随信函转达客户。

◆注意事项

转达发明专利申请进入实质审查阶段通知书时，代理机构流程人员需要提醒客户主动修改的期限，避免申请人错过主动修改的机会。

2. 第一次审查意见通知书

对发明专利申请进行实质审查后，申请不符合《专利法》及其实施细则有关规定的，专利局会下发审查意见通知书，要求申请人在指定的期限内陈述意见或者对申请进行修改。

具体操作如下：

（1）专利代理机构收到第一次审查意见通知书后，应建立任务进行监控（第一次审查意见通知书的答复期限为自收到通知书之日起4个月内）。对于收到的第一次审查意见通知书，可设立3项任务：转达审查意见通知书任务、审查意见通知书答复任务和报告客户任务。

（2）专利代理机构将第一次审查意见通知书转达给客户（通常收到通知书之后一个月内转达，在没有收到客户指示前要逐次提醒客户）。

（3）专利代理机构收到客户指示后，确认修改是否符合专利局要求。不符合要求的，应及时与客户进行沟通，要求客户重新提供符合要求的文件（可能会多次与客户交流，此部分的判断及沟通由代理师完成）。

（4）专利代理机构制作意见陈述书及相关文件。

（5）通过CPC电子申请系统提交文件并收取电子申请回执（没有电子回执的要重新提交）。如果专利申请为非电子申请，则需要将文件提交到专利局受理窗口或者通过挂号信邮寄方式邮寄至专利局。提交到专利局受理窗口的文件，专利局会返回盖有专利局收文章戳的提交文件清单；挂号信邮寄方式递交的，请保留邮局盖有收件日期章戳的邮寄回执单。

（6）专利代理机构至少应在提交文件后一周内报告客户，同时开具账单，随提交报告一并发送给客户。

◆注意事项

加快审查的案件，第一次审查意见通知书的答复期限为发文日加两个月。

3. 第N次审查意见通知书

第一次审查意见通知书发出之后的审查意见，都叫作第N次审查意见通知书。第N次审查意见通知书的答复期限为自收到通知书之日起两个月内，通知书中会写明具体日期。具体操作及注意事项同第一次审查意见通知书。

◆注意事项

加快审查的案件，第 N 次审查意见通知书的答复期限为发文日加两个月。

4. 提交延期请求

当事人因正当理由不能在期限内进行或者完成某一行为或者程序时，可以请求延长期限。具体操作如下：

（1）专利代理机构收到客户延期指示后，应至少建立两条任务：延期请求提交任务和报告客户任务。

（2）制作延期请求书，注意事项如下：

a）延期请求书中填写的内容要与提交内容一致。

b）引用法条要正确，即《专利法实施细则》第 6 条第 4 款。

（3）缴纳延期费用。

（4）通过 CPC 电子申请系统提交文件并收取电子申请回执（没有电子回执的要重新提交）。如果专利申请为非电子申请，则需要将文件提交到专利局受理窗口或者通过挂号信邮寄方式邮寄至专利局。提交到专利局受理窗口的文件，专利局会返回盖有专利局收文章戳的提交文件清单；挂号信邮寄方式递交的，请保留邮局盖有收件日期章戳的邮寄回执单。

（5）专利代理机构提交文件一周内报告客户。如需收费，同时开具账单，随提交报告一并发送给客户。

◆注意事项

（1）可以请求延长的期限，仅限于指定期限。

（2）请求延长期限的，应当在期限届满前提交延长期限请求书，说明理由，并缴纳延长期限请求费。延长期限请求费以月计算。延长的期限不足一个月的，以一个月计算。

（3）延长的期限不得超过两个月。对同一通知或者决定中指定的期限一般只允许延长一次。

5. 延长期限审批通知书

延长期限请求不符合规定的，专利局应当发出延长期限审批通知书，并说明不予延长期限的理由；符合规定的，专利局应当发出延长期限审批通知书，在计算机系统中更改该期限的届满日，继续监视该期限。

具体操作如下：

（1）专利代理机构收到延长期限审批通知书，应建立任务（即文件转达）。

（2）将延长期限审批通知书转达客户。

（3）更新对应通知书的答复期限，以便继续监控。

◆注意事项

请注意延长期限审批通知书中的审批意见，不同意延期的，需要采取进一步的补救措施（具体补救措施根据通知书内容而定）。

6. 视为撤回通知书

专利局对发明专利申请进行实质审查后，认为不符合专利法规定的，应当通知申请人，要求其在指定的期限内陈述意见或者对其申请进行修改；无正当理由逾期不答复的，该申请即被视为撤回。具体操作如下：

（1）专利代理机构收到视为撤回通知书后，应立即建立至少三项任务，即转达视为撤回通知书任务、视为撤回通知书答复任务和报告客户任务，并进行监控（视为撤回通知书答复期限为自收到通知书之日起两个月内）。

（2）专利代理机构转达视为撤回通知书给客户，在没有收到客户明确指示前要定期监控、提醒。

（3）专利代理机构收到客户明确指示后，如果客户指示不进行答复，则案件终止；如果客户指示答复，则进行下一步处理。

（4）专利代理机构制作恢复权利请求书及消除权利丧失的文件（如审查意见答复文件）。

（5）缴纳恢复费，恢复费官费为人民币1000元，需在恢复期限届满前缴纳。

（6）通过CPC电子申请系统提交文件并收取电子申请回执（没有电子回执的要重新提交）。如果专利申请为非电子申请，则需要将文件提交到专利局受理窗口或者通过挂号信邮寄方式邮寄至专利局。提交到专利局受理窗口的文件，专利局会返回盖有专利局收文章戳的提交文件清单；挂号信邮寄方式递交的，请保留邮局盖有收件日期章戳的邮寄回执单。

（7）专利代理机构至少应在提交文件后一周内报告客户。如需收费，同时开具账单，随提交报告一并发送给客户。

◆注意事项

（1）《专利法实施细则》第6条第2款规定："请求恢复权利的，应当自收到专利局或者复审委的处分决定之日起两个月内提交恢复权利请求书，说明理由，并同时缴纳恢复权利请求费。"

（2）《专利法实施细则》第6条第1款规定："请求恢复权利的，应当自障碍消除之日起两个月内,最迟自期限届满之日起两年内提交恢复权利请求书,说明理由,必要时还应当附具有关证明文件。当事人在请求恢复权利的同时,应当办理权利丧失前应当办理的相应手续,消除造成权利丧失的原因。"

(3)《专利法实施细则》第 6 条第 1 款和第 2 款规定了当事人因耽误期限而丧失权利之后,请求恢复其权利的条件。该条第 5 款又规定,不丧失新颖性的宽限期、优先权期限、专利权期限和侵权诉讼时效这四种期限被耽误而造成的权利丧失,不能请求恢复权利。

7. 分案通知书

一件申请有不符合单一性情况的,专利局会要求申请人对申请文件进行修改,使其符合单一性要求。分案通知书就是其中之一的修改处理方式。

分案通知书的答复期限为自收到通知书之日起两个月内,通知书中会写明具体日期。具体操作同第一次审查意见通知书。

8. 提交资料通知书

发明专利已经在外国提出过申请的,专利局可以要求申请人在指定期限内提交该国为审查其申请进行检索的资料或者审查结果的资料。无正当理由逾期不提交的,申请即被视为撤回。提交资料通知书的答复期限为自收到通知书之日起两个月内,通知书中会写明具体日期。具体操作同第一次审查意见通知书。

2.7.2.4 放弃实用新型专利权通知书

《专利法》第 9 条规定:"同样的发明创造只能授予一项专利权。两个以上的申请人分别就同样的发明创造申请专利的,专利权授予最先申请的人。"上述条款规定了不能重复授予专利权的原则。禁止对同样的发明创造授予多项专利权,是为了防止权利之间存在冲突。

对于发明或实用新型,《专利法》第 9 条或《专利法实施细则》第 41 条中所述的"同样的发明创造"是指两件或两件以上申请(或专利)中存在的保护范围相同的权利要求。

对于同一申请人同日(仅指申请日)对同样的发明创造既申请实用新型又申请发明专利的,在先获得的实用新型专利权尚未终止,并且申请人在申请时分别作出说明的,除通过修改发明专利申请外,还可以通过放弃实用新型专利权避免重复授权。

具体操作如下:

（1）专利代理机构收到专利局下发的通知书后，应建立至少三项任务：转达通知书任务、提交放弃专利权声明任务和报告客户任务（提交期限为通知书的答复期限）。

（2）专利代理机构收到客户提供的文件后，确认客户提供的文件是否符合专利局要求；文件不符合要求的，及时与客户进行沟通，要求客户重新提供符合要求的文件。

（3）制作放弃专利权声明。放弃专利权声明填写的内容要与提交内容一致；引用法条要正确，即《专利法》第9条第1款。

（4）通过CPC电子申请系统提交文件并收取电子申请回执（没有电子回执的要重新提交）。如果专利申请为非电子申请，则需要将文件提交到专利局受理窗口或者通过挂号信邮寄方式邮寄至专利局。提交到专利局受理窗口的文件，专利局会返回盖有专利局收文章戳的提交文件清单；挂号信邮寄方式递交的，请保留邮局盖有收件日期章戳的邮寄回执单。

（5）专利代理机构至少应在提交文件后一周内报告客户。如需收费，同时开具账单，随提交报告一并发送给客户。

◆注意事项

实际操作中，放弃实用新型专利权声明要单独提交，同时发明申请答复审查意见通知书时陈述已经单独提交了放弃实用新型专利权的书面声明。

2.7.3 实务小结

本节重点介绍了专利申请实审阶段的流程实务操作，包括提交实审请求、实审阶段的官文处理、审查意见通知书、延期请求、视为撤回通知书、分案通知书及放弃实用新型专利权声明的处理。代理机构流程人员需掌握实审阶段的各种官方期限，同时注意"注意事项"中列出的内容，学会灵活运用。

当然，本书也无法穷尽实审阶段所有的流程实务，还需要大家在实践中不断总结知识点和操作经验。

2.8　复审阶段流程操作实务

本节主要介绍专利代理复审阶段流程操作实务，旨在指导专利申请流程人员在复审阶段如何进行流程实务操作。

专利申请人对驳回申请的决定不服的，在规定期限内可以向复审委请求复审。复审委复审后，作出决定，并通知专利申请人。专利申请人对复审委的复审决定不服的，可以在规定期限内向人民法院起诉。复审委合议审查的案件，会由三或五人组成的合议组负责审查。

2.8.1 期限相关

自收到专利局作出的驳回决定之日起 3 个月内。

2.8.2 实务操作

2.8.2.1 复审请求提交

专利申请人对专利局驳回申请的决定不服的，可以自收到驳回决定之日起 3 个月内，向复审委请求复审。具体操作如下：

（1）专利代理机构收到驳回决定后，应至少建立三项任务：转达驳回决定任务、答复驳回决定任务和报告客户任务（答复期限为自收到驳回决定之日起 3 个月内）。

（2）转达驳回决定给客户，在没有收到客户明确指示前，需定期提醒客户。

（3）收到客户明确指示后，需确认客户指示内容。一般客户指示分为如下两种情况：

a）如果客户指示放弃提交复审请求，则走结案流程。

b）如果客户指示提交复审请求，确认是否修改及修改是否符合专利局要求。不符合要求的，及时与客户进行沟通，要求客户重新提供符合要求的文件（可能会多次与客户交流，此部分的判断及沟通由代理师完成）。

（4）制作复审请求书及相关文件。制作中应注意以下两方面问题：

a）复审请求书中填写的内容要与提交内容一致。

b）引用法条要正确，即《专利法》第 41 条第 1 款和《专利法实施细则》第 60 条第 1 款。复审请求书要使用专利局规定的书式（专利局网站可以下载）。

（5）缴纳复审费。

（6）通过 CPC 电子申请系统提交文件并收取电子申请回执（没有电子回执的要重新提交）。如果专利申请为非电子申请，则需要将文件提交到专利局受理窗口或者通过挂号信邮寄方式邮寄至复审委。提交到专利局受理窗口的文件，专利局会返回盖有专利局收文章戳的提交文件清单；挂号信邮寄方式递交的，请保留邮局盖有收件日期章戳的邮寄回执单。

(7) 提交文件至少应在一周内报告客户，同时开具账单，随提交报告一并发送给客户。

◆注意事项

(1) 提交复审请求同时要缴纳复审请求费用，复审请求人在收到驳回决定之日起 3 个月内提出了复审请求，但在此期限内未缴纳或者未缴足复审费的，其复审请求视为未提出。

(2) 复审请求费是可以享受费用减免的。

2.8.2.2 复审阶段通知书的处理

1. 复审请求受理通知书

复审请求经形式审查符合《专利法》及其实施细则和《专利审查指南 2010》有关规定的，复审委应当发出复审请求受理通知书，以此通知复审请求人。具体操作如下。

(1) 专利代理机构应在收到复审请求受理通知书后，及时建立复审请求受理通知书转达的任务（即文件转达）并进行监控。

(2) 专利代理机构转达复审请求受理通知书给客户。

2. 复审请求补正通知书

复审请求书应当符合规定的格式，不符合规定格式的，专利复审委员会应当通知复审请求人在指定期限内补正；期满未补正或者在指定期限内补正但经两次补正后仍存在同样缺陷的，复审请求视为未提出。具体操作如下。

(1) 专利代理机构收到复审请求补正通知书后，至少应建立三项任务进行监控（转达复审请求补正通知书任务、答复复审请求补正通知书任务和报告客户任务）。答复期限为自复审请求补正通知书收到日起 15 日内。

(2) 专利代理机构在转达复审请求补正通知书给客户时，通常会遇到两种情形：在未收到客户指示前，应该定期提醒客户；如果无需客户指示（通常是专利代理机构在与客户签订合作协议之时进行约定的业务操作惯例），代理机构可自行处理，则不必转达客户。

(3) 专利代理机构收到客户明确指示后，确认修改是否符合专利局要求。如存在不符合要求的情况，应及时与客户进行沟通，请客户重新或补充提供符合要求的文件（可能会多次与客户交流，此部分的判断及沟通由代理师完成）。

(4) 专利代理机构制作复审无效宣告程序补正通知书及其相关文件。制作过程应注意：复审无效宣告程序补正通知书要使用专利局规定的书式（专利局网站可以下载）；复审无效宣告程序补正通知书中填写的内容要与提交内容一致。

（5）通过CPC电子申请系统提交文件并收取电子申请回执（没有电子回执的要重新提交）。如果专利申请为非电子申请，则需要将文件提交到专利局受理窗口或者通过挂号信邮寄方式邮寄至专利局复审委。提交到专利局受理窗口的文件，专利局会返回盖有专利局收文章戳的提交文件清单；挂号信邮寄方式递交的，请保留邮局盖有收件日期章戳的邮寄回执单。

（6）专利代理机构应在提交文件后一周内报告客户，同时开具账单，随提交报告一并发送给客户。

◆注意事项

复审程序使用的递交文件书式与专利申请、初审和实审阶段不同，不要用错表格。

3. 复审通知书

专利复审委员会进行复审后，认为复审请求不符合《专利法》及其细则有关规定的，应当通知复审请求人，要求其在指定期限内陈述意见；期满未答复的，该复审请求将视为撤回。具体操作如下：

（1）专利代理机构在收到复审通知书后，至少应建立三项任务并进行监控（转达复审通知书任务、答复复审通知书任务和报告客户任务）。答复期限为自复审通知书收到日起一个月内。

（2）转达复审通知书给客户，在未收到客户指示前，应该定期提醒客户。如果前期与客户有无需指示可直接处理的业务约定，属于无需指示直接处理的情形，代理机构也可遵循双方约定权限进行直接处理，不必转达客户。

（3）收到客户明确指示后，确认修改是否符合专利局要求。不符合要求的，及时与客户进行沟通，要求客户重新提供符合要求的文件（可能会多次与客户交流，此部分的判断及沟通由代理师完成）。

（4）制作复审意见陈述书及其相关文件。制作过程中应注意：复审意见陈述书要使用专利局规定的书式（专利局网站可以下载）；复审意见陈述书中填写的内容要与提交内容一致。

（5）通过CPC电子申请系统提交文件并收取电子申请回执（没有电子回执的要重新提交）。如果专利申请为非电子申请，则需要将文件提交到专利局受理窗口或者通过挂号信邮寄方式邮寄给复审委。提交到专利局受理窗口的文件，专利局会返回盖有专利局收文章戳的提交文件清单；挂号信邮寄方式递交的，请保留邮局盖有收件日期章戳的邮寄回执单。

（6）专利代理机构至少应在提交文件递交一周内报告客户，同时开具账单，随提交报告一并发送给客户。

4. 合议组成员告知通知书

专利复审委员会合议审查的案件，应当由三或五人组成的合议组负责审查，其中包括组长一人、主审员一人、参审员一或三人。

复审或者无效宣告案件合议组成员有《专利法实施细则》第37条规定情形之一的，应当自行回避；合议组成员应当自行回避而没有回避的，当事人有权请求其回避。具体操作如下：

（1）专利代理机构收到合议组成员告知通知书后，应及时建立至少三项任务并进行监控（转达合议组成员告知通知书任务、提交回避请求任务和报告客户任务），答复期限为自收到合议组成员告知通知书之日起7日内。

（2）转达合议组成员告知通知书给客户，在收到客户明确指示前，要定期提醒客户。

（3）收到客户指示后，制作提交回避请求的相关文件。

（4）通过CPC电子申请系统提交文件并收取电子申请回执（没有电子回执的要重新提交）。如果专利申请为非电子申请，则需要将文件提交到专利局受理窗口或者通过挂号信邮寄方式邮寄至专利局复审委。提交到专利局受理窗口的文件，专利局会返回盖有专利局收文章戳的提交文件清单；挂号信邮寄方式递交的，请保留邮局盖有收件日期章戳的邮寄回执单。

（5）专利代理机构至少应在提交文件递交一周内报告客户。如有账单，需同时开具账单，随提交报告一并发送给客户。

◆注意事项

提交回避请求的期限较短，要及时处理。

5. 复审决定

复审委进行复审后，经陈述意见或者进行修改后，复审委认为仍不符合专利法及其细则有关规定的，应当作出维持原驳回决定的复审决定。

复审委进行复审后，认为原驳回决定不符合专利法及其细则有关规定的，或者认为经过修改的专利申请文件消除了原驳回决定指出的缺陷的，应当撤销原驳回决定，由原审查部门继续进行审查程序。具体操作如下：

（1）专利代理机构在收到复审决定后，应及时建立至少三个任务并进行监控（转达复审决定任务、提交上诉请求任务和报告客户任务）。如果复审成功，即由原审查部门继续进行审查程序，则仅转达客户即可；如果复审不成功，即维持原驳回决定。

（2）专利代理机构转达复审决定给客户（如果复审不成功，在未收到客户指示前，要定期提醒客户）。

（3）收到客户明确指示后，确认修改是否符合上诉要求。不符合要求的，及时与客户进行沟通，要求客户重新提供符合要求的文件（可能会多次与客户交流，此部分的判断及沟通由代理师完成）。

（4）制作提交上诉的文件。

（5）缴纳诉讼费。

（6）提交上诉文件（提交上诉请求的详细实务操作请参照本书相关章节）。

（7）专利代理机构提交文件后一周内报告客户，同时开具账单，随提交报告一并发送给客户。

◆注意事项

复审决定作出后，复审请求人不服该决定的，应在复审决定发文日起3个月内向人民法院起诉。在规定的期限内未起诉或者人民法院的生效判决维持该复审决定的，复审程序终止。

6. 复审请求视为未提出通知书

当复审请求的提交不符合专利法及其细则规定时，复审请求视为未提出。通常有期限、文件和费用三方面的原因。

当复审请求视为未提出时，复审请求人可以提出恢复权利请求。恢复权利请求符合《专利法》及其细则要求的，复审请求予以受理；不符合规定的复审请求不予受理。

具体操作如下：

（1）专利代理机构收到复审请求视为未提出通知书后，应及时建立至少三个任务进行监控，即转达复审请求视为未提出通知书任务、答复复审请求视为未提出通知书任务和报告客户任务。

答复期限为自收到复审请求视为未提出通知书之日起两个月内。

（2）转达复审请求视为未提出通知书给客户，如果代理机构可以自行克服缺陷，则不用转达客户。在没有收到客户明确指示前要定期提醒客户。

（3）收到客户明确指示后，确认修改是否符合上诉要求。不符合要求的，及时与客户进行沟通，要求客户重新提供符合要求的文件（可能会多次与客户交流,此部分的判断及沟通由代理师完成)。

(4) 制作复审程序恢复权利请求书及其相关文件,制作文件时应注意:复审程序恢复权利请求书要使用专利局规定的书式(专利局网站可以下载);复审程序恢复权利请求书中填写的内容要与提交内容一致。

(5) 缴纳恢复费及相关费用。

(6) 通过CPC电子申请系统提交文件并收取电子申请回执(没有电子回执的要重新提交)。如果专利申请为非电子申请,则需要将文件提交到专利局受理窗口或者通过挂号信邮寄方式邮寄至复审委。提交到专利局受理窗口的文件,专利局会返回盖有专利局收文章戳的提交文件清单;挂号信邮寄方式递交的,请保留邮局盖有收件日期章戳的邮寄回执单。

(7) 专利代理机构至少应在提交文件后一周内报告客户,同时开具账单,随提交报告一并发送给客户。

◆注意事项

(1) 提交恢复请求同时,要同时克服导致复审请求视为未提出的缺陷,有可能是文件也有可能是费用。

(2) 恢复请求提出的同时要缴纳恢复费。

(3) 恢复费不能享受费用减免。

2.8.3 实务小结

本节重点介绍了专利申请复审阶段的流程实务操作,包括复审请求的提交、复审阶段的官文处理。要明确复审阶段的各种官方期限,同时注意复审阶段使用的文件书式与专利申请、初审和实审阶段不同,不要用错文件。另外要学会灵活运用。

当然,本教材无法穷尽复审阶段所有的流程实务,还需要大家在实践中不断总结知识点和操作经验。

2.9 授权阶段流程操作实务

本节主要介绍授权阶段流程操作实务,旨在指导专利申请流程人员在授权阶段如何进行流程实务操作。

发明专利申请经过实质审查、实用新型和外观设计专利申请经过初步审查,没有发现驳回理由的,专利局会作出授予专利权的决定。申请人在规定期限内完成登记手续的,专利局颁发专利证书同时予以登记和公告,专利权自公告之日起生效。

授权阶段是申请人提出分案申请的最后机会。

2.9.1 期限要求

专利申请人自收到专利局下发的办理登记手续通知书之日起两个月内办理登记手续。

专利申请人自收到专利局下发的办理登记手续通知书之日起两个月内提出分案申请。

2.9.2 实务操作

2.9.2.1 办理登记手续

发明专利申请经实质审查、实用新型和外观设计专利申请经初步审查，没有发现驳回理由的，专利局应当作出授予专利权的决定，颁发专利证书，并同时在专利登记簿和专利公报上予以登记和公告。

专利权自公告之日起生效。在授予专利权之前，专利局应当发出授予专利权的通知书。专利局发出授予专利权通知书的同时，应当发出办理登记手续通知书，申请人应当在收到该通知之日起两个月内办理登记手续。

具体操作如下：

（1）专利代理机构在收到授予专利权通知书和办理登记手续通知书后，应至少建立三项任务进行监控，即转达授予专利权通知书和办理登记手续通知书任务、办理登记手续任务和报告客户任务。

办理登记手续通知书的答复期限为自收到通知书之日起两个月内，通知书上会写明期限。

（2）专利代理机构在转达授予专利权通知书和办理登记手续通知书给客户时，须说明办理登记的期限，同时要提醒客户提交分案的机会。信函发出后，可根据代理机构内部时限的相关规定，在没有收到客户指示前，定期提醒客户。

（3）专利代理机构收到客户指示后，启动办理登记手续的程序。如果客户放弃，则走结案流程。

（4）缴纳办理登记手续的费用。

（5）专利代理机构至少应在缴费后一周内报告客户，同时开具账单，随报告一并发给客户。

◆注意事项

（1）办理登记手续的费用通常包括办理登记手续通知书中写明的费用：缴纳专利登记费、授权当年（办理登记手续通知书中指明的年度）的年费、公告印刷费，同时还应当缴纳专利证书印花税。

（2）涉及年费减免的，代理机构流程人员在后续年费设置以及年费缴纳时需特别留意，如内部业务管理系统可自动设置并计算费用，仍需人工进行核对。

2.9.2.2 分案申请

申请人最迟应当在收到专利局对原申请作出授予专利权通知书之日起两个月期限（即办理登记手续的期限）届满之前提出分案申请。

一般情况下，客户指示办理登记手续并提交分案的，若办理登记手续与分案申请非一人处理，建议办理登记手续可暂缓处理（任务可延期至缴费绝限前），待分案准备递交时一并缴纳办理登记费。若根据客户指示已经完成登记手续的办理，后续又收到客户指示提交分案的，代理机构应该立即建立分案申请递交期限，只要办理登记手续通知书中指定的期限未届满，申请人即可继续提交分案申请。

分案申请递交具体操作同专利代理之申请递交阶段操作实务。

2.9.2.3 专利证书

申请人在规定期限之内办理登记手续的，专利局应当颁发专利证书，并同时予以登记和公告，专利权自公告之日起生效。专利证书应当记载与专利权有关的重要著录事项、专利局印记、局长签字、授权公告日和授权公告号等。具体操作如下。

（1）专利代理机构在收到专利证书后，应及时建立转达专利证书的任务。

（2）转达专利证书给客户，如有账单，需同时开具，随转证书信函一并发给客户。

（3）专利代理机构应根据与申请人的委托合同或协议约定的业务范围，确定是否需要进行年费的监控和维持服务。如合同有维持阶段的服务约定，则应及时建立年费监控的任务（也可以在收到办理登记手续通知书后就建立年费监控的时限任务）。

◆ 注意事项

（1）专利证书遗失的，除专利局的原因造成的以外，不予补发。

（2）一件专利有两名以上专利权人的，根据共同权利人的请求，专利局可以颁发专利证书副本。对同一专利权颁发的专利证书副本数目不能超过共同权利人的总数。专利权终止后，专利局不再颁发专利证书副本。

（3）颁发专利证书后，因专利权转移发生专利权人变更的，专利局不再向新专利权人或者新增专利权人颁发专利证书副本。

（4）专利证书副本标有"副本"字样。专利证书副本与专利证书正本格式、内容应当一致。颁发专利证书副本应当收取专利证书副本费和印花税。

（5）专利证书中存在打印错误时，专利权人可以退回该证书，请求专利局更正。

（6）如果客户要基于中国发明专利申请提交香港标准专利申请，则要在中国专利申请授权公告日6个月内提交香港标准专利第二阶段申请；

（7）如果客户要基于中国发明专利申请提交澳门专利申请，则要在中国专利申请受权公告日3个月内提交澳门专利申请。

2.9.3 实务小结

本节重点为大家介绍了专利申请授权阶段的流程实务操作，包括办理登记手续、分案申请提交和专利证书的处理。大家要明确授权阶段的各种官方期限，同时注意注意事项中列出的内容，学会灵活运用。

当然，本教材无法穷尽授权阶段所有的流程实务，还需要大家在实践中不断总结知识点和操作经验。

2.10 PPH流程操作实务

本节主要介绍PPH的基础知识及提交的操作实务，旨在指导专利申请流程人员掌握PPH相关知识及如何进行PPH的提交。

PPH是指当申请人在首次申请受理局（OFF）提交的发明专利申请中所包含的一项或多项权利要求被认为可授权时，可以以此为基础向后续申请受理局（OSF）对后续申请提出加快审查请求。

2.10.1 PPH的优势

对于提出PPH请求并经专利局审批通过的案件，一般来说具有以下几种优势：

（1）提交 PPH 可以使相关申请得到优先处理，加快审批程序。

（2）提交 PPH 可以使答复通知书次数减少，从而节省费用。

（3）提交 PPH 可以提高审查结果的可预见性，提高授权率。

2.10.2 期限相关

向中国国家知识产权局（CNIPA）提交的发明专利申请必须满足以下条件之一才可以提出 PPH 请求，在其他阶段提出 PPH 请求将不会被审批通过。PPH 申请的条件和时机如下。

（1）CNIPA 申请必须已经公开，申请人可以在提出实质审查请求的同时提出 PPH 请求。

（2）CNIPA 申请必须已经公开且 CNIPA 申请已经进入实质审查阶段，且 CNIPA 尚未对该申请进行审查，申请人可以提出 PPH 请求。

另外，需要注意的是，CNIPA 申请必须是电子申请且 PPH 请求书（即参加 PPT 项目请求表）必须以电子方式提交。

2.10.3 适用范围

2.10.3.1 已经建立 PPH 试点项目的国家

截至 2019 年 1 月 1 日，与 CNIPA 建立了 PPH 试点项目的国家（地区组织）有日本（JP）、美国（US）、德国（DE）、韩国（KR）、俄罗斯（RU）、丹麦（DK）、芬兰（FI）、墨西哥（MX）、奥地利（AT）、波兰（PL）、新加坡（SG）、加拿大（CA）、葡萄牙（PT）、西班牙（ES）、五局（中国、美国、日本、欧洲、韩国）、瑞典（SE）、英国（GB）、冰岛（IS）、以色列（IL）、匈牙利（HIPO）、埃及（EG）、巴西（BR）、捷克（CS）、智利（CL）、欧业专利组织（EA）、马来西亚（MYS）、阿根廷（ARG）。

与 CNIPA 建立 PPH 试点项目的国家还在持续增加中，可登录 CNIPA 网站的 PPH 专栏查询最新消息。若客户指定的对应国家不在上述国家之列，则不能提交 PPH 请求。

2.10.3.2 IP5 PPH

欧洲专利局（EPO）、日本特许厅（JPO）、韩国特许厅（KIPO）、中国国家知识产权局（CNIPA）和美国专利商标局（USPTO）这五局（IP5）于 2013

年9月就启动一项全面的五局专利审查高速路（IP5 PPH）试点项目达成一致，以更好地加快处理在这些局提出的专利申请。

CNIPA和JPO、KIPO、USPTO之间现有的双边PPH试点仍然继续进行，申请人也可以按照参与这些双边PPH试点的有关要求提出PPH请求。但相较来说，IP5项目适用范围更广，可以适用于首次申请不是IP5申请的情形，对于申请人来说更为有利。

2.10.4 PPH常用概念

2.10.4.1 PCT-PPH

PCT-PPH是指对于进入中国国家阶段的PCT申请，利用国际阶段对应局的最新工作结果向中国国家知识产权局（CNIPA）提出的PPH请求。

对应该申请的PCT申请的国际阶段的最新工作结果（国际阶段工作结果）是指国际检索单位的书面意见（WO/ISA）、国际初步审查单位的书面意见（WO/IPEA）[即IPRP（根据PCT第Ⅰ章）]或国际初步审查报告（IPER）[即IPRP（根据PCT第Ⅱ章）]。

2.10.4.2 常规PPH

常规的PPH分为两种，一种是常规PPH《巴黎公约》途径，是指通过《巴黎公约》途径进入中国的专利申请，利用其他国家中的满足一定关系的同族专利申请的审查结果向CNIPA提出的PPH请求；另一种是常规PPH-PCT途径，是指进入中国国家阶段的PCT申请，利用进入其他国家后的国家阶段审查结果或优先权申请的审查结果向CNIPA提出的PPH请求。

2.10.4.3 对应申请

对应申请是指在提出常规的PPH请求时所基于的对应国家中的申请。

对应申请可以是构成优先权要求基础的申请，由构成优先权要求基础的对应国家申请派生出的申请（例如对应国家申请的分案申请或要求对应国家申请国内优先权的申请），或是PCT申请的对应国家阶段申请。具体情形参见各国与CNIPA之间的向CNIPA提出PPH请求的流程的附录Ⅰ（见CNIPA网站首页中的PPH专栏）。

对应申请必须具有一项或多项被该国专利审查机构认定为可授权或具有可专利性的权利要求。

2.10.4.4 权利要求充分对应

CNIPA 申请的所有权利要求，无论是原始提交的或者是修改后的，必须与国际阶段其他局的最新工作结果中被认定为具有可专利性或可授权的一个或多个权利要求充分对应（PCT – PPH 的情况下），或者与对应申请中被认定为具有可专利性或可授权的一个或多个权利要求充分对应（常规的 PPH 的情况下）。

实践中，可被认为充分对应的情况如下：权利要求完全相同（包括文字和含义上的完全相同）；对应申请的授权权利要求存在多引多，CNIPA 申请的权利要求仅择一引用（CNIPA 申请的权利要求的技术方案已经记载在对应申请的授权权利要求中）；CNIPA 申请的权利要求的保护范围更小，被说明书（说明书正文和/或权利要求）支持的附加技术特征所进一步限定。

2.10.5 实务操作

2.10.5.1 接收客户指示并建立时限

收文人员收到关于提交 PPH 请求的指示函后，按照"代理机构卷号_委托人码_PPH 指示_指示日期"的格式规范命名指示函，存档并通知办案人、时限人员，由时限人员建立 PPH 请求相关时限，至少包括以下几条时限。

（1）提交 PPH 请求。
（2）代理报告及账单。
（3）转达 PPH 请求审批决定通知书（可以预下时限，也可以在收到该官文后再下时限）。

提交 PPH 请求的时限不应晚于该案进实审程序主动修改的时限，除非已经过了主动修改的时限。

2.10.5.2 PPH 请求所需文件

根据 CNIPA 与其他国家专利审查机构之间的流程要求，需要提交的文件可能稍有差别，下文中主要介绍通常情况下需要提交的文件，具体哪些文件可以省略（如审查意见通知书的译文），可以参照 CNIPA 与该国的专利审查机构之间的 PPH 流程。

1. PCT – PPH

PCT – PPH 所需文件通常情况包括以下几种：
（1）认为权利要求具有可专利性或可授权的最新国际工作结果的副本及

其中文或英文译文,除中俄 PCT－PPH 之外,在 WIPO 上可以查询到上述文件,通常不需要提交。

(2) 对应国际申请中被最新国际工作结果认为具有可专利性或可授权的权利要求的副本及其中文或英文译文,除中俄 PCT－PPH 之外,若该副本本身就是英文的,可不用提交。

(3) 在该申请对应的国际申请的最新国际工作结果中引用文件的副本。引用文件(包括构成驳回理由的 X、Y 类引用文件以及作为参考文件的 A 类文件)需要填写在"参与专利审查高速路(PPH)项目请求表"中。

构成驳回理由的 X、Y 类引用文件若为非专利文献则必须提交副本,若为专利文献,申请人不必提交该文件;若 CNIPA 取得这些专利文献存在困难,申请人应 CNIPA 要求须提交专利文献,但不需要提交引用文件的译文。

(4) 参与 PPH 项目请求表。

2. 常规 PPH

常规 PPH 所需文件通常情况包括以下几种:

(1) 对应国家专利审查机构就对应申请作出的所有审查意见通知书(与关于可专利性的实质审查相关)的副本及其中文或英文译文。

(2) 对应国家专利审查机构认定为具有可专利性或可授权的所有权利要求的副本及其中文或英文译文。

(3) 前述审查意见通知书(与关于可专利性的实质审查相关)中引用的文件的副本。引用文件(包括构成驳回理由的 X、Y 类引用文件以及作为参考文件的 A 类文件)需要填写在"参与专利审查高速路(PPH)项目请求表"中。

构成驳回理由的 X、Y 类引用文件若为非专利文献则必须提交该非专利文献副本;若为专利文献,申请人不必提交该专利文献,若 CNIPA 对于该专利文献难以获取,申请人应根据 CNIPA 要求提交该专利文献,但不需要提交该专利文献的译文。

(4) 参与 PPH 项目请求表。

2.10.5.3 PPH 请求的提交

PPH 请求需使用 CPC 客户端进行提交,在 CPC 客户端提交 PPH 请求的操作步骤为:打开 CPC 客户端,依次点击【草稿箱】—【中间文件】—【主动提交】(参见图 2-10-1);点击【新建】,依次输入申请类型、申请号、发明名称后点击【确定】（参见图 2 – 10 – 2）；选中【新建案件】，点击【PPH 文件】，添加"参与专利审查高速路（PPH）项目请求表"，点击【确定】（参见图 2 – 10 – 3）。

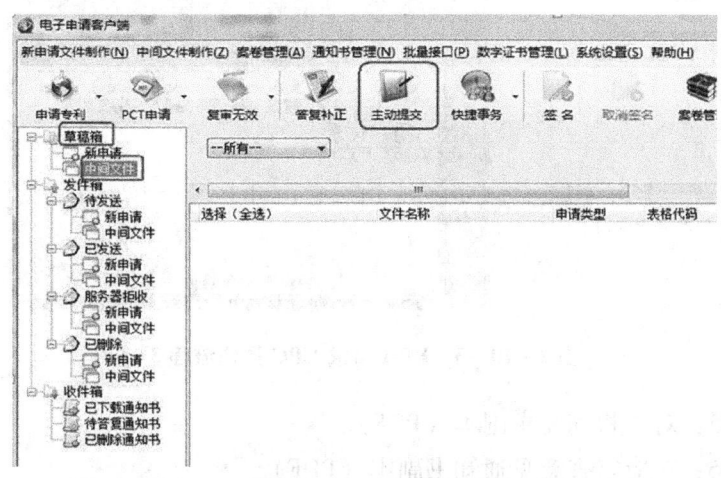

图 2 – 10 – 1　PPH 请求 CPC 操作流程 1

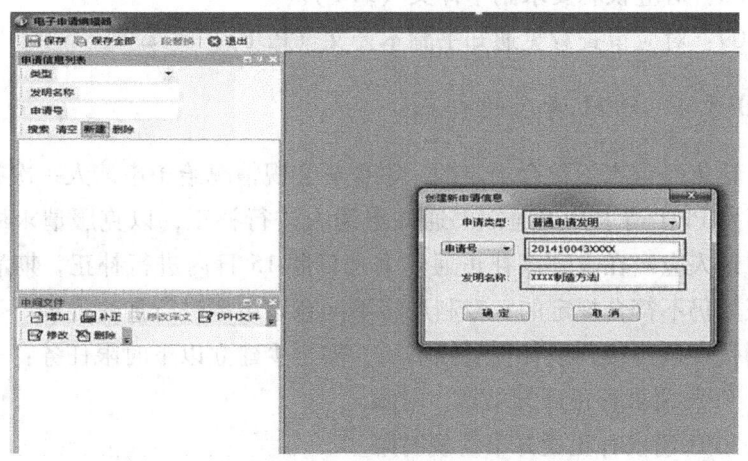

图 2 – 10 – 2　PPH 请求 CPC 操作流程 2

参与专利审查高速路（PPH）项目请求表（110402）表格模板及填写注意事项请参照 CNIPA 网站"表格下载"栏目下"与专利申请相关"中的"通用类"表格部分（网址 http://www.sipo.gov.cn/bgxz/）。参与专利审查高速路（PPH）项目请求表填写完成后将相应附件添加到对应的选项，附件根据案件情况可选择性地包括以下内容。

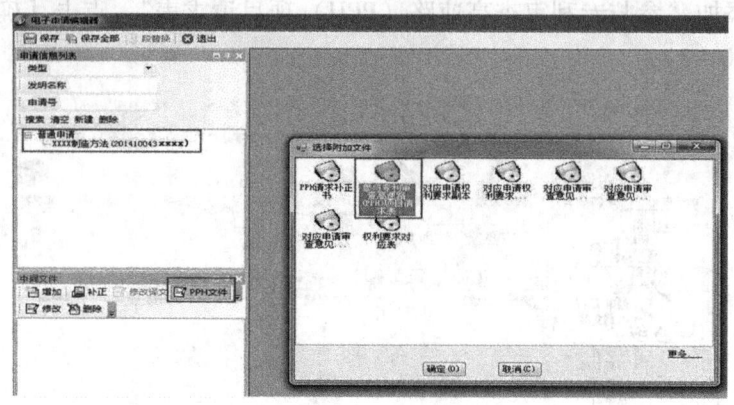

图 2-10-3　PPH 请求 CPC 操作流程 3

110405：对应权利要求副本（PDF）。
110406：对应审查意见通知书副本（PDF）。
110407：非专利文献。
110408：对应权利要求副本译文（PDF）。
110409：对应审查意见通知书副本译文（PDF）。

2.10.5.4　PPH 请求的补正

PPH 请求经审查不符合规定的，审查员会视情况给予申请人一次补正的机会，即下发 PPH 请求补正通知书通知申请人进行补正，以克服请求中存在的缺陷。申请人应当在收到该补正通知书之日起 15 日内进行补正，期满未补正或者补正后仍不符合规定的，专利局将不同意该申请进行加快处理。

专利代理机构接到该补正通知书后，需至少建立以下时限任务：
（1）PPH 请求补正通知书转达时限。
（2）PPH 请求补正通知书答复时限。
（3）PPH 请示补正通知答复报告时限。

提交补正时，需提交专用的 PPH 补正书（110403）并需克服补正通知书中指出的缺陷。例如，某案提交 PPH 请求后，收到 CNIPA 下发的 PPH 请求补正通知书，通知书内容如图 2-10-4 所示。

> **PPH请求补正通知书**
>
> 　　上述专利申请，申请人于<u>2016年11月22日</u>提出参与专利审查高速路（PHH）项目请求，经审查，存在以下缺陷。申请人应当在收到本通知书之日起<u>15天</u>内补正，期满未补正或补正后仍不符合规定的，不同意该申请按照PPH程序加快处理。原因如：
>
> > 对应申请的最新可授权权利要求副本在对应局数据库中暂时无法查询，请提交对应申请所有工作结果通知书副本。
>
> 答复补正，请使用PPH补正书及其相关文件进行答复。

　　　　　　图2-10-4　PPH请求补正通知书

　　在 CPC 答复 PPH 请求补正通知书的步骤：打开 CPC 客户端，依次点击 ［草稿箱］ — ［中间文件］ — ［主动提交］（参见图 2-10-5）。

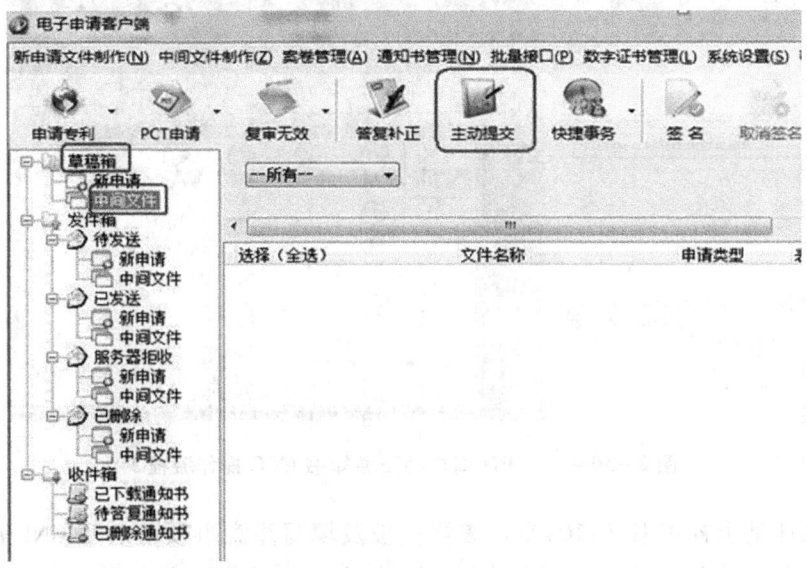

　　　　图2-10-5　PPH请求补正通知书 CPC 操作流程 1

　　点击【新建】，依次输入申请类型、申请号、发明名称后，点击【确定】（参见图 2-10-6）。选中新建案件，点击【PPH 文件】，添加"PPH 请求补正书"后点击【确定】（参见图 2-10-7）。

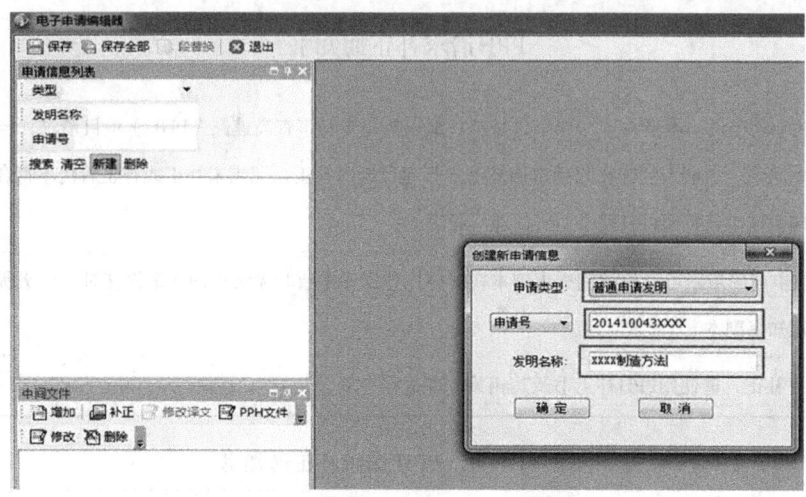

图 2-10-6　PPH 请求补正通知书操作流程 2

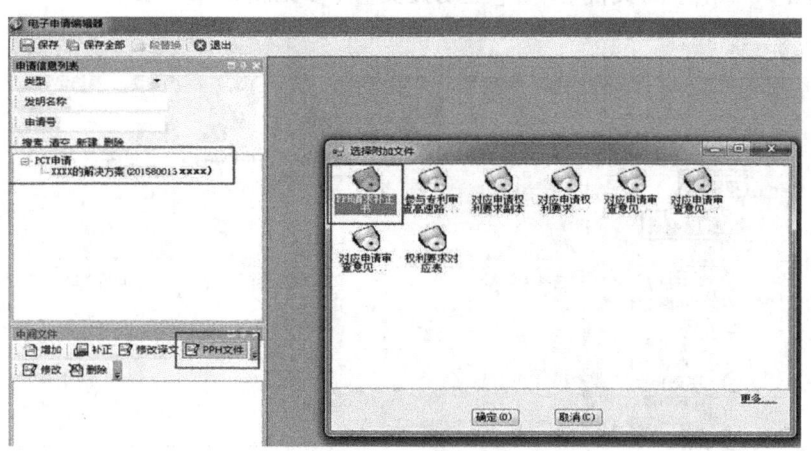

图 2-10-7　PPH 请求补正通知书 CPC 操作流程 3

　　PPH 请求补正书（110403）表格模板及填写注意事项请参照 CNIPA 网站"表格下载"栏目下"与专利申请相关"中的"通用类"表格部分（网址：http://www.sipo.gov.cn/bgxz/）。

　　除填写 PPH 请求补正书外，根据补正内容的不同可能需要添加以下附件。

　　110405：对应权利要求副本（PDF）。

　　110406：对应审查意见通知书副本（PDF）。

　　110407：非专利文献。

110408：对应权利要求副本译文（PDF）。
110409：对应审查意见通知书副本译文（PDF）。
110402：参与PPH项目请求表。

2.10.5.5 PPH请求的审批

对于经审查符合PPH项目相关规定的案件，专利局下发PPH请求审批决定通知书，通知申请人准予加快审查。

对于经审查不符合PPH项目相关规定的案件，专利局下发PPH请求审批决定通知书，通知申请人不予加快审查。

需要特别注意的是，一件申请仅有两次提交PPH请求的机会，并且审查员在第一次发出PPH请求审批决定通知书时可能对该PPH请求并未进行全面审查，所以，再次提交PPH请求时，除了需要克服审查员指出的全部问题之外，还需要仔细检查其他方面是否符合PPH要求，必要时可以与审查员进行电话沟通。若再次提交的请求仍不符合要求，申请人将被告知结果，申请将按照正常程序等待审查。

对于PPH审批通过的案件，后续CNIPA下发第一次审查意见通知书时，建议代理机构流程人员按照发文日加2个月下答复第一次审查意见通知书的时限，以便加快专利审查程序。

2.10.6 实务小结

一般来说，PPH请求的审批程序较为严格，且重新提交PPH请求的机会只有一次，因此专利申请流程人员在提交PPH请求时应严格按照CNIPA与该国之间的PPH流程的要求进行提交，避免因流程人员的操作失误使案件丧失加快审查的机会。

2.11 保密审查请求操作实务

保密审查包括保密申请的保密审查和向外国申请专利的保密审查，本节主要介绍向外国申请专利的保密审查的基础知识及提交的操作实务，旨在指导专利申请流程人员掌握向外国申请专利的保密审查请求的相关知识及如何提交向外国申请专利的保密审查。关于申请保密审查请参考《专利审查指南2010》第五部分第五章第1~5节的相关内容。

根据中国《专利法》第20条规定，任何单位或者个人将在中国完成的发明或者实用新型向外国申请专利的，应当事先报经国务院专利行政部门进行保密审查。保密审查的程序、期限等按照国务院的规定执行。

中国的单位或者个人可以根据中华人民共和国参加的有关国际条约提出专利国际申请。申请人提出专利国际申请的，应当遵守前款规定。

国务院专利行政部门依照中华人民共和国参加的有关国际条约、本法和国务院有关规定处理专利国际申请。

对违反本条第一款规定向外国申请专利的发明或者实用新型，在中国申请专利的，不授予专利权。

根据《专利法实施细则》第 8 条规定，《专利法》第 20 条所称在中国完成的发明或者实用新型，是指技术方案的实质性内容在中国境内完成的发明或者实用新型。

2.11.1 期限相关

任何单位或者个人将在中国境内完成的发明创造向外国申请专利或者向有关国外机构提交专利国际申请前，应当向专利局提出向外国申请专利保密审查请求。

2.11.2 实务操作

在中国完成的发明或者实用新型、外观设计不需要提交向外国申请专利的保密审查请求。

2.11.2.1 接收客户指示并建立时限

收文人员收到关于提交向外国申请专利保密审查请求的指示函后，按照"代理机构卷号_委托人码_保密审查请求指示_指示日期"的格式规范命名指示函，存档并通知办案人，同时建立提交向外国申请专利保密审查请求的相关时限，应当至少包括以下时限：

（1）提交向外国申请专利保密审查请求。

（2）代理报告及账单。

（3）转达向外国申请专利保密审查意见通知书或向外国申请专利保密审查决定（可以预下时限，也可以在收到该官文后再下时限）。

如果客户指示提交新申请的同时提交向外国申请专利保密审查请求的，上述三条时限可与新申请相关时限合并处理。

2.11.2.2 保密审查提交方式

1. 准备直接向外国申请专利的保密审查

对于准备直接向外国申请的专利，向专利局提交保密审查请求时应提交下述文件：

（1）向外国申请专利保密审查请求书。

（2）技术方案说明书。

（3）专利代理委托书（注明委托代理机构办理直接向外国申请专利的保密审查相关事宜）。

向外国申请专利保密审查请求书和技术方案说明书应当使用中文，请求人可以同时提交相应的外文文本供审查员参考。技术方案说明书应当与向外国申请专利的内容一致；技术方案说明书可以参照《专利法实施细则》第17条的规定撰写。

对于准备直接向外国申请专利提交的保密审查请求，其向外国申请专利保密审查请求、技术方案说明书、专利代理委托书须采用书面形式将文件当面提交至专利局的受理窗口或邮寄至国家知识产权局专利受理处，其中，向外国申请专利保密审查请求和专利代理委托书需加盖代理机构公章。

另外，书面提交时，需同时提交文件清单一式两份，专利局接收到向外国申请专利保密审查请求书及附件后会将签收后的文件清单返回一份给专利代理机构作为提交凭证。

对于准备直接向外国申请专利提交的保密审查请求，如为不涉及保密的案件，专利局一般情况会在1~2周下发向外国申请专利保密审查意见通知书，对于首次申请不在中国提交的案件，可以选择该种方式提交保密审查请求。

2. 申请专利后拟向外国申请专利的保密审查

申请人拟在向专利局申请专利后又向外国申请专利的，应当在提交专利申请同时或之后提交向外国申请专利保密审查请求书。向外国申请专利的内容应当与该专利申请的内容一致。

申请人在提交新申请的同时提交向外国申请专利保密审查请求书的，在CPC中操作步骤为：打开CPC，点击【申请专利】的同时选择案件类型（见图2-11-1）；添加新申请相关请求书及附件后，点击附加文档中的【增加】按钮，添加"向外国申请专利保密审查请求书"，填写相关信息后连同新申请文件一并提交（图2-11-2）。

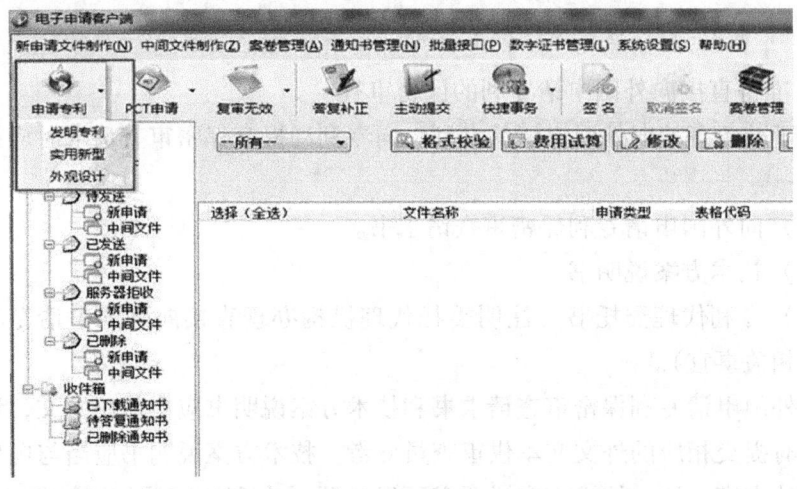

图 2-11-1 保密审查 CPC 操作流程 1

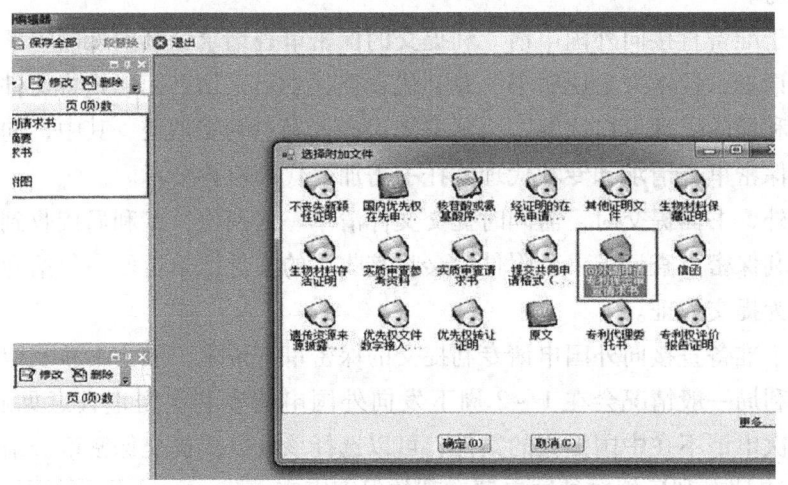

图 2-11-2 保密审查 CPC 操作流程 2

申请人在提交新申请之后提交向外国申请专利保密审查请求书的，在 CPC 中操作步骤为：打开 CPC，依次点击【草稿箱】—【中间文件】—【主动提交】（图 2-11-3）；点击【新建】，依次填入申请类型、申请号、发明名称后点击【确定】（见图 2-11-4）；选中新建案件，点击中间文件的【增加】按钮，添加"向外国申请专利保密审查请求书"，填写相关信息后提交（图 2-11-5）。

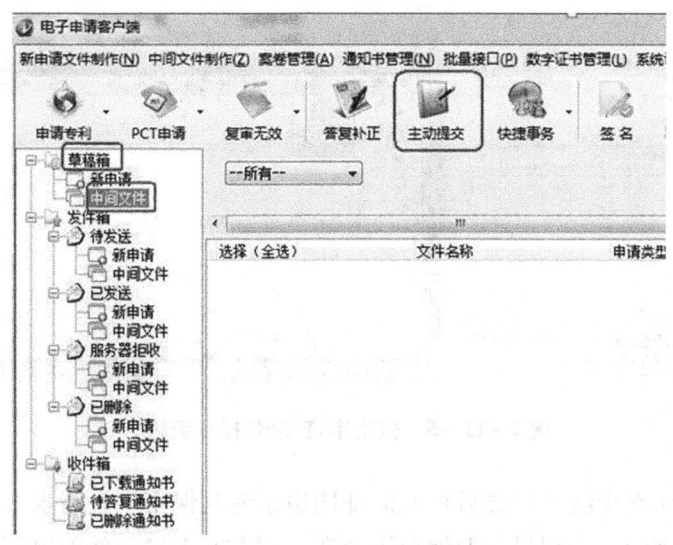

图 2-11-3　保密审查 CPC 操作流程 3

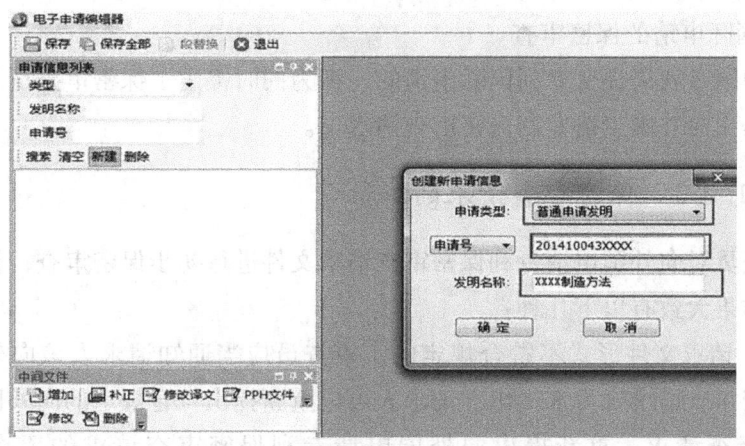

图 2-11-4　保密审查 CPC 操作流程 4

向外国申请专利保密审查请求书表格模板及填写注意事项请参照 CNIPA 网站"表格下载"栏目下"与专利申请相关"中的"通用类"表格部分（网址：http://www.sipo.gov.cn/bgxz/）。

使用提交新申请的同时提交向外国申请专利保密审查请求书的方式提交保密审查请求的，对于不涉及保密审查的案件，专利局一般情况下会在 1～2 天内随受理通知书同时下发向外国申请专利保密审查意见通知书，对于首次申请在中国提交的案件，应当使用该种方式提交保密审查请求。

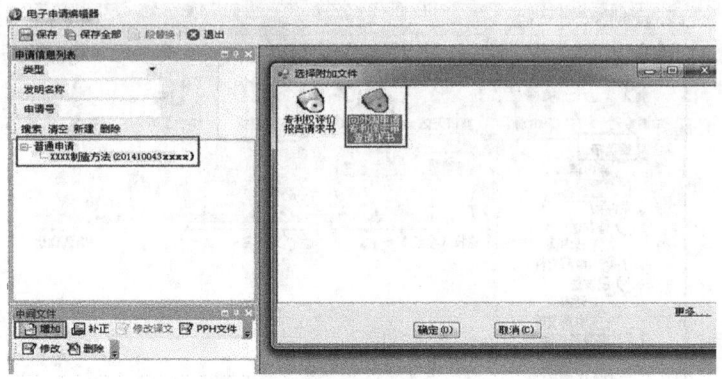

图 2-11-5　保密审查 CPC 操作流程 5

申请人在提交新申请之后提交向外国申请专利保密审查请求书的，对于不涉及保密审查的，专利局一般情况下会在一周左右下发向外国申请专利保密审查意见通知书。

3. 国际申请的保密审查

向中国专利局提交专利国际申请的，视为同时提出了保密审查请求，不需要单独提交向外国申请专利保密审查请求书。

2.11.2.3　保密审查请求的审批

审查员对向外国申请专利保密审查请求文件进行初步保密审查，初步保密审查的结果大致有以下几种：

（1）请求文件形式不符合规定的，审查员应当通知请求人该向外国申请专利保密审查请求视为未提出，请求人可以重新提出符合规定的向外国申请专利保密审查请求。重新提出向外国申请专利保密审查请求的要求同上述2.11.2.2 中的相关要求。

（2）技术方案明显不需要保密的，审查员应当及时通知请求人可以就该技术方案向外国申请专利。

（3）技术方案可能需要保密的，审查员应当将需作进一步保密审查、暂缓向外国申请专利的审查意见通知请求人。

已通知请求人暂缓向外国申请专利的，审查员应当作进一步保密审查，必要时可以邀请相关领域的技术专家协助审查。审查员根据保密审查的结论发出向外国申请专利保密审查决定，将是否同意就该技术方案向外国申请专利的审查结果通知请求人。请求人未在其请求递交日起6个月内自收到向外国申请专利保密审查决定的，可以就该技术方案向外国申请专利。

另外，请求人未在其请求递交日起4个月内自收到向外国申请专利保密审查意见通知书的，可以就该技术方案向外国申请专利。

国际申请不需要保密的，审查员应当按照正常国际阶段程序进行处理。国际申请需要保密的，审查员应当自申请日起3个月内发出因国家安全原因不再传送登记本和检索本的通知书，通知申请人和国际局该申请将不再作为国际申请处理，终止国际阶段程序。申请人收到需要保密通知书的，不得就该申请的内容向外国申请专利。

2.11.3 实务小结

专利申请所涉及的发明创造在中国境内完成，且向外国申请专利前未报经专利局进行保密审查是《专利法实施细则》第53条规定的驳回条款之一，且根据《专利法》第20条第4款规定，对于违反该条第1款规定向外国申请专利的发明或者实用新型，在中国申请专利的，不授予专利权。

因此，对于在中国境内完成的发明创造，申请人如有意向去国外递交申请的，应当及时提出保密审查请求，避免不必要的损失。专利申请流程人员应该熟知保密审查请求的方式和各种方式之间的区别，协助申请人正确提交保密审查请求。

2.12 著录项目变更操作实务

本节主要介绍著录项目变更的操作实务，旨在指导专利代理机构流程人员准确高效地进行著录项目变更的事务处理。著录项目变更适用于向中国专利局提交的首次或通过《巴黎公约》途径递交的发明、实用新型及外观设计专利。

著录项目是指专利审批过程中记录的与专利申请及专利权有关的事项，包括以当事人填写的内容记录的事项和在审批过程中形成的记录事项。著录项目变更是指由当事人请求，专利局依当事人填写内容记录的著录事项进行的变更。

2.12.1 著录项目变更分类

著录项目变更包括以下事项。

（1）发明人或者设计人事项：姓名、第一发明人国籍及身份证号码、英文信息。

(2) 申请人或专利权人事项：申请人或专利权人姓名或名称、国籍或者所在的国家或地区、身份证号码或统一社会信用代码、地址、邮政编码、英文信息。

(3) 专利代理事项：专利代理机构名称、地址、邮政编码、专利代理师、工作证号码、电话号码。

(4) 联系人事项：联系人姓名、地址、邮政编码、电话号码、邮箱。

(5) 代表人的变更。

(6) 其他著录项目变更：包括申请号、申请日、发明创造名称、分类号、优先权事项（包括在先申请的申请号、申请日和原受理机构的名称）等，此类著录项目发生变化的，可由专利局根据情况依职权进行变更。

2.12.2 期限相关

通常情况下，办理著录项目变更手续并无严格的期限要求，申请人或专利权人可在专利申请或授权后专利有效期限内任何时间提出著录项目变更请求。若涉及办理变更手续的案件为从其他代理机构转入的案件，转入时若有尚未答复的官方通知，需确保变更代理机构的手续在未答复的官方通知期限届满前提出并获得手续合格通知书，以此确保代理机构具备答复官方通知的资格。

著录项目变更手续费需在变更请求提出之日起一个月内缴纳。期限届满未缴纳或未缴足的，变更请求将被视为未提出。

2.12.3 实务操作

2.12.3.1 著录项目变更所需文件

1. 发明人（设计人）事项变更

发明人（设计人）的变更应当提交著录项目变更申报书，以补正、意见陈述书等方式提出的变更请求，视为未提出。

除上述申报书之外，根据客户反馈的变更原因不同，所需文件亦有不同，具体如下：

(1) 未填写发明人或者发明人填写明显错误，应提交全体申请人及变更后全体发明人签字或盖章的证明文件。

(2) 个人原因更改姓名提出变更请求的，应当提交户籍管理部门出具的证明文件。

(3) 姓名书写错误（书写错误指同音字、错别字等），此类情况应提交被填错者本人签章的声明及身份证明文件复印件。

（4）漏填或错填发明人的变更，应提交全体申请人（或专利权人）及变更前全体发明人签字或者盖章的证明文件。

（5）发明人排名顺序变更，应提交全体申请人及全体发明人签字或盖章的证明文件。

（6）中文译名的变更，应提交发明人的声明，声明中需写明申请号或专利号、外文姓名及变更后的中文译名；代理机构因翻译错误提出变更请求的，应提交代理机构签章的改正错误声明，声明中需写明申请号或专利号、外文姓名及变更后的中文译名。

（7）发明人姓名字体由繁体变更为简体的，无需提交证明材料，且无需缴纳费用。

2. 申请人或专利权的事项变更

申请人或专利权人的事项变更，可分为专利申请权或者专利权的转移以及申请人或专利权人姓名或者名称的变更，前者是指权利主体发生变更，而后者是指权利主体未变更，仅是名称发生变更，简称"变名"或"更名"。

申请人或专利权人的事项变更是所有著录项目变更中较为复杂的部分，专利代理机构流程人员在处理此类事务之前，应当熟读《专利审查指南 2010》第一部分第一章 6.7.2.1 和 6.7.2.2 中的详细内容。结合指南中的规定，具体变更所需文件如下：

（1）申请人或专利权人（个人）的变名，应当提交本人签字或者盖章的声明或户籍管理部门出具的证明文件。

（2）申请人或专利权人（公司）的变名，应当提交申请人所在地的工商管理局或其他机构出具的名称变更证明文件（需加盖当地出具机构的公章）扫描件一份，该文件需明确记载申请人（或专利权人）的名称由原名称变更为新名称、变名后的申请人（或专利权人）的英文名称/中文名称、变名后的申请人（或专利权人）的英文/中文详细地址。

（3）申请人或专利权人的合并，应当提交申请人所在地的工商管理局或其他机构出具的名称变更证明文件（需加盖当地出具机构的公章）扫描件一份，该文件需明确记载申请人（或专利权人）的名称由原名称变更为新名称、变名后的申请人（或专利权人）的英文名称/中文名称、变名后的申请人（或专利权人）的英文/中文详细地址。

（4）申请人或专利权人变址或国籍变更，专利局只记载申请人（或专利权人）的地址到州、省或市内，如申请人（或专利权人）的变更地址仍在一个州、省或市内，一般建议客户不变更。若所在国家，州、省或市发生变更，直接向专利局提出变更申报书即可，无需其他证明文件；若国籍变更，应当提交身份证明文件。

（5）申请权或专利权转移（转让人与受让人都是外国公司），应当提交转让人与受让人共同签字的转让协议原件和扫描件一份、受让人签字的总委托书原件和受让人签字的单独委托书扫描件一份、受让人的英文名称及中文名称、受让人详细地址。

（6）申请权或专利权转移（转让人是外国公司，受让人是中国公司），应当提交转让人与受让人共同签字的转让协议原件和扫描件一份、受让人签字的总委托书原件和受让人签字的单独委托书扫描件一份、受让人的中文名称、受让人的详细地址（包括邮政编码）、受让人的统一社会信用代码。

（7）申请权或专利权转移（转让人是中国公司，受让人是外国公司），应当提交转让人签章、受让人签字或签章的转让协议原件和扫描件一份，受让人签字的总委托书原件一份或受让人签字的单独委托书扫描件一份，技术出口许可证或者自由出口技术合同登记证书以及双方签字、盖章确认的转让合同原件或扫描件一份（如果涉及案件是发明或实用新型专利申请或专利，需要此文件；如果是外观专利申请或专利，则不需要），受让人的英文名称及中文名称，受让人详细地址。

（8）申请权或专利权连续转移（如从A至B，从B至C），应当提交转让人A签字/签章、受让人B签字或签章的转让协议原件和扫描件一份、转让人B签字或签章、受让人C签字或签章的转让协议原件和扫描件一份、受让人C签字的总委托书原件一份或受让人C签字的单独委托书扫描件一份、受让人C的英文名称及中文名称、受让人详细地址。

申请人或权利人的变更，除上述所需文件之外，代理机构流程人员还需特别留意以下事宜：

（1）涉及证明材料为外文的需提供中文译文，翻译时无需将证明材料全部翻译，仅翻译关键信息即可。若客户提供的证明材料的语言是小语种，可请客户协助提供简要的英文译文，流程人员可根据简要英文进行翻译，所有翻译应严格遵照原文。特别是涉及变更文件或变更理由存在缺陷的情况，代理机构提供的中文译文不得遮盖或用中文译文掩盖变更理由的不足。

（2）办理变更手续前申请人或专利权人享有费用减缴的情况，根据《专利审查指南 2010》的相关规定，变更后的申请人或专利权人若希望享有费用减缴的，需在著录项目变更手续合格后重新提出费用减缴请求。流程人员在办理变更手续前，需与客户确认此事，并根据客户的指示办理相关手续。

3. 专利代理事项变更

专利代理的事项变更应提交著录项目变更申报书。专利代理事项的变更主要包括代理师、代理师工作证号码、电话号码及代理机构信息。

针对代理师、代理师工作证号码、电话号码的变更，无需提交任何证明文件，直接在著录项目变更申报书中指明变更前及变更后的相关信息即可。若变更前信息不清楚，可不写，但变更后所有信息应清楚填写。

针对代理机构信息的变更，除著录项目变更申报书之外，还应提交由全体申请人或专利权人分别签章的解除委托声明原件或扫描件，以及由全体申请人或专利权人签章的委托书原件或扫描件。需特别注意解除委托书中必须写明需解除的代理机构全称。

同一案件，涉及代理师与代理机构信息同时变更的，可提交一份著录项目变更申报书。

4. 联系人事项变更

联系人的变更大多是未委托代理机构的情况，除著录项目变更书之外，申请人或专利权人提交的意见陈述书、补正书、信函等文件中明确表示变更联系人事项，且变更后内容应清楚、完整，并有申请人或专利权人签章。

变更后的联系人需符合《专利审查指南 2010》第一部分第一章 4.1.4 的规定。

5. 代表人变更

请求变更代表人时，应提交全体申请人或专利权人签章的声明，变更后代表人只能填写一人，且应为申请人或专利权人之一。

2.12.3.2 著录项目变更申报书的提交

电子申请通过 CPC 客户端递交著录项目变更申报书及所需证明文件。打开 CPC 客户端，选择草稿箱中间文件点击【主动提交】，在弹出的对话框中点击【新建】，选择"案件类型"，输入申请号、发明名称，点击【确定】（图 2-12-1）；然后点击左侧中间部分【增加】，在弹出的对话框中选择"著录项目变更申报书"，点击【确定】（图 2-12-2）。

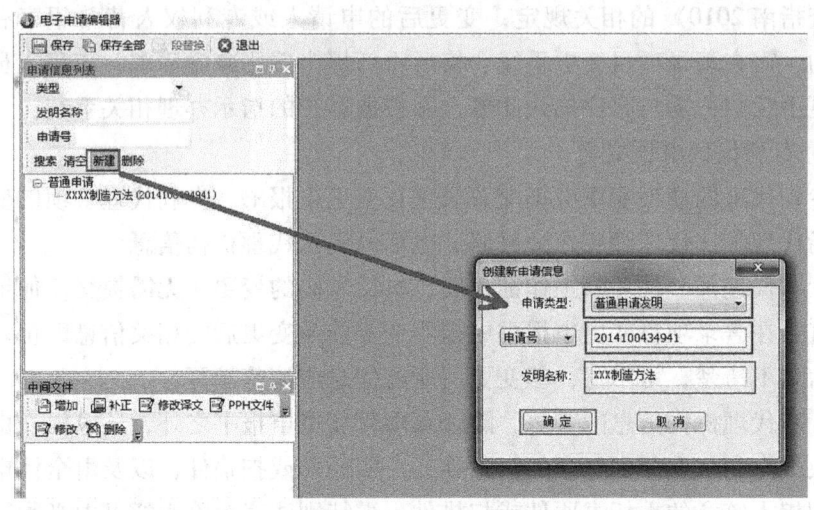

图 2-12-1　著录项目变更申报书 CPC 操作流程 1

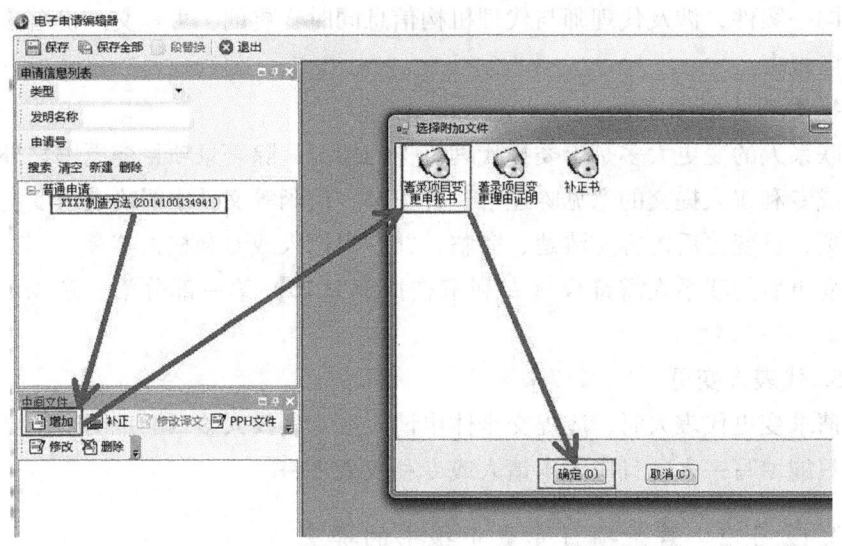

图 2-12-2　著录项目变更申报书 CPC 操作流程 2

在自动弹出的对话框中，根据案件具体变更情况选择代理机构变更或代理机构不变更，分别选择相应变更事项，如申请人、发明人、代理机构变更等。根据表格指引依次填写变更前后的各项信息，并逐项点击添加，填写的各项信息需注意准确完整，变更前的信息应当与专利局记载的信息一致，变更后的信息应当与提交的变更证明文件中的信息保持一致（图 2-12-3）。

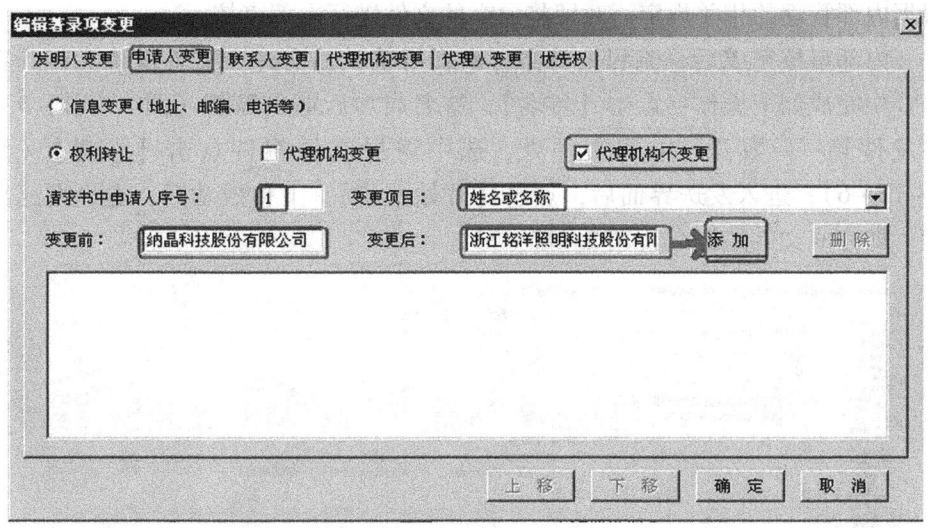

图 2-12-3　著录项目变更申报书 CPC 操作流程 3

若有证明文件，在编辑附件部分选择要提交的证明文件名称，再次点击添加著录项目变更申报理由（图 2-12-4）。

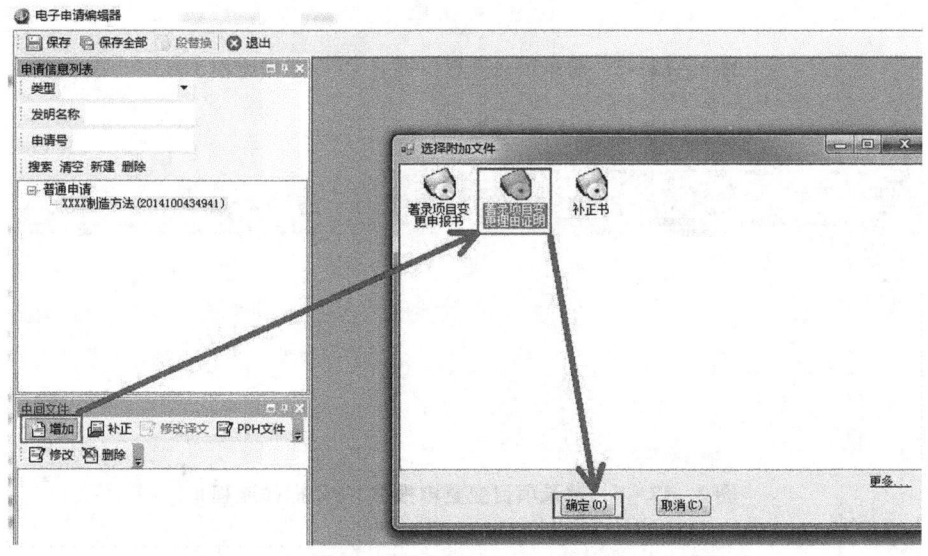

图 2-12-4　著录项目变更申报书 CPC 操作流程 4

如无证明文件，点击【保存】，退出编辑界面，导出压缩包，各代理机构根据内部管理的相关规定，对即将递交的文件进行内部审核。

内部审核完成后，流程人员需再次自行确认所有递交文件准确无误，在CPC中完成如下操作：点击【签名】，签名成功后退出界面（图2-12-5）；在发件箱—待发送—中间文件处，选中需提交的案件点击【发送】（图2-12-6）；进入发送界面后，点击【开始上传】，上传成功后，退出发送界面，即完成文件的提交（图2-12-7）。

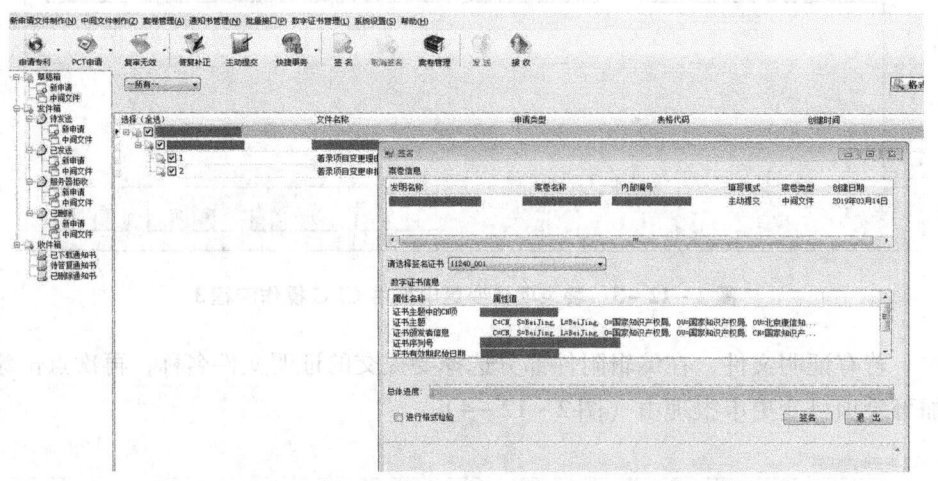

图2-12-5 著录项目变更申报书CPC操作流程5

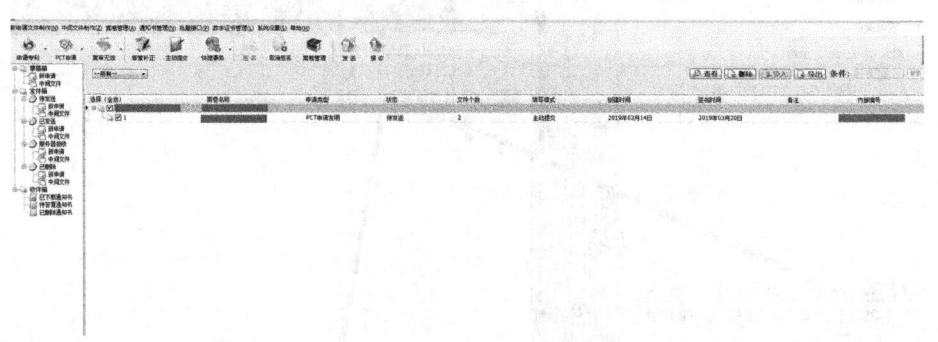

图2-12-6 著录项目变更申报书CPC操作流程6

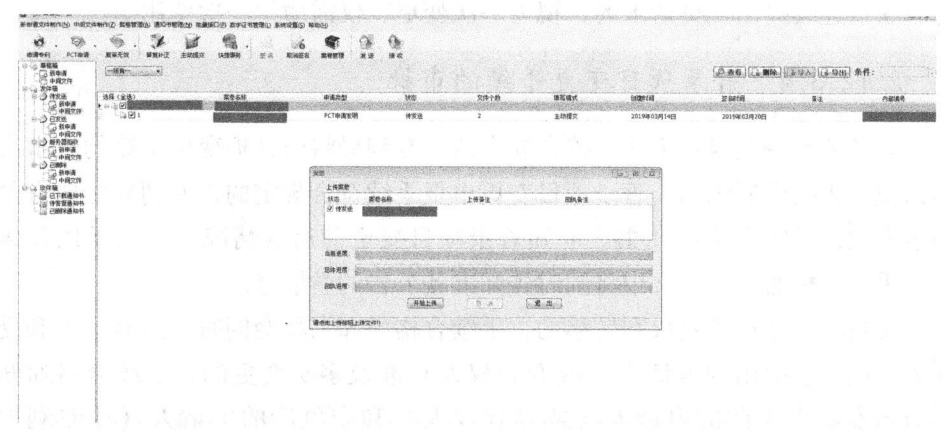

图 2-12-7 著录项目变更申报书 CPC 操作流程 7

在收件箱,收取回执:

(1)发送成功后,系统自动下载回执,另存回执。

(2)如网速慢,未自动下载回执,则手动点击收取,收取回执后回存。

后续根据代理机构内部流程管理的要求将所递交的文件压缩包及递交回执统一命名(如我方卷号_著变回执_日期),存入回存文档系统或导入相应内部业务管理系统。

2.12.3.3 著录项目变更费用的缴纳

办理著录项目变更须在变更请求提出之日起一个月内缴纳相应的手续费,为便于统一流程管理及时限监控,建议代理机构流程人员在进行变更请求的同时缴纳相应变更费用。根据变更项目的不同,缴纳费用的规定有所不同,具体如下。

(1)涉及发明人或设计人、申请人或专利权人变名或权利转移的,需缴纳变更费用人民币 200 元。

(2)涉及权利人与代理事项同时提出变更请求的,需缴纳变更费用人民币 250 元。

(3)申请人或专利权人地址、国籍变更,代表人、联系人以及发明人姓名字体由繁体变更为简体的,无需缴纳变更费用。

上述规定中需要缴纳的费用,若在期限届满前未缴纳或缴足,变更请求将被视为未提出。针对一项专利申请或专利,在一次著录项目变更请求中对同一著录项目连续提出变更请求的，视为一次变更，仅需缴纳一次费用。

2.12.3.4 著录项目变更手续的审批

著录项目变更申报手续不符合规定的，专利局将向办理变更手续的当事人发出视为未提出通知书；著录项目变更申报手续符合规定的，专利局将向有关当事人发出手续合格通知书。通知著录项目变更前后的情况，应当予以公告的，手续合格通知书正文中将同时告知准备公告的卷期号。

著录项目变更涉及权利转移的，手续合格通知书将会同时发给转让人和受让人。同一次提出的申请人（或专利权人）涉及多次变更的，手续合格通知书应当发给变更前的申请人（或专利权人）和变更后的申请人（或专利权人），手续合格通知书中的申请人（或专利权人）应当填写变更后的申请人（或专利权人）；涉及专利代理机构变更的，手续合格通知书应当发给变更前和变更后的专利代理机构。

2.12.3.5 著录项目变更及报告

递交工作完成后，代理机构流程人员应立即准备给客户报告的文件，包含但不限于下列文件。

（1）报告信函，信函中需告知客户递交日期以及随信函所附的文件等；变更后涉及未答复的官方通知需及时提醒客户等；若涉及费用减缴的事项，信函中需一并告知客户。

（2）账单，根据办理事项开具账单供客户安排付款。

（3）递交官方的文件，如有必要需附英文或日文译文。

2.12.3.6 转达手续合格通知书

通常情况下，所有文件及费用缴纳完毕后的2~4周，审查员会发出手续合格通知书。代理机构收到该通知后应及时报告客户专利局已审批通过了著录项目变更请求。

涉及案件转出的手续合格通知书，内部转达与否需作出不同的处理，具体如下。

（1）如之前已经收到客户的案件转出指示并已经出具结案报告的，无需转达，在业务系统中终止此案的所有处理流程即可。

（2）如之前未收到客户的案件转出指示，需正常转给客户，并给出结案报告，告知客户我方将不再监控该案；如有未完成的工作或未付款账单，需同时提供账单或未付款账单号，提醒客户尽快支付未付款账单。

若根据客户指示对多件案件同时提出了著录项目变更请求，可根据客户要求及具体案情，待手续合格通知书全部收讫后进行批量转达；若客户无需官方文件，可用列表的方式通知客户进展，信函中需明确告知客户手续合格通知书中的发文日即为变更手续的生效日。

2.12.3.7 视为未提出通知书的处理

著录项目变更被视为未提出的案件，需根据通知书中的内容及时作出回复，涉及需要与客户沟通的事项，应及时沟通，待客户进一步反馈信息后，重新整理所有文件重新提出著录项目变更请求。

2.12.4 实务小结

本节主要介绍著录项目变更所包含的事项，以及各类事项变更时递交官方的文件、涉及的期限、费用的缴纳以及后续官文的处理等相关规定。案件著录项目涉及专利申请权和专利权的权利归属问题，也涉及代理机构对案件监控等问题，专利代理机构流程人员应熟知著录项目变更的相关内容，协助申请人与专利权人进行权利的维护。

2.13 文件办理操作实务

本节主要介绍专利有效期内，专利事务服务中心办理文件的操作实务，旨在指导专利代理机构流程人员准确高效地进行文件办理的事务处理。

2.13.1 文件办理业务分类

文件办理业务内容，主要分为以下几类：

（1）文件副本，包括在先申请文件副本、专利登记簿副本、专利证书副本、专利授权文件副本。

（2）证明文件，包括专利证书证明、专利申请人名称变更证明、批量专利申请或专利法律状态证明等。

（3）文档查阅和复制。

（4）文件备案，包括总委托书备案和证明文件备案。代理机构在提出个案申请时可直接在请求书中写明提交经备案后的总委托书编号，其与原件具有相同的法律效力。申请人或专利权人在办理相关专利或专利申请的法律手续时，证明文件备案编号与提交证明文件原件具有同等的法律效力。

2.13.2 期限相关

在先申请文件副本出具的期限为发明、实用新型专利申请自申请日起 12 个月内，外观设计申请自申请日起 6 个月内办理。超过上述期限，专利局将不予办理。

除此之外，其他各类文件的办理并无严格的期限要求，但申请人或专利权人或代理机构在办理此类文件时需考虑相应办理的文件的递交期限是否有期限要求，如有，则需在文件递交期限前及时办理，避免延误递交期限而给申请人或专利权人造成权利的丧失等。

2.13.3 实务操作

2.13.3.1 文件副本的办理

1. 办理文件副本的请求人

根据办理的副本类型不同，文件副本请求人亦有不同，具体如下：

1）在先申请文件副本。在先申请文件副本仅向专利申请人或本案专利代理机构出具。申请人或其委托的专利代理机构可以对其在专利局申请的专利申请提出办理在先申请文件副本的请求。

2）登记簿副本。专利授权公告之后，任何人均可以向专利局请求出具登记簿副本。请求人可以通过面交、邮寄的方式向专利审查流程公共服务部门、代办处提出办理登记簿副本的请求。

3）专利证书副本。专利证书副本仅向颁发证书时的共同专利权人或本案专利代理机构出具。对同一专利出具的专利证书副本数目不超过颁发证书时共同权利人的总数。

4）专利授权文本副本。专利授权文件副本即专利说明书，任何人均可以请求办理专利授权文本副本。

2. 办理文件副本所需文件

办理各类文件副本，所需文件如下：

1）在先申请文件副本。

（1）申请人或代理机构签章的办理文件副本请求书。

（2）申请人面交、邮寄方式办理的，需提供申请人的身份证明。指定经办人来办理的还需要提供委托书原件、经办人身份证明、申请人身份证明复印件。为简化办理手续，申请人或者本案代理机构在办理文件副本请求书上加盖公章，无需提供申请人身份证明。

（3）申请人委托其他代理机构来办理的，需要提交专利代理委托书原件、经办人身份证明、申请人身份证明复印件。

2）登记簿副本。请求人签章的办理文件副本请求书。

3）专利证书副本。

（1）共同权利人或专利代理机构签章的办理文件副本请求书及原证书复印件。

（2）共同权利人请求办理的，需提交本人身份证明；共同权利人委托他人办理的，还需提供委托书原件、经办人身份证明、共同权利人身份证明复印件。

专利代理机构流程人员根据客户要求办理此类文件时需特别留意，针对以下情况，专利局不再出具专利证书副本。

① 专利权终止后，专利局将不再出具专利证书副本。

② 颁发专利证书后，因专利权转移发生专利权人变更的，专利局将不再向新专利权人或者新增专利权人出具专利证书副本。

③ 除专利局原因造成的以外，专利证书因申请人或代理机构等原因丢失，专利局不再出具专利证书副本。

另外，专利权权属纠纷经地方知识产权管理部门调解或者人民法院调解或者判决后，专利权归还专利所有人的，在调解或者判决发生法律效力后，当事人可以在办理变更专利权人手续合格后，请求专利局更换专利证书。代理机构流程人员在收到专利证书之后，应仔细核对相关著录项目信息，若发现专利证书中存在打印错误，可以退回原证书，请求专利局更正后换发专利证书。

4）专利授权文本副本。

（1）提交请求人签章的办理文件副本请求书。

（2）请求人的身份证明。

3. 办理文件副本的递交

文件副本的办理，可通过纸件或电子方式使用专利事务服务系统（http://cpservicesipo.gov.cn）提出请求。电子方式请参考上述链接中的说明办理。通过纸件方式办理的流程如下：

（1）填写办理文件副本请求书一份，请求书中写明相关案件信息，并加盖公司业务章。

（2）相关证明文件及文件清单原件、复印件各一份。所有递交官方的文件均应扫描或复制存入文档系统或业务管理系统。

（3）递交官方，根据代理机构内部流程管理规定，如有必要可将上述准备好的备案文件交由核查人核查，核查无误后，将相关文件交予送文人员，并在业务管理系统或共享文件备案文件清单上进行登记，由送文人员将备案文件送交专利局综合处备案，并定期取回备案完成的文件，交回给登记人员。

4. 办理文件副本的费用

根据国家知识产权局发布的第 244 号公告，自 2017 年 7 月 1 日起，专利文件副本费为每份 30 元。

2.13.3.2 证明文件的办理

1. 办理证明文件的请求人

（1）专利证书证明。仅向专利权人或本案专利代理机构出具。代理机构流程人员需特别注意，对处于年费滞纳期、恢复期或者已经终止的专利，专利局不再出具专利证书证明。

（2）专利申请人名称变更证明。向专利申请人或其委托的专利代理机构出具。在申请人办理变更手续合格后，专利局可以为申请人出具专利申请人名称变更证明。

（3）批量专利申请或专利法律状态证明。已经授权的专利，任何人均可以请求办理专利批量法律状态证明。若批量专利清单中包含尚未授权的专利申请，则只对申请人、专利权人出具专利批量法律状态证明。

2. 办理证明文件所需文件

1）专利证书证明。

（1）专利权人或专利代理机构签章的办理文件副本请求书。

（2）专利权人当面或以邮寄方式办理的，需提交专利权人身份证明；委托他人办理的，需提交经办人身份证明、委托关系证明和权利人身份证明。

2）专利申请人名称变更证明。

（1）专利申请人或其委托的代理机构办理专利申请人名称变更证明的，需提交申请人或代理机构签章的办理文件副本请求书。

（2）专利申请人以面交、邮寄的方式办理的，需提供本人身份证明；委托他人办理的，需提交经办人身份证明、委托关系证明和申请人身份证明。

3）批量专利申请或专利法律状态证明。

（1）经签字或盖章的办理证明文件请求书（将专利清单第一个专利号填至请求书的专利号空格，并注明批量专利的总数量）。

（2）批量专利申请或专利法律状态证明业务单。

（3）专利号纸件清单和电子清单各一份，电子清单的具体要求可参见 CNIPA 网站专利审查流程公共服务中的具体要求。

（4）若批量专利清单中均为已经授权的专利，则提交经办人身份证复印件即可；若批量专利清单中包含未授权的专利申请，则需要提交申请人身份证复印件或加盖公章的企业营业执照复印件和委托双方签字盖章的介绍信或委托书原件、被委托人的身份证明。

3. 办理证明文件的递交

证明文件的办理，可通过纸件或电子方式使用专利事务服务系统（http://cpservice.sipo.gov.cn）提出请求。电子方式请参考上述链接中的说明办理。通过纸件方式办理的流程同本节办理文件副本的递交流程。

4. 办理证明文件的费用

根据国家知识产权局发布的第 244 号公告，自 2017 年 7 月 1 日起，专利文件副本费为每份 30 元。

2.13.3.3 文档查阅和复制

1. 文档查阅和复制的请求人

根据案卷所属阶段，文档查阅和复制的请求人有所不同，具体如下：

（1）对于公布前的发明专利申请、授权公告前的实用新型和外观设计专利申请，专利申请人或者专利代理师可以复制该专利申请案卷中的有关内容，包括申请文件、与申请直接有关的手续文件以及在初步审查程序中向申请人发出的通知书和决定、申请人对通知书的答复意见正文。

（2）对于已经公布但尚未公告授予专利权的发明专利申请案卷，可以查阅和复制该专利申请案卷中的有关内容，包括申请文件、与申请直接有关的手续文件、公布文件、在初步审查程序中向申请人发出的通知书和决定、申请人对通知书的答复意见正文，以及在实质审查程序中向申请人发出的通知书、检索报告和决定书。

（3）对于已经公告授予专利权的专利案卷，可以查阅和复制的内容包括：申请文件，优先权文件，与申请直接有关的手续文件，发明专利申请公布文件，发明专利、实用新型专利和外观设计专利单行本，专利登记簿，专利权评价报告，以及在各已审结的审查程序（包括初步审查、实质审查、复审和无效宣告等）中专利局、复审委向申请人或者有关当事人发出的通知书、检索报告和决定书、申请人或者有关当事人对通知书的答复意见。复审和无效宣告程序中的文件，审结前仅限于本申请的当事人；案件结论为视为未提出、不予受理、主动撤回、视为撤回的复审和无效案卷，其复审和无效宣告程序中的文件，仅限于本申请的当事人。

（4）对于处在复审程序、无效宣告程序之中尚未结案的专利申请案卷，因特殊情况需要查阅和复制的，经有关方面同意后，参照上述第（1）和（2）项的有关规定查阅和复制专利申请案卷中进入当前审查程序以前的内容。

2. 文档查阅和复制所需文件

根据请求人的不同，所需文件如下：

（1）专利申请人复制文档，需提交申请人签字或盖章的专利文档查阅复制请求书及申请人身份证复印件；委托他人办理的，需提交委托书原件、经办人身份证复印件、申请人身份证复印件。

（2）专利代理机构复制文档，需提交代理机构签章的专利文档查阅复制请求书及代理师的身份证复印件或代理师证复印件。

（3）社会公众复制文档，需提交请求人签字或盖章的专利文档查阅复制请求书及请求人身份证复印件。

（4）以证明方式出具的复制文档，应在专利文档查阅复制请求书中说明证明文件用途。

3. 文档查阅和复制的递交

办理专利文档的查阅复制，可通过纸件或电子方式使用专利事务服务系统（http://cpservice.sipo.gov.cn）提出请求。电子方式请参考上述链接中的说明办理。通过纸件方式办理的流程如下：

（1）写专利文档查阅复制请求书一份。

（2）其他请参考文件副本的递交流程。

4. 文档查阅和复制的费用

以纸件证明方式出具专利复制文档，按照每件专利收取 30 元专利文件副本证明费。以电子方式以及纸件非证明方式出具专利复制文档不收取费用。

自 2017 年 7 月 1 日起，为适应新的业务办理收费标准，明晰业务分类，专利事务服务系统"专利文档查阅"选项一般情况下，只为业务请求人提供电子形式的专利文档，不收取费用；"专利文档复制"选项，为业务请求人提供纸件形式的专利文档证明文件，收取专利文件副本证明费，请求人提交请求时，请根据自己的业务需求选择相应服务方式。

2.13.3.4　文件备案

1. 文件备案人

代理机构、申请人或专利权人。

2. 文件备案所需文件

1）总委托书备案。

（1）经代理机构签章的文件备案请求书。

（2）代理机构与委托人签订的总委托书原件及复印件。

2）证明文件备案。

（1）经代理机构或当事人签章的文件备案请求书。

（2）证明文件原件及相应的复印件。证明文件原件应当是由有关主管部门出具或者是由当事人签订的正本，证明文件是外文的应当附具中文译文。使用证明文件复印件作为正本备案的，应经过公证或者由出具证明文件的主管部门加盖公章；使用在外国形成的证明文件复印件作为正本备案的，应经过公证，必要时应经过公证和认证。

（3）证明文件涉及的专利申请号或专利号清单；需由代理机构或当事人签章予以确认。

（4）证明文件涉及的专利或专利申请数量达到 10 件以上时，需要提交电子形式的专利申请号或专利号清单。电子形式的申请号清单可以保存为文本文件（.txt）或者 WORD 文件（.doc）。专利申请号应当符合专利局规定格式，申请号之间用半角分号隔开。2003 年 10 月 1 日之前提交的专利申请，申请号应当是 9 位数字与字母的组合；2013 年 10 月 1 日之后提交的专利申请，申请号应当是 13 位数字与字母的组合；PCT 申请的申请号的格式应当符合标准。

3. 文件备案的递交

文件备案需采用纸件的方式向专利局递交，递交流程如下：

（1）填写文件备案请求书一份，请求书中需标明：登记备案的文件名称、所涉及的案卷信息，包括申请号（国际申请号），代理机构卷号，并加盖公司业务章。如涉及案件超过 10 个以上，还应向专利局提交一份不包含小数点的申请号清单电子版一份（一般涉及备案的文件有总委托书、涉及多个案件的变名证明、转让证明、公司合并、重组证明、宣誓书等）。

（2）备案文件和涉案清单原件各一份提交专利局综合处备案。再次备案涉及的各个案件均需提供文件备案请求书、备案文件和备案清单复印件各一份。应将所有文件复印或扫描归档，存入文档系统或业务管理系统。

（3）递交官方备案。根据代理机构内部流程管理规定，如有必要可将上述准备好的备案文件交由核查人核查，核查无误后，将相关文件交予送文人员，并在业务管理系统或共享文件备案文件清单上进行登记。由送文人员将备案文件送交专利局综合处备案，并定期取回备案完成的文件，交回给登记人员。

4. 文件备案的费用

办理文件备案，无需缴纳任何费用。

2.13.4　实务小结

文件办理相对于其他业务流程而言虽然简单，但专利代理机构流程人员也需要清晰掌握文件办理的请求人和所需文件，还需熟练掌握在什么情况下办理什么样的文件最为合适，以便给客户提供最佳的法律意见。如客户某一案件已经授权多年，但在法院办理相关事宜时，为证明案件是存活状态，确认当年已经缴纳年费的情况，客户会要求代理机构协助提供缴费收据原件。根据我国税法的相关规定，若缴费人名义是代理机构本身，收据原件应在代理机构留存、备审、计用。这种情况下，可向客户说明情况，直接建议客户办理登记簿副本，因登记簿副本中详细记录了案件授权后的相关著录信息，同时对法律状态亦是实时更新的。诸如此类情况还有很多，代理机构流程人员应在熟悉各类文件的法律作用的前提下灵活掌握，在法律法规允许的条件下满足客户要求。

第 3 章 PCT 专利申请流程*

3.1 PCT 国际申请阶段流程操作实务

3.1.1 PCT 国际申请简介

PCT 是在专利领域进行合作的国际性条约。《专利合作条约》于 1970 年 6 月在华盛顿签订，1978 年 1 月生效，同年 6 月实施。其目的是就同一发明创造向多个国家申请专利时，减少申请人和各个专利局的重复劳动。截至 2017 年 7 月 31 日，已有 152 个成员国。

我国于 1994 年 1 月 1 日加入 PCT，同时中国国家知识产权局作为受理局、国际检索单位、国际初步审查单位，接受中国公民、居民、单位提出的 PCT 国际申请。

PCT 国际申请是指依据专利合作条约提出的申请。

PCT 的组织结构包括：

世界知识产权组织（WIPO）；

PCT 国际局（IB），可以受理 PCT 国际申请；

PCT 受理局（RO），受理 PCT 国际申请的专利局；

PCT 国际检索单位（ISA），对国际申请进行检索的专利局；

PCT 国际初步审查单位（IPEA），对国际申请进行初步审查的专利局；

PCT 指定局（DO），PCT 国际阶段没有请求过国际初步审查的 PCT 申请进入国家或地区阶段时，该进入的国家或地区局；

PCT 选定局（EO），PCT 国际阶段请求过国际初步审查的 PCT 申请进入国家或地区阶段时，该进入的国家或地区局。

---

* 编撰：郭寰，北京纪凯知识产权代理有限公司。审订：汤亚静，北京弘权知识产权代理事务所。

3.1.2 PCT 国际申请的优点和缺点

3.1.2.1 PCT 国际申请的优点

（1）更长的时间来考虑是否去国外申请专利，推迟费用支出。PCT 的绝大多数成员局都允许申请人在自最早优先权日起 30 个月或更长的时间内提交国家阶段申请，使得提交国家阶段申请的期限相比于《巴黎公约》延长了 18 个月。申请人因此有更多时间去观察市场变化、技术进展和谋求投资等，综合考虑诸多因素后做出进一步决策。

（2）对发明的可授权性有初步的了解。PCT 国际申请都会有一份国际检索报告和检索局出具的初步审查意见，申请人可以通过其对自己的专利申请在其他国家的授权前景有个初步判断。但是，该检索报告和初步审查意见对指定局或选定局不具有法律约束力。

（3）一份申请文件适用于所有成员局。受理局确认的国际申请日，除指定国对专利合作条约及其实施细则的有关规定作出保留外，国际申请日就是在每个指定国的实际申请日。PCT 国际申请的申请文件适用于所有指定局和选定局，当然，申请人仍然需要按照该局的要求提交相应的译文。

（4）使用语言灵活。申请人可以使用受理局接受的任何语言提交 PCT 国际申请。比如中国国家知识产权局作为受理局可以接受的语言是中文和英文。

（5）PCT 工作结果可作为 PPH 的基础。如果一份国际申请的国际检索或国际初步审查单位的工作结果显示该申请的全部或部分权利要求可以授权，在以后的国家阶段是有可能利用该工作结果使用 PPH 的。

3.1.2.2 PCT 国际申请的缺点

（1）不能统一授权。PCT 国际申请是申请程序，不能授予专利权，即不存在 PCT 国际专利。申请人仍然需要将 PCT 国际申请进入到各个国家或地区局进行审查以获得授权。

（2）增加费用支出。与直接去各个国家申请专利相比，PCT 国际申请产生了一笔额外的费用。

3.1.3 PCT 国际申请受理单位

在大多数情况下，国际专利申请可向本国专利局提交，如果国家安全规定允许，也可直接向 WIPO 国际局提交。

在中国完成的发明创造如果以 WIPO 国际局作为受理局提出 PCT 国际申请，需要事先向中国专利局提出向外申请保密审查请求并获得许可。

3.1.4 PCT 国际申请的相关要求

3.1.4.1 申请人

PCT 成员国之一的国民或居民，均有权提交国际专利申请。如果国际申请中有多个申请人，只要有一名申请人满足这一要求即可。以中国为例，申请人只要满足以下条件之一，即可向中国专利局提出国际申请。

（1）中国的公民或中国法人。

（2）在中国境内有长期居所的外国人或在中国工商部门注册的外国法人。

若有多个申请人，只要其中一个申请人有资格即可。针对不同的国家可以指定不同的申请人。

特殊情形：受雇于外国企业的中国发明人在中国完成的发明创造以中国专利局作为受理局提出国际申请时，通常指定至少一位发明人作为申请人，以满足中国专利局作为受理局的条件。

3.1.4.2 发明人

PCT 国际申请对发明人没有特殊要求。一般理解，发明人应当是对该发明创造做出实质贡献的个人。

3.1.4.3 提交 PCT 国际申请的语言

申请人可以使用受理局接受的任何语言提交 PCT 国际申请。比如中国专利局作为受理局可以接受的语言是中文和英文，即申请人提交的 PCT 请求书和申请文件可以是中文或英文。

申请人可以使用任何语言向作为受理局的国际局提交国际申请。但是，请求书必须以 PCT 的 10 种公布语言之一提交，即以阿拉伯文、中文、英文、法文、德文、日文、韩文、葡萄牙文、俄文或者西班牙文提交。如果国际申请的申请语言（其说明书和权利要求书所使用的语言）不是将要对其进行国际检索的国际检索单位所接受的语言，申请人需要在自作为受理局的国际局收到国际申请之日起一个月内向该局提交一份该国际申请的译文，译文语言需要既是有关国际检索单位所接受的语言也是公布语言。

3.1.4.4 PCT 国际申请的重要时间节点（参见图 3-1-1）

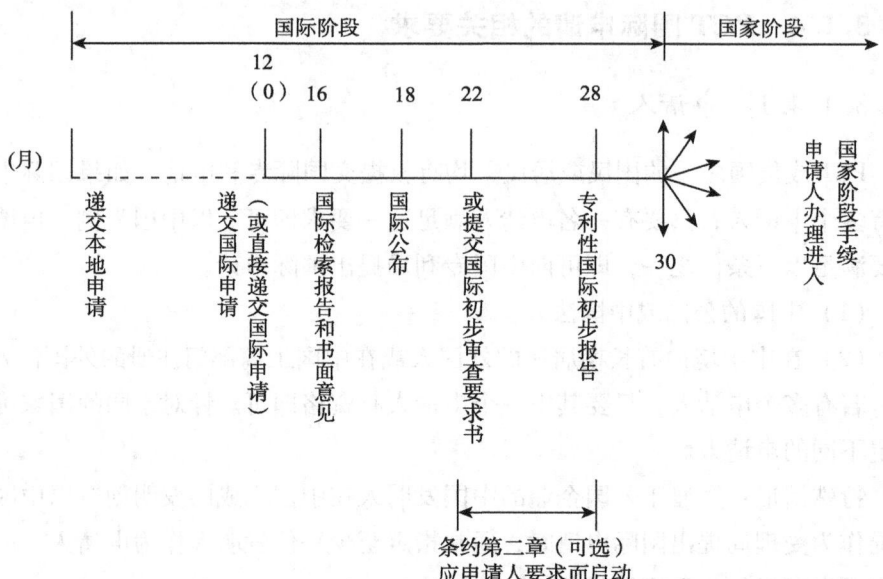

图 3-1-1　国际申请的重要时间节点

3.1.4.5 首次提出 PCT 国际申请的注意事项

因绝大多数国家和地区的法律都要求一份可以授予专利权的专利申请需要满足新颖性和创造性的要求，如果就某一发明首次提出 PCT 国际申请，务必尽量避免该发明在 PCT 国际申请提交之前有任何形式的公开。

如果知晓该发明不幸在 PCT 国际申请之前被公开，应当在提交 PCT 国际申请时做出说明，主张该发明不因所述公开丧失新颖性。但是，该主张不一定被所有指定局或选定局认可。

3.1.5　PCT 国际申请优先权文件相关事宜

PCT 国际申请可以主张一个或多个在先申请的优先权，所述在先申请可以是受理该国际申请的国家或地区局受理的，也可以是其他国际或地区局受理的。主张优先权的，应当自最早优先权日起 12 个月内提交 PCT 国际申请。

3.1.5.1 优先权文件的提交途径

主张优先权的 PCT 申请可通过以下途径递交优先权文件。

（1）如果在先申请是由受理局受理的，可请求受理局准备优先权文件并将该文件送交国际局（自优先权日起 16 个月内）。

（2）请求国际局从电子图书馆获取该优先权文件（只适用于已开通优先权文件数字接入服务（DAS）的主管局，比如在先申请是向澳大利亚、中国、丹麦、西班牙、芬兰、英国、日本、韩国、新西兰、瑞典、美国提交的国家申请或国际申请；国际申请公布之前）。

（3）直接向国际局（国际申请公布之前）或者受理局（自优先权日起 16 个月内）提交。

3.1.5.2 优先权的恢复

（1）期限：优先权期限届满后两个月内，也可以与国际申请同时提出。

（2）理由：已经采取了适当的注意或非故意。

（3）条件：受理国际申请的受理局未对上述规定做出保留。

（4）需要的文件：一份书面请求、一份解释为何国际申请未在优先权期限内提出的说明、相关已经采取了适当的注意或非故意的证据（有的受理局要求）。

（5）费用：受理局有可能要求申请人缴纳相应费用（例如中国专利局规定的优先权恢复费是人民币 1000 元）。

（6）优先权恢复请求未被受理局接受的，申请人在国家阶段仍可要求对该恢复请求进行再审查。

（7）如果一个指定局或选定局对上述国际条约的规定做出了保留，则该优先权恢复即使被受理局接受，在该指定局或选定局也不被接受。

3.1.6 PCT 国际申请的文件

3.1.6.1 递交 PCT 申请需要准备的文件

递交 PCT 申请需要准备以下文件：

（1）请求书。PCT 申请请求书中申请人、发明人及代理机构等信息填写要求如下。

a）申请人需填写名称或姓名、国籍及居所地。可同时作为发明人，可选择作为某一或多个指定国的申请人。

b）发明人需填写姓名、居所地、可同时作为申请人。

c）代理机构：如果是委托代理机构提交的国际申请，须填写代理机构信息。

  d）要求优先权：要求优先权需填写在先申请受理局、在先申请日以及申请号。

  e）生物保藏信息：指明其在说明书中的位置，填写保藏单位及地址、保藏号及保藏日期。

  f）有关声明：添加关于发明人身份的声明、添加关于申请人有权申请和被授予专利的声明、添加关于申请人有权要求在先申请的优先权声明、添加发明人资格声明（仅指定美国时需要）、添加不影响新颖性的公开或缺乏新颖性例外的声明。

  (2) 说明书。

  (3) 序列表。提交".TXT"格式。在提交申请时，序列表格式出错或遗漏的，后补时会有后提交费（人民币200元），不影响申请日。

  (4) 权利要求书。

  (5) 说明书摘要（非必须提交）。

  (6) 说明书附图（摘要附图从说明书附图中指定，不指定也不影响受理）。

  (7) 委托书。如果是委托代理机构提交的国际申请，需提交委托书；若提交国际申请时未提交委托书，申请人会收到补正通知书，需在规定期限内提交由至少一个申请人签字的委托书。

3.1.6.2 PCT申请文件准备操作流程

  (1) 创建新申请文件。

  a）在"文件制作"中选择【新建】新申请，选定提交语言（中文或英文），输入卷号后生成一个新申请编辑界面。

  b）编辑请求书，各种著录项目信息，包括发明名称、指定局（这里选用的是排除式，不排除默认全部指定局）、申请人、发明人、代理师的中英文信息、优先权信息、生物保藏信息、声明信息。

  (2) 签章。

  a）需要添加签章人，并确认签章字符。

  b）生成的预览新申请文件的页数及内容需仔细核对，有问题及时返回修改。

  (3) 选择缴费方式。

(4) 签名。

(5) 提交。

3.1.6.3　PCT 申请日和申请号的确定

PCT 申请满足以下条件时，受理局会对该国际申请赋予国际申请日。

(1) 申请人未因住所或国籍的原因而明显缺乏向该受理局提交国际申请的权利。

(2) 该国际申请使用了规定的语言。

(3) 该国际申请中至少包括了下列要素：

a) 说明是作为国际申请提出的。

b) 具体指定至少一个成员国。[《专利合作条约实施细则》（以下简称《PCT 实施细则》）4.9（a）]

c) 申请人姓名。

d) 一个看起来像是说明书的部分。

e) 一个看起来像是一个或多个权利要求的部分。

受理局对国际申请授予了国际申请日，会及时把该日期和其国际申请号通知申请人；如果受理局决定该国际申请不能作为国际申请处理，或该国际申请会相应地被视为撤回，也会及时通知申请人。

◆不作为 PCT 申请处理的情形

受理局下发的国际申请号和国际申请日通知书（105 表）上，会明确指明因未获得国家安全审查许可或其他原因而无法作为 PCT 申请处理。

3.1.7　PCT 申请的补正

3.1.7.1　PCT 国际申请补正的缺陷类型

PCT 国际申请提交以后，如果提交文件有缺陷需要进行补正处理。涉及的缺陷可分为两种：不影响申请日的缺陷；可能导致申请日延后的缺陷。

(1) 不影响申请日的缺陷包括以下几种。

a) 由于申请人的国籍或居所的原因而无权受理（《PCT 实施细则》19.4（a）（i））。

b) 由于国际申请使用的语言的原因而无权受理（《PCT 实施细则》19.4（a）（ii））。

c) 错误地指明申请人的国籍和居所（《专利合作条约行政规程》第 329

条）。

d）摘要、附图中的文字使用的语言不被允许（《PCT 实施细则》26.3 之二）。

e）优先权要求不完整、错误或遗漏（《PCT 实施细则》第 26 条之二）。

f）应缴纳费用未缴纳或未缴足（《PCT 实施细则》第 16 条之二）。

g）请求书缺少签字（《PCT 实施细则》4.15）。

h）根据《PCT 实施细则》4.17 的声明不完整、错误或遗漏（《PCT 实施细则》26 之三）。

i）申请文件中的形式缺陷（《PCT 实施细则》第 11 条和《PCT 实施细则》第 26 条）。

j）缺少发明名称。

k）缺少摘要。

l）明显错误（《PCT 实施细则》第 91 条）。

（2）会导致申请日延后的缺陷主要是指申请文件遗漏的情况，包括说明书、权利要求书及附图的遗漏。此类文件遗漏的补正会导致申请日延后，进而导致优先权不成立。

3.1.7.2 PCT 申请缺陷的补救方式

（1）对于申请人的姓名或者名称、居所、国籍或者地址等不影响申请日的缺陷，应按照补正通知书中所指出的缺陷进行相应修改。

（2）对于代理师、共同代表或者发明人的姓名或者名称、地址等可能会影响申请日的缺陷，可采用两种方式进行补救：

a）改变申请日的补救方式：后提交遗漏项目或部分。

b）不改变申请日的补救方式：申请人请求不考虑遗漏项目或部分；利用"援引加入"进行修改。

◆援引加入的使用条件

（1）原始提交申请时要求优先权。

（2）遗漏部分必须在优先权文件中全部含有。

（3）申请时的（有条件的）声明。

（4）期限：相应补正通知书发出之日起两个月内；无补正通知书时，申请日起两个月内；若某项目全部遗漏，在受理局作出受理决定前。

（5）向受理局提出。

◆援引加入在国家阶段的效力

（1）对于受理局允许援引加入的决定，在进入国家阶段时，指定局（或选定局）如果发现有关条件并没有得到满足，可以决定将申请日改正为收到全部有关文件的日期。

（2）但是，指定局在决定前应当给予申请人陈述意见的机会，申请人可以选择请求不考虑遗漏部分从而保留申请日。

（3）对于提出保留的指定局，有关援引加入的规定均不适用。受理局作出的允许援引加入的决定在其国家阶段将没有效力。

3.1.8 PCT检索报告和初步意见

3.1.8.1 检索报告制定时间及费用

国际检索单位制定国际检索报告或者宣布不制定国际检索报告的期限应为自国际检索单位收到检索本起3个月，或者自优先权日起9个月，以后到期者为准。

申请人按规定缴纳检索费，就会启动检索，无需申请人主动提交检索申请。

国际检索的目的是努力发现现有技术，经检索后，申请人将得到一份国际检索报告PCT/IB 210表和一份书面意见PCT/IB 237表。检索报告将列出对比文献，书面意见将就被检索部分的发明内容是否具有新颖性、创造性（显而易见性）、工业实用性给出初步的、无约束力的意见。

3.1.8.2 不制定检索报告的情形

以下几种情形不制定国际检索报告。

（1）涉及的内容按《PCT实施细则》39.1规定为不授权主题。

（2）说明书、权利要求书或附图不符合规定要求，以至于不能进行有意义的检索的。

（3）未在规定期限内提交电子形式序列表。

如果仅有部分权利要求存在上述不制定国际检索报告的情形，国际检索报告中应对这些权利要求加以相应的说明，而对其他权利要求作出国际检索报告。

◆缺乏单一性的处理

发明单一性标准是指一件国际申请应只涉及一项发明或者由一个总的发明

构思联系在一起的一组发明。

如果国际检索单位认为国际申请不符合专利法实施细则中规定的发明单一性的要求，该检索单位应要求申请人缴纳附加费，并且应对国际申请的权利要求中首先提到的发明（主要发明）部分作出国际检索报告。在规定期限内付清要求的附加费后，再对国际申请中已经缴纳该项费用的发明部分作出国际检索报告，否则将不对需缴纳附加检索费的权利要求进行检索。附加检索费为每项发明人民币2100元。申请人也可以在国际阶段不缴费，或者可以提出异议。

3.1.8.3 申请人针对检索报告的修改

1. 修改次数

申请人享受一次向国际局提出修改的机会，即通常所说的19条修改。但是对于宣布不制定国际检索报告的发明内容，不允许进行19条修改。

2. 期限

自国际检索单位将国际检索报告传送给国际局和申请人之日起两个月，或者自优先权日起16个月，以后到期者为准（修改逾期提交，如果该修改在国际公布的技术准备工作完成之前到达国际局，应认为国际局已在上述期限的最后一日收到该修改）。

3. 允许修改的内容

仅针对权利要求书。申请人可以按专利法实施细则的规定同时提出一项简短声明，解释上述修改并指出其对说明书和附图可能产生的影响。修改不应超出国际申请提出时对发明公开的范围（如果指定国的本国法准许修改超出上述公开范围，则修改超出原始公开范围在该国不应产生任何后果）。

4. 审查员对发明名称及摘要的修改

如果发明名称或摘要存在遗漏或者有缺陷，且国际检索单位未收到申请人提交的改正，国际检索单位可以根据《PCT实施细则》第37条和第38条确定发明名称和（或）摘要的修改文本。

3.1.9 PCT国际申请的公布

3.1.9.1 公布时间

PCT国际申请自最早优先权日起18个月届满即公布。

3.1.9.2 公布语言

如果国际申请是用阿拉伯文、中文、英文、法文、德文、日文、韩文、葡萄牙文、俄文或者西班牙文（公布语言）提出的，该申请应以其提出时使用的语言公布。

如果国际申请由非公布语言提出，并且已提交了翻译成公布语言的译文，则该申请应以该译文的语言公布。

如果国际申请是用英文以外的另一种公布语言公布的，发明的名称、摘要以及摘要附图所附的文字都应使用这种语言和英文两种语言公布。

3.1.9.3 公布内容（PCT 第 21 条,《PCT 实施细则》第 48 条）

PCT 国际申请根据以下条件公布：

(1) 国际申请公布的内容总是包括：著录项目信息、摘要、说明书、权利要求书和附图（若有的话），且著录项目信息和摘要在公布文件的首页中。

(2) 国际申请公布的内容，在适用的情况下包括：

根据 PCT 第 19 条修改的权利要求（以及任何声明）；

根据《PCT 实施细则》4.17 做出的任何声明（《PCT 实施细则》48.2（a）（x））；

根据《PCT 实施细则》13 之二提交的涉及生物材料保藏的信息（《PCT 实施细则》48.2（a）（viii））；

优先权恢复请求的有关信息（《PCT 实施细则》48.2（a）（xi））；

获批准的更正明显错误请求的有关信息（《PCT 实施细则》48.2（i））；

优先权要求视为未提出的信息（《PCT 实施细则》26 之二 2（d））。

(3) 以下信息应申请人的请求而公布：

a) 申请人在《PCT 实施细则》26 之二.1（a）规定的期限届满之后提出的希望修改或增加优先权要求的信息（PCT 法实施细则）26 之二.2（e））；

b) 被拒绝的更正明显错误请求（《PCT 实施细则》91.3（d））。

(4) 不予公布的信息（《PCT 实施细则》48.2）：

根据申请人向国际局提出的写明理由的请求，同时提交替换页以及说明替换页与被替换页之间差别的信函。提出请求的期限：国际公布的技术准备完成之前。如果有关信息满足下列条件，则不予以公布：该信息明显不是为达到使公众了解国际申请的目的，公开该信息会明显损害任何人的个人或经济利益，并且没有更重要的公共利益需要获取该信息。

3.1.9.4 国际公布的阻止

国际公布的技术准备通常在实际公布日15日前完成。在国际公布的技术准备完成之前撤回国际申请可以阻止国际申请公布。撤回国际申请的请求须符合以下条件：

（1）以书面形式作出（建议使用表格PCT/IB/372）。

（2）经所有申请人或其代表（委托的共同代理师或委托的共同代表人）签字。

（3）在公布技术准备完成之前由国际局收到［《PCT实施细则》90之二.1（c）］。

在提交撤回国际申请时可以附条件（如以国际局及时收到从而阻止国际公布为条件）。撤回国际申请后，国际申请将不会被公布，其效力将终止。

3.1.9.5 PCT国际公布代码（参见表3-1-1）

表3-1-1 PCT国际公布代码

代码	公布内容
A1	国际申请和国际检索报告一同公布
A2	有国际申请无国际检索报告
A3	稍后公布的国际检索报告和扉页
A4	稍后公布的PCT条约第19条修改的权利要求、声明和扉页
A8	国际申请扉页有关著录项目信息的更正版
A9	国际申请或国际检索报告的更正版、变更或补充文件

3.1.10 PCT国际申请初步审查

国际初步审查的目的是对请求保护的发明是否有新颖性、是否有创造性（非显而易见性）和是否有工业实用性提出初步的无约束力的意见。

国际初步审查为可选择程序，依申请人主动提出请求进行。

3.1.10.1 期限

申请人要求进行初步审查的，需要在国际检索报告或宣布不制定检索报告作出书面意见之日起3个月，或自优先权日起22个月内提交国际申请初步审查要求书，以后到期的为准。逾期提交的要求书将被视为未提出。

3.1.10.2 费用

每份国际初步审查要求均应缴纳手续费人民币 200 元；初步审查费的数额，由国际初步审查单位确定，中国局作为初审单位初步审查费为人民币 1500 元。手续费及初步审查费通常应在国际初步审查单位收到要求书之日起一个月内或自优先权日起 22 个月内缴纳，以后到期的为准。该费用可减免，但每个申请人都必须满足减免标准。

3.1.10.3 审查基础

在国际初步审查要求书提交之前，根据 PCT 第 19 条对权利要求所作的修改予以考虑，除非这些修改已经被根据 PCT 第 34 条进行随后的修改所代替或者被认为由根据 PCT 第 34 条所作的修改推翻。

3.1.10.4 修改和意见陈述

与国际检索阶段不同，初审阶段申请人有权以口头或书面形式与国际初步审查单位进行联系。在国际初步审查报告作出之前，申请人有权依规定的方式，并在规定的期限内修改权利要求书、说明书和附图，即通常所说的第 34 条修改。这种修改不应超出国际申请提出时对发明公开的范围。修改时机如下：

（1）提交初步审查要求书的同时。

（2）答复国际初步审查单位的书面意见时（一般自通知之日起 2 个月）。

（3）如果国际初步审查单位愿意发出一份或者多份追加书面意见。应申请人的请求，国际初步审查单位可以给予一次或者多次提出修改或者答辩的追加机会，但修改不得晚于审查员起草专利性国际初步报告之前。

针对书面意见，申请人可以提交修改，也可以提出答辩，或者两者均采用。国际初步审查单位自优先权日起 28 个月或自收到国际初步审查要求书起 6 个月之前作出专利性国际初步报告，以后到期为准。

3.1.11 PCT 国际阶段的变更

自最早优先权日起 30 个月内，申请人可提出变更记录请求，可以变更的内容包括：

（1）申请人的姓名或者名称、居所、国籍或者地址。

(2) 代理师、共同代表或者发明人的姓名或者名称、地址。

在自优先权日起 30 个月的期限届满后收到的变更记录请求,国际局对请求的变更不应予以记录。国际局记录的变更会以通知书 306 表的形式记录。

3.1.12 PCT 国际申请费用缴费

PCT 国际申请相关费用如表 3-1-2 所示。❶

表 3-1-2 PCT 国际申请相关费用

序号	项目	费用
1	传送费	人民币 500 元,每件
2	检索费	人民币 2100 元,每件
3	国际申请费	1330 瑞士法郎
4	国际申请附加费	超过 30 页的部分,15 瑞士法郎,每页
5	优先权文本制作费	人民币 150 元,每项
6	单一性异议费	人民币 200 元
7	副本复制费	人民币 2 元,每页
8	初步审查费	人民币 1500 元
9	手续费(第Ⅱ章)	200 瑞士法郎
10	附加检索费	人民币 2100 元,每个发明
11	附加初步审查费	人民币 1500 元,每个发明
12	滞纳金	按应缴费用的 50% 计收,若低于传送费,按传送费收取;若高于国际申请费(国际申请纸不超过 30 页情况下),按国际申请费的 50% 收取
13	优先权恢复费	人民币 1000 元

1. 费用的减免

(1) 以电子方式提交的申请,国际申请费减免。

a) 请求书及申请文件都是图像格式,减免 100 瑞士法郎。

b) 请求书为字符码格式(XML),申请文件为图像格式(如 PDF、TIFF 格式),减免 200 瑞士法郎。

---

❶ 请及时关注申请提交时的法律和涉及的费用是否发生变化,如有变化应以变化后的标准为准,以免出现意外导致申请人的权益受到损失。

c）请求书及申请文件都是字符码格式（XML），减免300瑞士法郎。

（2）对所有申请人是自然人的国际申请，我国（包括大陆、台湾、香港和澳门）国际申请费、补充检索手续费及手续费可减免90%。

【注意】申请人有多人时，每个人都应该符合减免条件。

2. 缴费币种及换算

以中国国家知识产权局作为受理局的PCT国际申请，所有费用均应使用人民币缴纳。由于部分国际局公布的国际申请费及其附加费和手续费的币种为瑞士法郎，需要进行换算，换算方法为：先将瑞士法郎折算成美元，再将美元折算成人民币。其中瑞士法郎与美元的折算率以国际局每月出版的PCT-Newsletter中的标准为准，美元与人民币的折算率以国家外汇管理局每月公布的标准为准。每月将在专利局PCT专栏网站（http://www.sipo.gov.cn/ztzl/ywzt/pct/）公布并更新换算对照表。

汇率基准日以国际申请日（非缴纳日）所在月份为准。

3. 缴费方式（特别说明）

申请人提交PCT申请时，费用的缴纳方式可选择专利局收费窗口面交、银行汇款、授权从往来账户扣除。

【注意】PCT国际申请不接受邮局汇款的方式。

4. 参考网站

PCT申请人指南：http://www.wipo.int/pct/en/appguide/；

PCT申请公布：https://patentscope.wipo.int/search/zh/search.jsf。

3.2 PCT进入中国国家阶段流程操作实务

3.2.1 申请文件的准备和申请的提交

3.2.1.1 提交期限的确定

在收到客户委托提交新申请的指示后，如果客户指定了新申请的提交日期，应该核实客户指定的日期。对于PCT国际申请，进入国家阶段的日期在最早的优先权日起32个月内。在核实了客户指定的新申请提交日期满足上述条件的情况下，将客户指定的新申请提交日设定为该申请的提交日期。如果客户没有明确提交日期，应该依据以下原则确定合理期限。

通常应该将其进入中国国家阶段的日期确定在自最早的优先权日起30个

月内。如果进入中国国家阶段的日期已临近自最早的优先权起 30 个月的期限，可以使用两个月的宽限期，并告知客户为了避免因翻译加急产生过高的翻译费用，使用了两个月的宽限期，但需多缴纳一笔宽限费。

3.2.1.2 PCT 国际申请进入国家阶段申请类型的选择

自 2004 年 1 月 1 日起，PCT 国际申请提交时即被认为自动指定全部的 PCT 成员国，申请类型的选择推迟到国家阶段。国际申请指定中国的，在办理进入中国国家阶段手续时，应当选择要求获得的是"发明专利"还是"实用新型专利"，只能两者择其一，不允许同时要求获得发明专利和实用新型专利。

3.2.1.3 文件信息的核查以及立卷确认信函

1. 文件信息的核查

（1）申请人的中译名的确认。如果客户未提供申请人的中译名，在确定新申请人的中译名时，要考虑该中译名与该申请人可能已有的中译名的一致性。

（2）确认翻译基础文本及其完整性。

① 在客户提供多套文本的情况下，注意根据客户新申请指示信函确定翻译基础文本，将其与参考文本等区分开。如果客户没有明确指示，应该写信与客户确认翻译基础文本。

通常情况下，PCT 国际申请的国际公布文本与该 PCT 国际申请的原始申请的文本一致，PCT 国际申请进入中国国家阶段时，国际公布文本被作为翻译的基础文本采用。如果国际公布语言是日语、德语等小语种，而客户提供了一套英文文本，则需要在立卷确认信函中请求客户确认所提供的文本是否是国际公布文本的忠实翻译。如果客户提供的文本从形式上看明显与国际公布文本不一致，则需要在立卷确认信函中告知客户在该 PCT 国际申请进入中国国家阶段时必须提交国际公布文本的译文，并确认其所提供的文本是否要作为进入中国国家阶段时的审查基础。

② 核查说明书、权利要求书、附图的页码是否连续，权利要求的序号是否连续，以及说明书中的附图说明与外文附图是否一致。

（3）确认修改文本。PCT 国际申请如果有修改，首先要区分是按 PCT 第 19 条、第 34 条或第 28 条或第 41 条提出的修改。应当注意的是，并非所有的国际阶段的修改在该申请进入中国国家阶段时都必须翻译并提交，申请人可以仅翻译并提交作为审查基础的修改，并在请求书的审查基础文本项目中声明。依据第 19 条、第 34 条修改的中译文可以在办理进入中国国家阶段手续的同时提交，也可以最迟在进入日起两个月内提交，但需要注意的是，依据第 28 条或第 41 条的修改只能在进入中国国家阶段的同时提交。

（4）核查 PCT 国际公布首页及相关表格（通知书）中的信息。核查新申请指示信中的 PCT 国际申请号、申请日、优先权、申请人、发明人等信息是否与国际公布首页中的信息相一致。如发现有不一致的信息，需要及时与客户确认是打字错误还是涉及变更等情况。应当注意的是，客户提供的信息有时并不完整，因此，要充分利用 WIPO 网站进行查询，以避免要求客户提供或签署不必要的文件。

除了核对上述可能出现在新申请指示信中的信息之外，对于以下信息，即使是指示信中没有提及的，也应该主动核对，以便及时发现问题并做相应处理。

① 核查 PCT/ISA/210 表（国际检索报告）中是否标明 "PX" "PY" 类文件，如果有，则进一步核实在先申请是否美国申请，以及国际申请的申请人是否法人等不同于自然人发明人的单位。如果同时符合这些条件，则应提示申请人准备优先权转让证明。但是当国际公布首页上显示有申请人有权要求优先权的声明［《PCT 实施细则》4.17（iii）］时，申请人提交优先权转让证明的义务就可以免除。

② 如果发现有 PCT/IB/306 表（记录变更通知书），需进一步核查是否涉及申请人或发明人信息的变更。例如，306 表中已经记载了申请人的名称发生了变更（即表格相应栏目中勾选的是 "NAME" 而非 "PERSON"），在进入国家阶段时就不需要办理著录项目变更手续以及提交更名证明和缴纳变更费了。又如，306 表中记载了增加发明人，在进入国家阶段时不用再办理著录项目变更手续，也不需提交申请人和原发明人出具的同意增加发明人的声明。但是，对于申请人的变更（即申请权发生转让），即使有 306 表，在进入国家阶段时可以免于办理著录项目变更手续，仍需提交申请权转让证明。可在新申请确收函中提醒客户准备申请权转让证明，需转让方和受让方共同签署。

③ 如果发现有 PCT/IB/317 表（撤回优先权要求通知书）或 PCT/IB/318 表（优先权要求被视为未提出通知书），则说明上述通知书所涉及的优先权要求已经失去效力。对于在国际阶段由国际局或者受理局宣布过优先权要求视为未提出的，申请人在办理进入国家阶段手续的同时，可以提出恢复优先权要求

的请求，并且缴纳恢复费；对于申请人未向国际局提交过在先申请文件副本的，同时还应当附具在先申请文件副本作为恢复的依据。优先权恢复的条件是被视为未提出的优先权要求的有关信息在国际阶段与PCT国际申请一起公布过，而且是在办理进入国家阶段时请求恢复，进入国家阶段之后再提出的优先权恢复请求，专利局不予考虑。

④ 通过国际公布首页核查国际阶段是否有援引加入（应同时附PCT/RO/114表，即确认援引项目或部分决定的通知书）或不丧失新颖性宽限期声明[《PCT实施细则》4.17（v）]等重要事项。

⑤ 核实进入声明中针对中国的申请人与最新国际公布文本扉页上或经确认的国际申请副本请求书中记载的是否一致。

PCT国际申请进入中国国家阶段时，如果针对中国的申请人与最新国际公布文本扉页上或经确认的国际申请副本请求书中记载的不一致，则需要在第一时间向客户询问造成相关申请人信息不一致的原因，以及是否发生过名称或姓名变更或者申请权转让。此外，在WIPO网站上查询无果的情况下，还应向客户询问该申请人名称或姓名变更或者申请权转让事宜是否已在国际阶段向国际局提出过变更记录的请求，是否已由国际局作出了PCT/IB/306表。

对于在国际阶段曾经由国际局作出过PCT/IB/306表的，视为已向专利局申报，在进入中国国家阶段声明中直接填写变更后的针对中国的申请人信息。若该表中记载的信息涉及申请人姓名或名称的变更时，则无需办理著录项目变更手续以及提交证明材料和缴纳变更手续费；若该表中记载的信息涉及申请权转让事宜，即申请人实体的变更，则需要提交变更后申请人享有申请权的证明材料，该证明材料可以在收到专利局发出的补正通知书后补交，无需办理著录项目变更手续和缴纳变更手续费。

经核实，若国际局没有作出过记载申请人信息变更的PCT/IB/306表，则应核算该PCT国际申请自优先权之日起30个月的期限是否已届满，若该期限尚有一段时日才届满，则需要书面告知客户，建议其尽快在该PCT国际申请自优先权之日起30个月的期限内向国际局提出变更申请人的请求，并要求国际局发出相应的PCT/IB/306表。

若向国际局提出申请人名称或姓名变更或者实体变更的请求是在该PCT国际申请自优先权之日起30个月的期限之后提交的，国际局将不再受理。这种情况下，变更应在国家阶段向各指定局提出。进入中国国家阶段时或之后办理著录项目变更手续的，无论是申请人姓名或名称的变更还是其实体的变更，均需要办理著录项目变更手续,并提交相关证明材料和缴纳变更手续费。上述变更手续可以在收到专利局发出的补正通知书后完成。

若无国际局传送的记录申请人名称或姓名变更或者实体变更的 PCT/IB/306 表,建议在进入中国国家阶段声明中直接填写变更后的针对中国的申请人信息,专利局会将进入声明中写明的相关内容与国际公布文本扉页上的记载进行核对,对于不符合规定的,专利局会发出补正通知书,通知申请人补正。

⑥ 确认是否已处理新申请指示信中涉及的其他相关问题。例如,对申请人提出的在特定的时间提实审或发出提实审提醒的要求加以记录并确保落实。

2. 立卷确认信函

(1) 在新申请的立卷确认信函中应告知客户该新申请的计划提交日期,以及该新申请对应的事务所卷号。此外,对于 PCT 国际申请需要利用两个月的宽限期办理进入手续的,应在立卷确认信函中说明。

(2) 在新申请的立卷确认信函中,应提供需要申请人签署的各类表格(如委托书、转让证明等),向客户索要或确认相关信息(如申请人和发明人中文译名)及相关文件(如优先权证明文件)。

对于要求申请人签署各类表格或直接提供必要文件的,应告知申请人提供这些文件的期限。

(3) 在新申请的立卷确认信函中一并回复客户的各类咨询。

3.2.1.4 申请文件处理

1. 优先权信息的改正

如果 PCT 国际申请国际公布首页中的优先权信息有误,有两个途径可以修改。

(1) 如果是国际局的公布错误,在国际局已更正并重新公布的情况下,直接以正确的优先权信息进入国家阶段;在国际局尚未更正的情况下,可以请求国际局重新公布,同时以正确的优先权信息进入国家阶段。

(2) 如果是申请人的错误造成的,申请人应以正确的优先权信息进入国家阶段,并向专利局提交优先权副本作为证明。

2. 优先权恢复

因中国对 PCT 及其实施细则的有关规定作出了保留,专利局对国际申请在国际阶段恢复的优先权(例如,国际申请在该优先权日起 12 个月之后、14 个月之内)不予认可,相应的优先权要求在中国不发生效力,不应写入进入声明中。不符合规定的，专利局会针对该项优先权要求发出视为未要求优先权通知书。但需注意的是，办理进入国家阶段手续的期限仍自原最早的优先权日起算。对此，流程人员需要核查文件及信息如下：

（1）PCT 国际申请首页公布的信息，是否包含恢复的优先权。

（2）PCT/RO/159 表格信息：优先权号，优先权日期。

（3）检索报告有无 P 类文件。

（4）如果有 P 类文件，提醒申请人考虑本申请可能遇到的新颖性、创造性障碍，告知客户不能享受优先权的情况下进入国家阶段期限、实审期限，等待客户进一步指示。

3. 援引加入

根据《PCT 实施细则》的规定，申请人在递交国际申请时遗漏了某些项目或部分，可以通过援引在先申请中相应部分加入遗漏项目或部分，而保留原国际申请日。其中的"项目"是指全部说明书或者全部权利要求，"部分"是指部分说明书、部分权利要求或者全部或部分附图。

因中国对 PCT 实施细则的上述规定作出保留，国际申请在进入中国国家阶段时，对于通过援引在先申请的方式加入遗漏项目或部分并要求保留原国际申请日的，专利局不予认可。

对于申请文件中含有援引加入项目或部分的，如果申请人在办理进入国家阶段手续时在进入声明中予以指明并请求修改相对于中国的申请日，则允许申请文件中保留援引加入项目或部分，审查员会以 WIPO 国际局传送的确认援引项目或部分决定的通知书（PCT/RO/114 表）中的记载为依据，重新确定该国际申请在中国的申请日，并发出重新确定申请日通知书。因重新确定申请日而导致申请日超出优先权日起 12 个月的，审查员还会针对该项优先权要求发出视为未要求优先权通知书。对于申请文件中含有援引加入项目或部分的，如果申请人在办理进入国家阶段手续时未予以指明或者未请求修改相对于中国的申请日，则不允许申请文件中保留援引加入项目或部分。审查员会发出补正通知书，通知申请人删除援引加入项目或部分，期满未补正的，审查员会发出视为撤回通知书。申请人在后续程序中不能再通过请求修改相对于中国的申请日的方式保留援引加入项目或部分。

对此，流程人员需要核查的文件及信息如下：

（1）注意核查 PCT 国际申请首页公布的信息，是否包含援引加入内容。

（2）注意国际局（IB）公开文本，是否标注"incorporated by reference"。

（3）注意核查国际局的公开信息清单是否列有 PCT/RO/114 表格。

对于存在援引加入的 PCT 国际申请，代理师应该根据情况给客户提出相应的建议。

援引加入是自优先权日起 12 个月以后提出的，如果援引加入的删除不影响申请文件的充分公开，建议客户采取保留原国际申请日和原始递交文本的方式。

援引加入是自优先权日起 12 个月以内提出的，建议客户采取进入国家阶段保留援引加入项目或部分，但重新确定相对于中国的国际申请日的方式。

援引加入是自优先权日起 12 个月以后提出的，进入国家阶段需要加入援引加入项目或部分，以保证申请文件的充分公开，建议客户采取保留援引加入项目或部分，重新确定该国际申请在中国的申请日的方式进入。

4. 客户要求减少权利要求项数的处理

对于 PCT 国际申请，如果客户在委托指示信中有在该申请进入中国国家阶段时减少权利要求项数的修改，以避免因为权利要求的项数过多增加权利要求附加费的要求，看到这样的指示后，应该及时和客户沟通，告知客户 PCT 国际申请在进入中国国家阶段时权利要求的项数的减少并不会减少权利要求的附加费，权利要求附加费是按照国际公布文本的权利要求项数计算的，并请客户确认在权利要求的附加费不能减少的情况下是否仍要进行减少权利要求项数的修改。

3.2.1.5 申请文件递交

1. 提前进入国家阶段的 PCT 国际申请处理

在国际申请尚未公布的情况下，申请人要求提前进入国家阶段的，代理师需要注意在进入声明表格中勾选要求提前处理的选项，否则，专利局在国际公布前不会进行任何处理。

2. 不可授权主题的处理

代理师在翻译新申请前，应该大致看一下该申请所涉及的内容，并初步判断该申请权利要求的主题是否属于可授予专利权的客体。如果不属于可授予专利权的客体，比如，对于只有明显属于商业方法的权利要求的申请，要在翻译前告知客户该申请存在无法授权的风险。此外，对于实用新型，如果该申请保护的是一种方法，则应告知客户该方法不属于实用新型保护的客体，可以建议客户改为发明专利申请。

3. 明显公开不充分的处理

对于化学领域的申请明显缺少实验数据可能导致公开不充分的情况,代理师应在申请前提醒申请人。

3.2.1.6 PCT 国家阶段申请与《巴黎公约》途径申请的区别

1. 申请费、公布印刷费、申请附加费及宽限费

PCT 国际申请进入国家阶段时,应同时缴纳申请费、公布印刷费及宽限费(如果需要),但最晚必须在自该申请的申请日起(有优先权的,指优先权日)32 个月的期限内缴纳,这不同于《巴黎公约》途径申请是在提交申请之日起两个月内或收到受理通知之日起 15 天内缴费。超出最后的缴费期限将导致该 PCT 国际申请无法进入中国国家阶段。

申请人在办理进入国家阶段手续时未缴纳或未缴足申请附加费、优先权费的,专利局会通知申请人在指定期限内缴纳,期满未缴纳或未补足的,该申请被视为撤回。

由专利局作为受理局的国际申请在进入国家阶段时免缴申请费及申请附加费,但仍需缴纳公布印刷费、优先权费及宽限费(如果需要)。

2. 实质审查费的减免

由专利局作出国际检索报告及专利性国际初步报告的国际申请,在进入国家阶段并提出实质审查请求时,免缴实质审查费。

由欧洲专利局、日本特许厅、瑞典专利局三个国际检索单位作出国际检索报告的国际申请,在进入中国国家阶段并提出实质审查请求时,只需要缴纳 80% 的实质审查费。

3. 申请人、发明人中译名

进入国家阶段的 PCT 申请在新申请提交时,如果尚不能确定申请人或发明人中译名的,可以直接以外文名称进入,并以补正的方式后交中译名。而在《巴黎公约》途径申请中,在新申请提交时必须要有申请人的中译名,只有发明人的中译名可以后补。

对于 PCT 国际申请和《巴黎公约》途径申请,如果专利申请提交后需要更正申请人或发明人中译名,则必须办理著录项目变更手续,并提交申请人或发明人的更正声明。

3.2.1.7 新申请提交后的报告

在向专利局递交新申请后,应该向客户发出报告信,告知客户该新申请在专利局的实际递交日。另外,报告信中应对未尽事宜再次向客户发出提醒,如尚未提交委托书、优先权文件副本,尚未提实审等,并指明相关的绝限。

3.2.2 初审阶段流程

3.2.2.1 优先权副本的补正

对于《巴黎公约》途径申请,优先权副本应当在自专利申请日起3个月内主动补交,专利局不会就此发出补正通知书。

纸件申请需提交优先权副本的原件,电子申请可提交优先权副本原件的扫描件,当专利局认为必要时,再另行提交原件。

专利局自2012年3月1日起开通了免费的优先权文件数字接入服务(Digital Access Service for Priority Documents,DAS),对于事先已通过首次受理局将优先权文件成功存入专门数字图书馆的申请,申请人可通过向专利局提交DAS查询请求的方式提交优先权文件。目前开通此项服务的主管局还有澳大利亚(AU)、西班牙(ES)、芬兰(FI)、英国(GB)、国际局(IB)、日本(JP)、韩国(KR)、美国(US),包括中国在内,共9个。

此外,专利局自2012年9月3日起开通了中欧优先权文件电子交换服务。向欧洲专利局第一次提出专利申请,又向专利局就相同主题提出专利申请并要求该第一次申请的优先权的,专利局将自动从欧洲专利局获取在先申请文件副本。如果专利局未能在《专利法》第30条规定的期限内获得在先申请文件副本,专利局将及时通知申请人,申请人应当自收到通知之日起两个月内提交经欧洲专利局证明的在先申请文件副本。该服务适用于2012年9月3日之后提交的发明或实用新型专利申请。专利局提供上述服务不收取费用。

以上优先权文件数字接入服务和电子交换服务不适用于申请人依据PCT提交的国际申请或者要求以国际申请作为优先权基础的情形。

在补交优先权副本时,应该核对在先申请号、在先申请日、受理局及申请人信息。

对于PCT国际申请进入国家阶段的,如果在国际阶段申请人已经向受理局提交过优先权副本,则申请人不需要向专利局再次提交优先权副本,否则,专利局会发出办理手续补正通知书,通知申请人在指定期限内补交。

3.2.2.2 优先权转让证明的补正

对于《巴黎公约》途径申请，优先权转让证明也必须在专利申请日起3个月内主动补交，专利局不会就此发出补正通知书。

优先权转让证明补正时，除需仔细核对优先权转让证明所载明的在先申请号、在先申请日、受理局等信息外，对于美国专利商标局出具的优先权转让证明文件，还应确保其中记载的在先申请人（发明人）信息是否与优先权副本中的相一致，包括在先申请人（发明人）姓名的字母拼写及是否含有中间名都要一一对应。如果发现优先权转让证明中记载的在先申请人（发明人）姓名信息与优先权副本中的不一致，并且能够确定是优先权副本记载有误的，可另行提交美国专利商标局出具的在先申请的受理通知书，其中记载的在先申请人（发明人）姓名信息应当与优先权转让证明一致。

如果是代理机构向申请人提供的供其签署的优先权转让证明表格，则需注意的是，仅由转让方签字或盖章即可。

纸件申请可提交经相应受理局证明的优先权转让证明原件，也可提供经受理局所在国公证机构公证的复印件（注意公证机构的签章应为原始签章）；电子申请可提交上述文件的扫描件，当专利局认为必要时，再另行提交原件。

对于PCT国际申请进入国家阶段的，通常不需要申请人向专利局提交优先权转让证明，除非PCT/ISA/210表（国际检索报告）中是标明"PX""PY"类文件，且在先申请与国际申请的申请人不同。但当国际公布首页上显示有申请人有权要求优先权的声明［《PCT实施细则》4.17（iii）］时，申请人提交优先权转让证明的义务就可以免除。

如果PCT国际申请进入国家阶段时有必要提交优先权转让证明的，专利局会发出补正通知书要求申请人在收到专利局发出的补正通知书之日起两个月内补交优先权转让证明。

3.2.2.3 视为未要求优先权的恢复

未在规定的期限内补交优先权文件或未提交优先权转让证明，专利局都会发出视为未要求优先权通知书，视为未要求优先权的恢复需要办理的手续如下：在收到视为未要求外国优先权通知书之日起的两个月期限内提交恢复权利请求书，同时缴纳相应的费用，还必须补交优先权副本和优先权转让证明（如果必要的话）。

需要注意的是，在收到专利局发出的视为未要求外国优先权通知书后，代理师应及时向申请人转达优先权被视为未要求的事实及原因，主动提出详细有效的建议，建立恢复期限，并在到期前发出必要的提醒函以引起客户的重视，尤其是客户迟迟未就此事发过确认收到转达信的案件，更要积极设法与其取得联系。

3.2.2.4　国际单位错误的改正

由于国际单位在事务处理上疏忽而造成发出错误的通知书、在国际公布文本上出现错误的记载、国际公布文本错误或者造成漏发通知书、遗漏记载，由此导致进入国家阶段后专利局作出"国际申请在中国的效力终止""补正""优先权视为未要求"等处理的，申请人可以自专利局发出相应的通知书之日起6个月之内要求改正国际单位错误，该要求可以以意见陈述书的形式提出。

经审查或者经与国际局联系，证明确实是国际单位的错误并且已经由国际局作出改正，专利局应当承认改正后的结论。在等待国际单位改正错误期间，办理某种手续的期限已经届满，由于错误尚未改正而无法按期办理的（如提出实质审查请求），申请人还应当在提交要求改正国际单位错误的意见陈述书的同时完成各种耽误的手续。

3.2.3　审查意见通知书的转达和答复

3.2.3.1　审查意见通知书的翻译

在向国外客户转达专利局发出的审查意见通知书时，应首先确认客户之前是否对审查意见通知书正文的翻译有过指示。如果客户明确指示过不需要翻译，则代理师在转达信函中需告知客户收到了专利局发出的审查意见通知书，根据其指示未对审查意见通知书进行翻译，并在信后附上审查意见通知书的复印本，而不对审查意见通知书的正文进行翻译；如果之前客户没有指示过审查意见通知书不需要翻译，则代理师应尽快完成审查意见通知书正文的翻译，并向客户转达；如果审查意见通知书正文部分过长，为了避免过高的翻译费用，代理师可以有选择地仅翻译审查意见通知书的一部分，并在转达信函中告知客户，提醒客户如果其需要全文翻译请来信告知。

3.2.3.2　中文对比文件

如果在审查意见通知书中审查员引用了中文对比文件来评价权利要求的新

颖性或创造性，代理师在转达时应检索该中文对比文件的同族申请，并在转达信函中告知客户该中文对比文件的同族申请号，以方便客户对对比文件进行分析。

3.2.3.3 针对审查意见的建议

专利代理师在向国外客户转达专利局发出的审查意见通知书时，除非客户明确指示在转达时不对审查意见通知书进行任何分析，代理师应该对于审查员指出的与国外审查实践有一定差异的问题（如修改超范围、不支持等）进行具体分析，并给出应对的修改或建议。

3.2.3.4 对《专利法》第33条问题的提醒

代理师在接到客户对审查意见的答复指示后，如果客户修改了权利要求，代理师应该对于该修改是否可能超出申请的原始公开范围进行判断，即该修改是否符合《专利法》第33条的要求。如果该修改明显超出了原始公开的范围，代理师应该及时写信告知客户该修改超出范围的风险，并根据客户的进一步指示再做处理。

第4章 中国专利无效流程[*]

本章仅就无效宣告程序中专利代理机构的流程进行介绍说明，不讨论代理师处理的实体业务。对于专利代理机构的流程人员来说，无论面对客户（委托人）、代理师及官方三方中哪一方，都要表现出流程人员的专业与细致，不能在流程和文件上出现任何差错。

专利代理机构或者能够从事专利代理业务的律师事务所在无效宣告程序中通常以两种身份出现，一种为请求方的代理师，另一种为专利权人方的代理师。下面我们从这两个角度分别对无效宣告程序中涉及的流程问题进行说明。

4.1 请求方专利无效代理操作实务

中国《专利法》第45条规定："自国务院专利行政部门公告授予专利权之日起，任何单位或者个人认为该专利权授予不符合本法有关规定的，都可以请求专利复审委员会宣告该专利权无效。"

受理宣告专利无效请求的机构是复审委，任何单位和个人都有权提出无效宣告请求，包括专利权人本人。

无效宣告请求人可能因为多种原因启动无效宣告程序，例如他可能是专利侵权诉讼中的被告，为了避免侵权赔偿而不得已启动无效宣告程序；他也有可能是专利权人的竞争对手，通过无效宣告程序避免可能出现的侵权风险。

---

[*] 编撰：季向红、贾磊，北京三友知识产权代理有限公司。审订：覃月霞，北京华进京联知识产权代理有限公司。

4.1.1 立案前工作

4.1.1.1 基本信息获取

无论是通过电话还是邮件，当客户与专利代理机构取得联系后，流程人员首先要了解客户以及待无效专利的基本信息。客户基本信息包括客户的名称或姓名（如果客户是子公司，还需记录其母公司或者关联公司的名称）、客户的联系方式；待宣告无效专利的信息包括专利号、授权公告日、专利名称、专利权人名称或姓名及该专利的当前法律状态等。

4.1.1.2 利益冲突检查

2018年9月6日修订通过、2019年3月1日开始施行的《专利代理条例》的第14条规定："专利代理机构接受委托，应当与委托人订立书面委托合同。专利代理机构接受委托后，不得就同一专利申请或者专利权的事务接受有利益冲突的其他当事人的委托。"第34条规定："专利代理机构接受委托后，不得就同一专利申请或者专利权的事务接受有利益冲突关系的其他当事人的委托；专利代理师不得就同一专利申请或者专利权的事务对有利益冲突的双方或者多方当事人提供代理服务。"

2015年4月30日颁布、2015年5月1日起施行的《专利代理管理办法》的第37条第6款规定："专利代理机构有下列情形之一的，专利局将其列入专利代理机构经营异常名录，并进行公示：（六）就同一专利申请或者专利案件接受有利害关系的其他委托人委托的。"

根据上述规定，专利代理机构不能接受有利害关系的双方委托，因此客户间的利益冲突检查十分重要。

通常，一些大的公司在利益冲突上都有自己的要求，专利代理机构代理了这个公司的专利业务，就不能再代理某个或者某些竞争对手的专利业务，甚至还会在利益冲突中规定该专利代理机构不能代理该行业所有其他公司的专利业务，因此专利代理机构都会有记录利益冲突的表格。流程人员将客户名称与利益冲突表格中的记录项进行比对，如果客户是子公司，还需要将其母公司的名称与利益冲突表格中的记录项进行比对。并且，还需要将待无效专利的权利人名称在该专利代理机构的客户列表中进行比对，从而确定该无效宣告无利益冲突。

4.1.1.3 记录基本信息

流程人员应该将前述了解到的基本信息进行记录,并登录电子系统(案件管理系统),记录咨询案件的信息。在此过程中,还需要进一步核实是否可以通过客户的联系方式,如电话、邮件地址、邮寄地址等有效、准确地联系到客户,这对于后期转达官方通知很重要。

4.1.2 客户确认委托后流程

客户在初次接触专利代理机构后,经过与代理师或者律师的沟通之后,确定委托该专利代理机构代理无效宣告请求业务的,专利代理机构的流程部门应该先立案,完善系统中案件的信息,并进行相应的时限监控。

4.1.2.1 立案

针对咨询案的编号生成无效宣告案件的编号,将所有相关邮件、资料都导入该无效宣告案件编号下。

4.1.2.2 案件信息完善

在立案时需要确认的信息参见表4-1-1。

表4-1-1 中国专利无效立案信息确认表

立案信息表		
案件类型	□无效请求	□无效答辩
客户信息	尤其注意注明指定的联系人	
客户卷号		
专利号		
专利名称		
专利权人		
无效请求人		
复审委案件编号		
时限		
相关案卷		

续表

特殊要求	如立案时客户的账单要求或发函要求等
代理师	
利益冲突确认	
案由	

表格中有些信息需要与客户联系取得，当案件的相应信息均取得后，还需要向客户发送邮件以确认上述联信息表格中的内容。

4.1.2.3 委托人的委托手续

在委托手续中包含两个手续：一个是委托代理协议，一个是授权委托书。

1. 委托代理协议

法律、行政法规没有对专利委托代理协议的形式有特别的规定，委托人与专利代理机构之间订立委托代理协议，可以采用书面、口头或其他形式，根据合同法的相关规定，专利代理机构与委托人就委托事项、代理权限、双方的权利义务等委托代理协议的各项事宜达成一致后，与委托人产生代理关系。

2. 授权委托书

授权委托书不同于委托代理协议，是指委托人为把代理权授予代理师而制作的一种法律文书。

1）授权专利代理机构的委托手续。无效宣告程序的请求方委托专利代理机构的，应当提交无效宣告程序的授权委托书。无效宣告程序的中文授权委托书如表 4-1-2 所示（可以从专利局网站下载）。

表 4-1-2　中国专利权无效宣告程序授权委托书

专利权无效宣告程序授权委托书

专利申请号		案件编号	
发明创造名称			
无效宣告请求人			
专利权人			

续表

委托人：
姓名或名称_____ 电话_____
通信地址_____ 邮编_____

被委托人：
专利代理机构_____ 代码_____
　　　代理师_____ 电话_____
　　　代理师_____ 电话_____
通信地址_____ 邮编_____

现委托上列被委托人指定的代理师在上述专利的专利权无效宣告程序中为我方代理师，其委托权限仅限于办理无效宣告程序有关事务。
其中：
代理师_____代理权限为：

代理师_____代理权限为：

　　　委托人（签章）　　　　　　　　　　　　　　被委托人（签章）
　　　　年　月　日　　　　　　　　　　　　　　　　年　月　日

无效宣告程序中特别代理的英文委托书可以采用表 4-1-3 的形式。

表 4-1-3 中国专利无效宣告程序委托书（中英版）

专利权无效宣告程序授权委托书
Power of Attorney in Patent Invalidation Case

专利号 Patent Number		案件编号： Case Number	
发明创造名称 Title of the Invalidation Creation			
无效请求人 Petitioner			
专利权人 Patentee			

委托人：
(Consignor)
姓名或名称_____ 电话_____
(Name)   (Tel)
通信地址_____ 邮编_____
(Correspondence Address)   (Post Code)

被委托人：
(Consignee)
专利代理机构名称_____ 联系人_____ 电话_____
(Name of the Patent Agency)   (Contact Person)   (Tel)
通信地址_____ 邮编_____
(Correspondence Address)   (Post Code)

现委托上列受委托人在上述专利的专利权无效宣告程序中为我方代理师。
(Now I/We entrust the above consignee to be our representative in the Patent Invalidation Procedure)

其中：
(Wherein)

代理师_____ 代理权限为：一般代理.
(Patent Attorney)   (Scope of the delegated authority) General Representation

代理师_____ 代理权限为：一般代理.
(Patent Attorney)   (Scope of the delegated authority) General Representation

委托人（签章）   被委托人（签章）
Consignor (Signature Seal)   Consignee (Signature Seal)

年   月   日   年   月   日
Year Month Day   Year Month Day

重要提示：在填写本授权委托书前，请务必仔细阅读后面的附注。

在表 4-1-2 和表 4-1-3 中要注意代理权限分为一般代理和特别代理。根据 2015 年 1 月 30 日颁布、2015 年 2 月 4 日起施行的《最高人民法院关于适用〈中华人民共和国民事诉讼法〉的解释》，《专利审查指南 2010》第四部分第三章 3.6 中（7）项关于委托手续的规定，以及复审委官方发布委托书后附的说明中规定如下：

一般代理：代理权限不涉及权利处分，如提交请求书、意见陈述书、证据及其他相关材料，参加口头审理，以及处理其他相关事宜。

特别代理：代理权限包括下列 4 项权限：

（1）专利权人的代理师代为承认请求人的无效宣告请求。
（2）专利权人的代理师代为修改权利要求书。
（3）代理师代为和解。
（4）请求人的代理师代为撤回无效宣告请求。

在这四条特别授权中，作为专利权人的代理师可以有第 1~3 项特别授权，而对于请求人的代理师则可以有 3~4 项特别授权，并且，复审委的上述委托书还可以增加其他特别授权项目。

在表 4-1-2 中"代理权限为"后面填写代理师的权限，在表 4-1-3 中"代理师权限为"后面的方框中勾选代理师的权限。在处理授权代理时应注意，特别代理必须有明确的授权列举，如果仅仅笼统地在委托书中写上"全权代理"而无具体授权内容，则法律上只认为是一般代理。

2) 授权公民代理的委托手续。《专利法》规定："对于中国单位或者个人的专利权无效宣告事务来说，可以以公民的名义直接办理，也可以委托专利代理机构或者其他非专利代理机构办理。"《专利审查指南 2010》第四部分第三章 3.6 中（六）项的规定："当事人委托公民代理的，参照有关委托专利代理机构的规定办理。公民代理的权限仅限于在口头审理中陈述意见和接收当庭转送的文件。"

要注意的是，公民代理只能参加口头审理，也可以具有（如当庭和解）特别授权，但是不能作为无效宣告程序相关文件的收件人。

4.1.2.4 委托人的证明文件

在向客户提供上述委托书模板的同时，还需要客户提供身份证明文件，这里分为国内委托人、外国委托人进行说明。

1. 国内委托人

国内个人委托专利代理机构提出无效宣告请求时，需要提供个人的身份证复印件；国内企业委托专利代理机构提出无效宣告请求时，需要提供企业的营业执照复印件、组织机构代码证复印件，由于现在的企业都是三证合一，只需要提供营业执照复印件即可。

2. 外国委托人

外国个人委托专利代理机构提出无效宣告请求时，需要提供个人护照复印件及中文译文；外国企业委托专利代理机构提出无效宣告请求时，需要提供企业的工商登记文件的复印件及中文译文。其中，日本企业提供的身份证明为履历事项全部说明书，美国企业提供的身份证明为公司工商登记文件。

4.1.2.5 记录及核对委托人信息

将前述获得的委托人信息电子化后存储到电子系统中，以便长期保存或者核对，将纸件保存于案卷夹中，并再次核对系统中记录的信息与案卷夹中的纸件信息是否一致。

4.1.2.6 建立案件相应时限

《专利法实施细则》第67条规定："在专利复审委员会受理无效宣告请求后，请求人可以在提出无效宣告请求之日起1个月内增加理由或者补充证据。逾期增加理由或者补充证据的，专利复审委员会可以不予考虑。"因此，如果委托人先提出无效宣告请求之后才委托专利代理机构，专利代理机构接受委托后，需要建立相应的时限，监控在一个月内对无效宣告理由进行详细说明，或者增加无效宣告理由，或者补充无效宣告的证据。

根据《专利审查指南2010》第四部分第三章4.3.3规定，如果不能在期限内提交证据，当事人可以在期限内请求延期提交，这也是时限监控的一部分。

根据建立的时限，流程人员要适时地提示代理师相应时限将近，以便在规定的时限内完成工作。

4.1.3 官方文件提交

当代理师完成无效宣告请求的理由及意见陈述后，将所有的文档及证据交给流程人员，由流程人员完成官方的无效宣告请求提交工作。

现在的无效宣告请求的提交分为书面提交及电子提交，两种方式各有自己的特点，以下分别进行介绍。

4.1.3.1 书面提交

当客户处于侵权纠纷的诉讼或行政调处程序中，急需取得复审委的专利无效宣告受理通知书用以中止诉讼，或者无效宣告请求中需要提交实物证据，这两种情况要选择纸面提交。

在纸件提交中，无效宣告请求表格、无效宣告程序意见陈述书、证据等文件均为一式两份，委托书、身份证明文件等手续文件一式一份，将上述文件整理后提交到专利局受理大厅的复审委提交文件工作台。

◆特别提示

当涉案专利处于侵权诉讼或行政调处程序中时，当事人可以通过面交文件方式启动加急受理程序。经形式审查合格后，专利复审委员会于一日内发出无效宣告受理通知书。面交的文件如下：

（1）无效宣告请求书及其附件一式两份。

（2）委托代理机构提交文件的，应当提交无效宣告程序授权委托书。

（3）缴纳无效宣告请求费并提交与缴费收据原件一致的复印件。

（4）用于证明涉案专利处于侵权诉讼或行政调处程序中的证明文件，如地方知识产权局的专利侵权受理通知书，人民法院的应诉通知书、传票。

（5）办理无效加急案件人员的授权委托书（无固定格式，写清楚委托事项即可），办理人员是无效宣告请求书中所填收件人或代理师的除外。

（6）办理无效加急受理案件人员的身份证明。

4.1.3.2 电子提交

为了提高办公效率以及简化流程，可以选择电子提交（可以参考电子申请网站 www.cponline.gov.cn 下载电子申请客户端软件）。

以下为专利局提供的电子申请客户端软件（CPC）主界面，可以在复审无效选项中进入复审无效的电子申请界面，参见图 4-1-1。

通过点选相应的按键可以完成无效宣告程序中所有电子文件，其中包括专利权无效宣告请求书、补正书、复审无效宣告程序意见陈述书、无效宣告请求口头审理通知书回执、证明文件、专利权无效宣告程序授权委托书等，在填写上传各种文件后，电子申请客户端还会自动进行错误检查，具体步骤可以自行摸索，以下介绍目前使用电子申请客户端容易出现的问题。

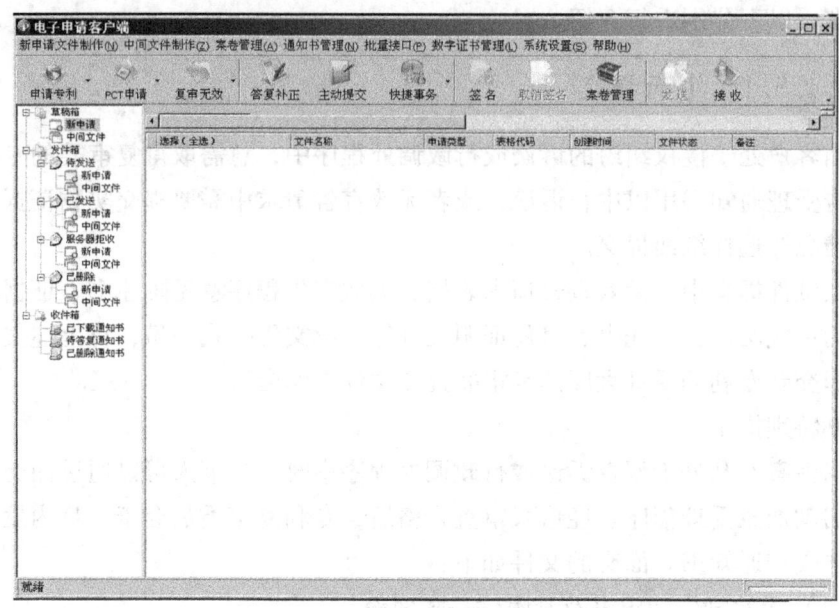

图4-1-1 复审无效的电子申请界面的提交

(1) 专利无效宣告请求书提交。

专利无效宣告请求书的编辑界面参见图4-1-2。

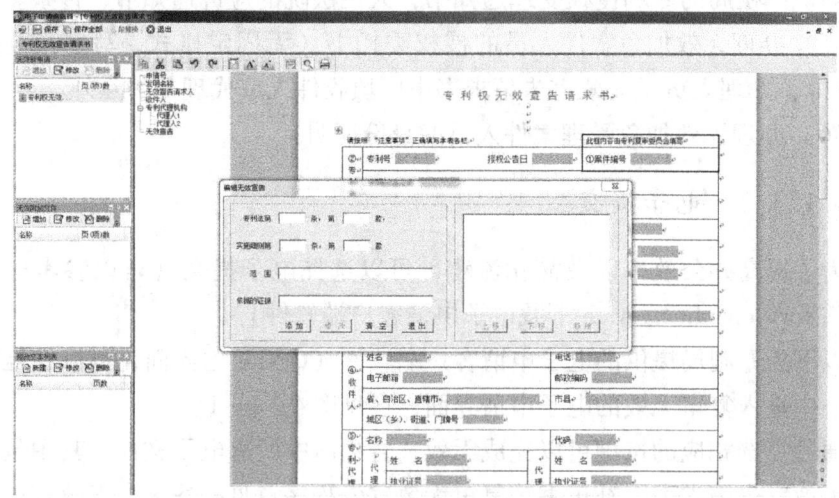

图4-1-2 专利无效宣告请求书编辑界面

填写专利无效宣告请求书时,注意图中方块所示的按钮为编辑按钮,点击后会出现编辑第7栏的选项,即编辑无效宣告请求的理由、范围及所依据的证据,点击后就会出现如图中所示的对话框,在该对话框中要逐条写明无效的理由,而且每条理由都要有相应的专利法条款以及实施细则条款,如果没有具体实施细则的条款则会报错,需要提示代理师给出无效理由具体对应的实施细则条款,该栏不能为空。

另外,专利无效宣告请求书中的第8栏为结合证据对无效宣告请求理由的具体陈述意见。由于代理师的具体陈述意见中可能包含图表、附图等特殊格式的内容,如果在该栏中直接复制代理师给出的无效宣告请求理由的具体陈述意见可能会产生图表不全、图片位置变化、文档格式变形等问题,因此通常不建议直接复制代理师的具体陈述意见到第8栏。此外,将代理师的具体陈述意见转换为图片格式复制到该表格中也可能会出现丢图等错误,因此,可以在该栏处填写"参见附件",将具体陈述意见以证明文件的方式制作成无效宣告请求书的附件,作为电子提交文档的一部分进行提交。

(2)专利权无效程序授权委托书的提交。

专利权无效程序授权委托书提交界面参见图4-1-3。

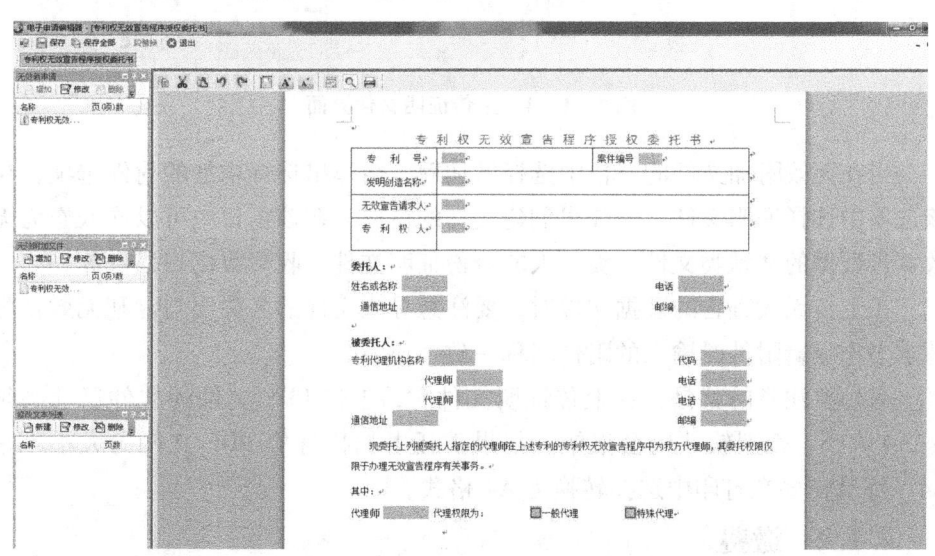

图4-1-3 专利权无效程序授权委托书提交界面

如果是首次提交无效宣告程序,制作的无效宣告授权委托书中不会有案件编号,但是如果不在该界面"案件编号"一栏填写内容,则会造成表格填写错误,所以需要在该"案件编号"一栏填写任意数字(通常为000000)以完成该表格的填写。另外,在该界面中还需要导入带有委托人签名或者签章的授权委托书扫描件。

(3) 证明文件的提交。

上传证明文件的界面参见图4-1-4。

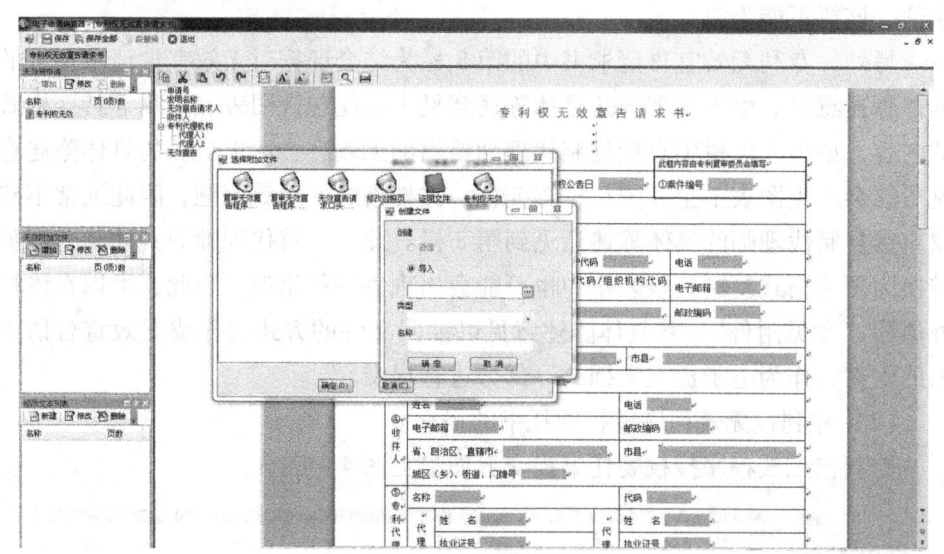

图4-1-4 上传证明文件界面

当在无效附加文件的一栏中选择增加后,会弹出选择增加的附件选项,在该选项中选择证明文件,会弹出创建文件的窗口,在该窗口中可以导入作为无效宣告证据的文献类文件、委托人的身份证明文件、收费收据扫描件等。

在上传无效宣告的证据文件时,要注意导入文件的名称要与专利无效宣告请求书中编辑附件时输入的附件名称一致。

另外要注意的就是,在上传证明文件时,上传 PDF 文件的文件尺寸必须是 A4 大小,否则软件也会报错。如果委托书扫描件等 PDF 文件的大小不是 A4,那么需要在打印中选择转换为 A4 格式。

4.1.4 缴费

根据《专利法实施细则》第93条、第94条及第99条第3款的规定,请求人自提出无效宣告请求之日起一个月内未缴纳或者未缴足无效宣告请求费的,其无效宣告请求视为未提出。缴费方式参照专利费用缴纳方式部分。

4.1.5 官方文件处理

4.1.5.1 中间文件

在无效宣告程序中可能会收到的通知书有无效宣告受理通知书、无效宣告请求补正通知书、转送文件通知书、合议组成员告知通知书、无效宣告请求口头审理通知书、外文证据委托翻译通知书等，流程人员需要根据接收到的通知书建立相应的时限监控，以便代理师在官方规定的时限内完成相应工作。

具体来说，当流程人员接收到无效宣告受理通知书后，需要将无效宣告受理通知书电子化（扫描）后上传系统（案件管理系统），将通知书中的内容（如受通发文日、委内编号）录入系统（案件管理系统），建立时限提醒，并将无效宣告受理通知书转达客户。如果客户需要通知书翻译版本，还需要将无效宣告受理通知书的译文一同转达给客户。无效宣告请求补正通知书、转送文件通知书、合议组成员告知通知书、无效宣告请求口头审理通知书、外文证据委托翻译通知书等通知书的处理流程都可以参考上述流程，当然也可以根据公司的不同进行适当修改。

其中，有几个通知书处理稍微特殊一些，例如：

当接收到外文证据委托翻译通知书后，需要根据通知书上的要求到指定的翻译公司联系翻译事宜并支付费用，取回翻译费发票。

当收到无效宣告请求补正通知书后，一般补正通知书会指出需要补正的问题，大多都是形式缺陷问题，按要求补正即可；如果出现了需要实质性补正的问题，那就按照补正通知书上的要求进行补正即可；如果是有利的证据或者是译文没有在首次提交无效请求文件后的一个月内提交，那么通常会建议客户撤回当前无效宣告请求，重新提交一个无效宣告请求，以克服该问题。

当收到无效宣告请求口头审理通知书后，如果客户需要派人参加口头审理的，需要准备口头审理委托书，告知客户参加口头审理出席需要注意的事项。如果专利代理机构新增加口头审理出席的代理师，还需要准备口头审理委托书并转达客户签章。

4.1.5.2 口头审理通知

在无效宣告程序中，有关当事人可以向复审委提出进行口头审理的请求，并且说明理由。合议组可以根据案情需要自行决定是否进行口头审理。

复审委根据当事人的请求或者案情需要，可以决定是否对无效宣告请求进行口头审理。针对同一案件已经进行过口头审理的，必要时可以再次进行口头审理。

《专利审查指南2010》第四部分第四章3规定："当事人应当在收到口头审理通知书之日起七日内向专利复审委员会提交口头审理通知书回执。无效宣告请求人期满未提交回执，并且不参加口头审理的，其无效宣告请求视为撤回，无效宣告请求审查程序终止。"

流程人员收到口头审理通知书之后需要核对案件管理系统中的无效宣告请求信息是否与口头审理通知书中的内容一致，将口头审理通知书电子化上传至管理系统并通过电子邮件的方式通知委托人，同时要在管理系统里更新口头审理的日期和地点等事项，并建立相应时限监控。确认参加口头审理的人员后在规定的期限内向复审委提交口头审理通知书回执。

4.1.5.3 无效宣告决定

《专利法》第46条第1款规定："专利复审委员会对宣告专利权无效的请求应当及时审查和作出决定，并通知请求人和专利权人。宣告专利权无效的决定由国务院专利行政部门登记和公告。"

专利代理流程人员应当在接收到复审委的无效宣告请求审查决定后，将其与系统中的无效宣告案件信息进行比较，核实二者是否一致，将无效宣告请求审查决定转达给委托人，并将无效宣告请求审查决定电子化后上传至案件管理系统，建立3个月向北京知识产权法院起诉的时限监控。

4.2 专利权人方专利无效代理操作实务

专利无效代理中，代理机构代理专利权人方与前述作为请求人的代理不尽相同。代理机构代理专利权人方进行专利无效答辩业务包含两种情况：

（1）新委托业务，指代理原本与专利代理机构无委托代理关系的专利权人全新委托的无效宣告答辩工作。

（2）持续委托业务，指代理与本专利代理机构存在委托关系的专利权人委托的无效宣告答辩工作。

4.2.1 新委托业务

4.2.1.1 立案前工作

1. 基础信息获取

无论是通过电话还是邮件,当客户与专利代理机构取得联系后,流程人员首先要了解客户的基本信息以及被无效专利的基本信息,客户基本信息包括客户的名称或姓名(如果客户是子公司,还需记录其母公司或者关联公司的名称),客户的联系方式;被无效专利的信息包括专利号、授权公告日、专利名称、专利权人名称或姓名、复审委案件编号及该专利的当前法律状态等。

2. 利益冲突检查

具体参考本书上节相应内容。

3. 记录基本信息

流程人员应该将前述了解到的基本信息进行记录,登录案件管理系统中,记录咨询案件的信息。在此过程中,还需要进一步核实是否可以通过客户的联系方式有效、准确地联系到客户,如电话、邮件地址、邮寄地址等,这对于后期转达官方通知很重要。

4.2.1.2 客户确认委托后流程

客户在初次接触专利代理机构后,经过与代理师或者律师的沟通之后,确定委托该专利代理机构进行无效答辩的,专利代理机构的流程部门应该先立案,再完善系统中案件的信息,并进行相应的时限监控。

该部分流程可参考上节相应内容。

4.2.1.3 官方文件提交

流程管理人员应当在规定的期限内将代理师完成的无效答辩文件按照规定的格式要求提交到复审委,制作及提交过程可以参考本书第4章4.1请求方专利无效代理官方文件提交流程。

提交文件主要包括:

(1) 复审无效宣告程序意见陈述书表格、意见陈述正文。

(2) 无效答辩委托书。

(3) 权利要求替换页、权利要求修改对照页。如果被宣告无效的发明或实用新型专利需要修改权利要求,需要在收到无效宣告请求受理通知书给出的一个月答辩期限内，提交权利要求替换页、权利要求修改对照页。

（4）对方的外文证据的中译文。如果对无效宣告请求人提交的外文证据的中译文有异议的，需要提交针对该外文证据的中文译文。

（5）证据。通常作为专利权人一方，无需主动提交证据，但是如果有有利证据，也可以提交证据，如果是外文证据的，还需要提交外文证据的中文译文。

（6）文件清单回执。如果以纸件形式提交答辩文件，复审无效宣告程序意见陈述书、意见陈述正文、证据、修改文件需要一式两份，授权委托书一式一份，窗口提交文件回执一式两份。电子形式提交答辩文件时则无需准备提交文件回执。

4.2.1.4 官方文件处理

作为专利权人一方的代理师在无效宣告程序中可能会接收到以下官方通知、文件（但不限于此）。

（1）无效宣告请求受理通知书。将通知书电子化并上传至案件管理系统、建立时限提醒、转达客户无效答辩委托手续信函、客户指示需要翻译的部分安排翻译并转达客户、针对无效请求人外文证据中译文有异议的协助安排翻译、绝限前需要提交答辩文件时协助整理提交文件、留档、完成后核销时限、提交后向客户汇报，如果客户需要通知书原件的需要将通知书邮寄给客户。

（2）无效宣告请求补正通知书。将通知书电子化并上传至案件管理系统、建立时限提醒、转达客户、客户指示需要翻译的部分安排翻译并转达客户、绝限前需要提交补正文件时协助整理提交文件、留档、完成后核销时限、提交后向客户汇报，如果客户需要通知书原件的需要将通知书邮寄给客户。

（3）转送文件通知书。将通知书电子化并上传至案件管理系统、建立时限提醒、转达客户、客户指示需要翻译的部分安排翻译并转达客户、针对无效请求人外文证据中译文有异议的协助安排翻译、绝限前需要递交答辩文件时协助整理递交文件、留档、完成后核销时限、递交后向客户汇报，如果客户需要通知书原件的需要将通知书邮寄给客户。

（4）合议组成员告知通知书。将通知书电子化并上传案件管理系统、转达客户、留档，如果客户需要通知书原件的需要将通知书邮寄给客户。

（5）无效宣告请求口头审理通知书。将通知书电子化并上传至案件管理系统、建立时限提醒、转达客户、向复审委递交口审回执、口审前需要当庭递交的答辩文件协助整理、留档、口审后核销时限,如果客户需要通知书原件的需要将通知书邮寄给客户。客户派人参加口审出席的准备口审委托书并转达客户,提醒参加口审需要注意的事项。专利代理机构新增参加口审出席的代理师需要准备口审委托书并转达客户签章。

(6)外文证据委托翻译通知书。联系翻译公司翻译事宜并支付费用、取回翻译费发票。

(7)无效宣告请求审查决定书。将通知书电子化并上传案件管理系统、视情况建立时限提醒(我方胜一般无需建立时限管理,我方败需要建立时限管理)、转达客户、客户指示需要翻译的部分安排翻译并转达客户、留档、进行起诉后或客户指示无需起诉后核销时限,如果客户需要通知书原件的需要将通知书邮寄给客户。

(8)无效宣告案件结案通知书。将通知书电子化并上传至案件管理系统、转达客户、留档,如果客户需要通知书原件的需要将通知书邮寄给客户。

4.2.2 持续委托业务

4.2.2.1 立案前工作

(1)接收专利无效宣告请求受理通知书。当专利权人的授权专利被无效宣告请求方提起无效宣告请求时,复审委会将专利无效宣告请求受理通知书发送给该专利权人;如果该被宣告无效的专利由专利代理机构全程代理,则复审委会将专利无效宣告请求受理通知书发送给该专利代理机构。

(2)记录基本信息。流程人员需要在收到专利无效宣告请求受理通知书后将通知书中的信息记录于系统中,并建立相应时限,以提示代理师联系客户进行处理。

(3)转达专利无效宣告请求受理通知书。将专利无效宣告请求受理通知书转达给专利权人,并确保专利权人接收到该通知书。

4.2.2.2 客户确认委托后流程

专利权人委托本专利代理机构进行无效答辩,则根据复审委规定的时限进行无效答辩,流程人员要根据该时限进行监控。

4.2.2.3 官方文件提交

制作无效答辩文件提交复审委,制作及提交过程可以参考前述新委托业务章节中官方文件提交流程。

4.2.2.4　官方文件处理

官方文件处理包括官方中间文件的处理，口头审理通知书的接收、记录、转达、回执以及无效宣告决定的接收、记录、转达，具体处理流程可参考前述新委托业务章节中官方文件处理流程。

第5章 向国外以及中国港、澳、台地区提交专利申请流程*

本章从向境外提交专利申请流程出发,向读者介绍了《巴黎公约》、PCT条约,各地区专利组织,并对PCT进入主要国家阶段的具体程序进行了介绍,希望能够帮助中国企业在进行境外专利申请时从自身情况出发,根据不同国家不同程序的特点,选择一条最贴合自身需要的海外专利申请策略。

5.1 向国外提交专利申请流程操作实务

5.1.1 向国外提交专利申请

本部分所讨论的向国外申请专利,仅包括通过《巴黎公约》途径和PCT途径向除中国专利局以外的其他专利行政机关进行专利申请的行为,而不包括以中国专利局作为受理局的PCT国际申请(尽管后者也在向国外申请专利的范畴内)。

5.1.2 向国外提交专利申请的流程特点

参与国外专利申请的主体,包括CLIENT(申请人)、HUB(国内事务所)、LOCAL(国外事务所)、PTO(国外专利行政机关)。向国外申请专利的流程依然围绕"时限、文件、费用"三要素进行,在向国外申请专利的过程中,LOCAL作用为主,HUB作用为辅。

---

* 编撰:王学强、高少蔚、王静宇、丁媚、李泽艳,北京集佳知识产权代理有限公司。审订5.2~5.2.2:薛义丹,北京铭硕知识产权代理有限公司;审订5.2~5.3.8:钟晶,北京银龙知识产权代理有限公司;5.2.9~5.3:杨莎,中国商标专利事务所有限公司。

向国外申请专利的参与主体之间的互动关系（参见图 5-1-1）

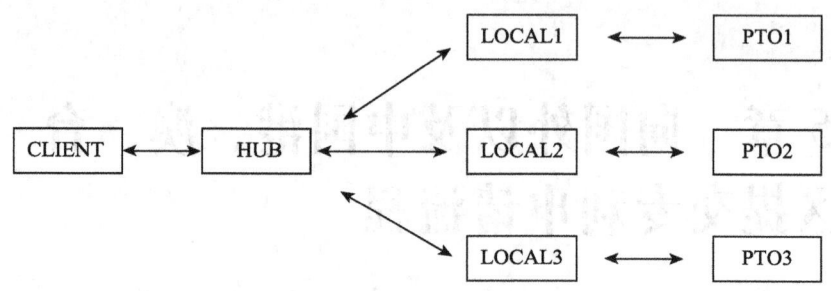

图 5-1-1　向国外申请专利的参与主体间的互动关系

从图 5-1-1 可以看出，向国外申请专利过程中国内事务所与申请人之间的互动流程与国内申请互动流程大致相同，区别在于，国内事务所的身份转换为 HUB，并增加国外事务所作为 LOCAL。随着参与主体身份的变化，在向国外申请专利过程中，国内事务所呈现出的特点如下：

（1）两个方向，两种身份：面向申请人时的被委托人身份，面向国外事务所时的委托人身份。

（2）不直接与专利局交互：通常由满足国外当地代理资格的国外事务所作为 LOCAl 直接参与同当地专利局 PTO 的交互。

（3）具有双向沟通的属性：国内事务所作为 HUB，是申请人与国外事务所的事务连接点，具备双向沟通的属性。在有限的时间内完成双向沟通，对于沟通频率与沟通质量的要求相对较高。

（4）同族专利申请的维护：就同一申请分别向多个其他国家申请专利时，作为 HUB 的国内事务所，是维护同族专利申请的核心角色。

无论是在审通答复争辩时，还是在为满足部分国家需申请人主动提供同族专利申请动态等要求时，或在同族专利申请的审查结果能被他国认可等情形下，同族专利申请的有效维护不但提供了更有利的参考价值，也为一些满足一定条件的申请开辟了加快审查的路径，有效发挥各案相互独立又相互关联的特点。

（5）准确传递表达信息：面向国外事务所，则采用专业的商务方式来沟通，按照英语作为通用语言的国际惯例，这就要求国内事务所不但要具备专业知识，清楚掌握技术方案及申请人的真实意愿，还必须具备专业的英语表达运用能力，用地道的英语呈现出专业的技术方案，采用最贴切的语句表达最真实的信息，而非按照申请人的描述直接翻译。

由于国内外专利实践的差异，面向不同领域不同层次的申请人，国内事务所不但要准确理解并掌握沟通要点，还需要因地制宜，采取申请人易懂的方式有效沟通。

（6）流程管理多元化：国内事务所就同一技术方案面对多个国家的事务所，具有发散性的特点。其流程管理面临多元化和不确定因素是当前需要克服并为之努力的方向，这就要求国内代理机构对国外专利申请流程事先有一个大致了解，再针对各国的不同要求，不断进行学习、积累和总结。

就流程管理而言，根本立足点在于国内专利申请的流程管理。只有在熟练掌握其各个环节的流程管理的基础上，才能在遇到国外类似情形时，做出充分的、正确的理解，更能在国外有不同于中国的要求或者规定时，做出准确的理解和判断。

综上，作为 HUB 的国内事务所，全面掌握国内流程的管理，熟练运用英语以及了解各国的专利法律制度和程序特点，在向国外申请专利过程中是必不可缺的。

5.1.3 向国外申请专利的一般流程

与国内申请流程相同，向国外申请专利的一般流程也分为提交阶段、审查阶段、授权和办登阶段。下面主要通过各阶段的主要文件流向展示向外申请专利的一般流程。《巴黎公约》的基本目的之一在于保证每一个成员国国内的专利权可以在其他成员国内获得保护。而实现这一目的涉及的最重要的原则就是《巴黎公约》的优先权原则。

向国外申请专利的流程方向如表 5-1-1 所示。

表 5-1-1　向国外申请专利的流程方向

文件流向	CLIENT	HUB	LOCAL	PTO
提交阶段	客户发立案指示	根据客户指示，产生案号，建立案卷、期限，下发代理部，准备申请文件（翻译），在规定的期限前发给外所	在规定的期限前提交规定的文件和费用给中国知识产权局专利局，并向 HUB 发送提交报告	接收申请文件，提供申请日、申请号
	接收受理通知书和账单	检核受理通知书和账单，转给客户	将受理通知书和账单转给 HUB	发出受理通知书

续表

文件流向	CLIENT	HUB	LOCAL	PTO
审查阶段 ←	客户接收OA，与代理师确定答复方案	接收OA，根据外所的OA转达函的内容建立期限，转发代理部和客户	将OA官文和OA转达函转给HUB，OA转达函包括OA答复期限和可能的答复建议	发出审查意见通知书
→	确定答复方案，指示HUB提交答复	根据客户指示，准备答复稿件，发给LOCAL	根据HUB指示，准备完整的答复意见，提交专利局	接收答复意见
←	接收提交局发送的文件、账单	检核和归档答复文件，将答复文件、账单转客户	转答复报告函、文件以及账单给HUB	
授权和办登 ←	评估授权通知	检核授权通知书中的信息，建立期限，转客户	将授权通知和转达函转给HUB，转达函包括办登期限和办登费用	发出授权通知
→	指示办登	根据客户指示，指示LOCAL办登	提交办登文件和缴纳授权费	
←	收到授权账单、专利证书	核检，转客户	转HUB授权账单及证书	发出专利证书

5.1.4 向国外申请专利的注意事项

1. 保密审查

《专利法》第20条规定："任何单位或个人将在中国完成的发明或实用新型向外国申请专利的，应当事先报经国务院专利行政部门进行保密审查。"

需要指出的是，保密审查指的是对向外申请的发明或者实用新型进行保密审查。如果向外申请的专利要求了优先权，在后申请相对于在先申请没有增加新的主题，则可以将在先申请的保密审查结果视为在后申请的保密审查结果。如果在后申请相对于在先申请增加了新的主题，则原则上需要对在后申请进行保密审查，仅仅有在先申请的保密审查结果是不够的。

如果向国外申请的发明或实用新型是首次申请，则需要向中国国家知识产权局专利局提交保密审查请求和发明相关的材料，以得到保密审查结果。

通过 PCT 途径向国外申请前，若 105 表中显示登记本已经传至国际局，则意味已得到向国外申请专利的许可，方可进行国外申请。

2. 紧急案件的处理

（1）时差。对于时间比较紧的案件，要考虑目标国的时差问题，比如说日本、韩国比中国早，而美国、欧洲比中国要晚。

（2）原文提交的可能性。原则上说，向国外申请专利，需要以当地专利局规定的官方语言提交。但是，许多专利局是允许以中文或者英文先提交，然后再补交当地官方语言。这些信息可以咨询当地 LOCAL，以获得准确信息。

（3）沟通方式。紧急案件，需要国内代理机构与国外代理机构保持第一时间委托成功。例如，传真确认收到、电话确认收到等。

3. 权利恢复

对于需要优先权恢复或者进入国家或地区阶段恢复的案件，考虑有无恢复途径以及恢复难度，需要申请人、国内代理机构以及国外代理机构配合完成，其中，国内代理机构起主导作用。恢复过程需要提供恢复理由、证据等。需要注意的是，这里所述的恢复只是途径，不代表结果一定是恢复成功。

4. 为申请人节省费用的考虑

为了给申请人节省费用，在向国外代理机构下发正式委托前，还须注意以下几点。

（1）对于新申请委托，预留必要的国外代理机构的翻译时间，如需加急，可能产生加急费。

（2）申请人的资格可能会对官费有影响，例如，在美国小实体资格的申请人可以享有大部分官费 50% 的减免。

（3）一些国家并不要求申请人必须在提交申请时一次性满足所有的文件要求。当满足各国提交申请的最少文件要求后，申请人可以补交一些文件，例如 ASSIGNMENT，POA 等，但这可能会产生迟交的费用。

（4）一些国家对于超页、超项收取高额的附加费。这时，往往申请人会通过主动修改来规避附加费。而对于申请人的主动修改，一般会产生国外代理费，有可能会产生官费。

（5）国外代理机构往往是按照小时计费，且每一项工作都会收取代理费。应尽量降低出错率，以减少与国外代理机构沟通的环节，从而降低费用。

5.1.5 向国外地区组织申请专利的注意事项

《巴黎公约》和 PCT 都是世界范围内的国际条约，而专利地区组织只是在一个地区建立的区域组织，旨在协助区域内各国处理专利申请，统一整个区域内的专利授权标准，提高整个区域内的知识产权水平，并同时为申请人在一个区域内获得多国保护提供便捷。目前，专利方面的主要地区组织专利局包括欧洲专利局、欧亚专利局、非洲知识产权局、非洲地区知识产权局以及海湾合作委员会。

1. 欧洲专利局

欧洲专利局，简称 EPO（European Patent Office 的缩写），官方网站为 www.epo.org，是基于《欧洲专利条约》而形成的地区专利组织，旨在为在 EPO 成员国内获得保护的发明专利申请提供一种统一受理、统一审查以及统一授权的程序。根据《欧洲专利条约》，一件欧洲发明专利申请在获得 EPO 的授权后，应在希望获得专利保护的相应 EPO 成员国内办理生效手续。该发明专利后期的管理，如年费缴纳、侵权诉讼等，也应在相应国家的国家局办理。有了欧洲专利，欧洲不同主权不同语言的众多国家终于实现了统一的专利标准，既方便了申请人提出申请，也保障了专利权的统一实施和管理。

很多申请人会认为欧洲专利就是欧盟专利，提交欧洲专利申请是在欧盟成员国获得专利保护的一种途径。但其实，并不存在大多数人所认为的欧盟专利。欧洲专利所涵盖的成员国远远多于欧盟国家。目前，签署《欧洲专利条约》的国家共有 38 个，其中包括 28 个欧盟成员国（含英国）和 10 个非欧盟成员的欧洲国家。除此之外，《欧洲专利条约》还包含两个延伸国和 4 个直接生效国。

由于 EPO 的存在，对于希望在 EPO 成员国内获得发明专利保护的申请人而言，就在《巴黎公约》和 PCT 申请途径上，又多了一个通过地区专利获得保护的途径。当申请人的目标欧洲国家不超过两个时，通过《巴黎公约》途径直接去提申请可能更有利。这样，申请人可以更快地获得专利授权。当申请人的目标欧洲国家在 3 个或 3 个以上时，通过 EPO 途径提出专利申请更有利，不但可以使提出申请的程序更加单一和便捷，相对来说，成本也会降低很多。

EPO 也是 PCT 的一个地区组织成员，当申请人提出 PCT 申请时，也可以在直接进入欧洲国家和通过 EPO 进入国家来进行选择。由于 EPO 的审查标准较高，可以使得申请人获得一个更为稳定的专利权，一些欧洲国家出于本身审查能力不强和人员不足等原因，已经选择了关闭 PCT 直接进入国家的途径。

对于这些国家来说，在已有 PCT 国际申请的情况下，申请人只能选择先向 EPO 提出进入地区阶段申请，在 EPO 获得授权后去国家办理生效，才能获得相应国际的专利保护。

已关闭 PCT 直接进入国家阶段途径的 EPO 成员国有：比利时、塞浦路斯、法国、希腊、爱尔兰、意大利、拉脱维亚、摩纳哥、马耳他、荷兰、斯洛文尼亚、立陶宛。

表 5-1-2 欧洲专利局

专利局名称	业务范围	专利条约	成立时间	总部地址	成员国数量
欧洲专利局	发明	《巴黎公约》PCT	1973 年	慕尼黑（德国）	38 个（还有两个延伸国和 4 个生效国）

2. 欧亚专利局

欧亚专利局，英文简称 EAPO（Eurasian Patent Organization 缩写），官网为 www.eapo.org/en/，成员包括土库曼斯坦、白俄罗斯、塔吉克斯坦、俄罗斯、哈萨克斯坦、阿塞拜疆、吉尔吉斯斯坦、摩尔多瓦、亚美尼亚。

EAPO 是 PCT 的地区成员组织，申请人可以选择通过《巴黎公约》途径或 PCT 途径向 EAPO 递交专利申请。EAPO 统一进行受理、审查及授权，无需办理生效手续。

表 5-1-3 欧亚专利局

专利局名称	业务范围	专利条约	成立时间	总部地址	成员国数量
欧亚专利局	发明	《巴黎公约》PCT	1995 年	莫斯科（俄罗斯）	9 个

3. 非洲知识产权局

非洲知识产权局，简称 OAPI（African Intellectual Property Organization 的缩写），官网为 www.oapi.int/。该组织有 17 个成员国，分别为贝宁、布基纳法索、喀麦隆、中非、乍得、科摩罗、刚果（布）、加蓬、几内亚、科特迪瓦、马里、毛里塔尼亚、尼日尔、塞内加尔、多哥、赤道几内亚、几内亚比绍。

OAPI 是 PCT 的地区成员组织，申请人可以选择通过《巴黎公约》途径或 PCT 途径向 OAPI 递交专利申请。OAPI 统一进行受理、审查以及授权，无需办理生效手续。

表 5-1-4 非洲知识产权局

专利局名称	业务范围	专利条约	成立时间	总部地址	成员国数量
非洲知识产权局	发明和外观	《巴黎公约》PCT	1977年	喀麦隆（西非）	17个

4. 非洲地区知识产权局

非洲地区知识产权局，简称 ARIPO（African Regional Intellectual Property Organization 的缩写），官网为 www.aripo.og。该组织有 19 个成员国，分别为博兹瓦纳、冈比亚、加纳、肯尼亚、莱索托、利比亚、马拉维、莫桑比克、纳米比亚、卢旺达、塞拉利昂、索马里、苏丹、斯威士兰、坦桑尼亚、乌干达、赞比亚、津巴布韦、圣多美和普林西比民主共和国。

ARIPO 是 PCT 的地区成员组织，申请人可以选择通过《巴黎公约》途径或 PCT 途径向 ARIPO 递交专利申请。ARIPO 统一进行受理、审查以及授权，无需办理生效手续。

表 5-1-5 非洲地区知识产权局

专利局名称	业务范围	专利条约	成立时间	总部地址	成员国数量
非洲地区知识产权局	发明、新型和外观	《巴黎公约》PCT	1976年	哈拉雷（津巴布韦）	19个

5. 海湾合作委员会专利局

海湾合作委员会专利局，简称 GCCPO（Patent Office of the Cooperation Council for the Arab States of the Gulf 的缩写），官网为 www.gccpo.org。该组织有 6 个成员国，包括巴林、科威特、阿曼、沙特阿拉伯、卡塔尔和阿拉伯联合酋。

GCCPO 尚不属于 PCT 的地区组织成员，对于希望在 GCCPO 的成员国获得统一保护的申请人来说，必须通过《巴黎公约》途径向 GCCPO 递交专利申请。但是 GCCPO 的成员目前都已加入了 PCT，申请人可以通过 PCT 途径单一进入各个成员国国家阶段。GCCPO 对专利申请进行统一的受理、审查和授权后，专利权人将自动获得在 GCCPO 的成员国范围内专利保护，无需办理专门的生效手续。年费缴纳与专利无效侵权等后期程序，尚需要在各个国家内部办理。

表 5-1-6　海湾合作委员会专利局

专利局名称	业务范围	专利条约	成立时间	总部地址	成员国数量
海湾合作委员会专利局	发明	《巴黎公约》	1992 年	利雅得（沙特阿拉伯）	6 个

5.2　PCT申请进其他国家阶段流程操作实务

5.2.1　PCT 国家阶段概述

PCT 国家阶段，是 PCT 国际阶段的延续，也是国际申请的第二阶段，是最为重要的阶段。

1. 国家阶段

国家阶段是国际申请审批程序的第二阶段。国家阶段在申请人希望获得专利权的国家的专利局（一般称作指定局）里进行，它包括办理进入国家阶段的手续和在各指定局里进行的审批程序。进入国家阶段的期限通常是从最早的优先权日起 30 个月或 31 个月，极个别国家个别情况下可能为 20 个月或 21 个月，申请人应在此期限前主动办理进入各国的手续。

根据各国国家法的规定，一些国家也提供了提前进入国家阶段的程序，也就是说，申请人可以在提交国际申请后的任一时间内去各指定局要求提交进入国家阶段。但是，根据实践可知，每个国家局对于提前进入国家阶段的要求不同，且由于提前进入国家阶段的国际申请缺少一些国际阶段的必要文件，大部分国家局并不会把提前进入国家阶段的国际申请当成正常进入国家阶段的国际申请来对待。

2. 国际阶段的期限救济

PCT 条约为申请人提供了优先权期限和 PCT 进入国家阶段期限的救济途径，但是一些国家对此进行了保留。在遵守 PCT 条约中有关救济途径条款的国家中，根据各国国家法的不同，也会出现不同的要求。

3. 指定局

每一个 PCT 缔约国都有对应的主管国家阶段的国际单位，该国际单位被称之为指定局（或选定局）。通常情况下，指定局就是该 PCT 缔约国的国家局。但是，也有例外的情况。如果申请人想要通过进入地区阶段来获得这个地区的保护，那么对应的指定局一般就是地区组织相应的专利局，比如欧专局、欧亚专利局等。而一些地区组织的成员国已经向 WIPO 发送了通知,关闭了 PCT 进入国家阶段的途径。也就是说,对于关闭了 PCT 进入国家阶段途径的国家(见表 5-2-1)来说,若申请人想通过国际申请获得保护,只能先进入地区阶段,在地区组织的专利局获得授权以后,再要求该国家区域内的专利保护。

表 5-2-1 已关闭 PCT 进入国家阶段国家

地区组织	成员国国家名称	PCT 进入国家阶段途径	PCT 进入国家保护
ARIPO	斯威士兰	已关闭	通过 ARIPO 途径
EPO	比利时	已关闭	通过 EPO 途径
EPO	塞浦路斯	已关闭	通过 EPO 途径
EPO	法国	已关闭	通过 EPO 途径
EPO	希腊	已关闭	通过 EPO 途径
EPO	爱尔兰	已关闭	通过 EPO 途径
EPO	意大利	已关闭	通过 EPO 途径
EPO	立陶宛	已关闭	通过 EPO 途径
EPO	拉脱维亚	已关闭	通过 EPO 途径
EPO	摩纳哥	已关闭	通过 EPO 途径
EPO	马耳他	已关闭	通过 EPO 途径
EPO	荷兰	已关闭	通过 EPO 途径
EPO	斯洛文尼亚	已关闭	通过 EPO 途径
OAPI	布基纳法索	已关闭	通过 OAPI 途径
OAPI	贝宁	已关闭	通过 OAPI 途径
OAPI	中非	已关闭	通过 OAPI 途径
OAPI	刚果(布)	已关闭	通过 OAPI 途径
OAPI	科特迪瓦	已关闭	通过 OAPI 途径
OAPI	喀麦隆	已关闭	通过 OAPI 途径
OAPI	加蓬	已关闭	通过 OAPI 途径
OAPI	几内亚	已关闭	通过 OAPI 途径
OAPI	赤道几内亚	已关闭	通过 OAPI 途径
OAPI	几内亚比绍	已关闭	通过 OAPI 途径
OAPI	马里	已关闭	通过 OAPI 途径
OAPI	毛里塔尼亚	已关闭	通过 OAPI 途径
OAPI	尼日尔	已关闭	通过 OAPI 途径

续表

地区组织	成员国国家名称	PCT 进入国家阶段途径	PCT 进入国家保护
OAPI	塞内加尔	已关闭	通过 OAPI 途径
OAPI	乍得	已关闭	通过 OAPI 途径
OAPI	多哥	已关闭	通过 OAPI 途径

其中，ARIPO 和 EPO 是有部分成员国关闭了 PCT 直接进入国家阶段的途径，OAPI 是所有成员国都关闭了 PCT 直接进入国家阶段的途径。

4. 选定局

选定局，对于很多申请人来说，应该是比较陌生的词汇。一般来说，选定局不是必须在国际申请中出现的词汇，只有当申请人在国际阶段提出了国际初步审查时，主管该国际申请国家阶段的主管国际单位就是选定局，而不是指定局了。其实，选定局和指定局的差别不大，通常，选定局也就是国家局。

5. PCT 进入国家阶段的期限

根据 PCT 第 22 条，"申请人应在不迟于自优先权日起 30 个月届满之日，向每个指定局提供国际申请的副本（除非已按第 20 条的规定送达）及其译本（按照规定）各一份，并缴纳国家费用（如果有这种费用的话）。"在提出初审请求以后，根据 PCT 第 39 条，"如果在自优先权日起第 19 个月届满前已经选定缔约国、第 22 条的规定不适用于该国，申请人应在不迟于自优先权日起 30 个月届满之日向每个选定局提供国际申请副本（除非已按第 20 条的规定送达）和译本（按照规定）各一份，并缴纳国家费用（如果需要缴纳）。"也就是说，PCT 规定的 PCT 进入国家阶段的期限为自最早优先权日起 30 个月。每个国家根据国家法的不同，也会对该条进行保留。如卢森堡、乌干达、坦桑尼亚联合共和国就对于第 22 条第 1 款进行了保留，对于 PCT 进入这 3 个国家阶段的期限相应地缩短至卢森堡 20 个月，乌干达 21 个月，坦桑尼亚 21 个月。若申请人对 PCT 进入卢森堡、乌干达、坦桑尼亚这三个国家阶段感兴趣的话，就必须特别注意期限问题。另外，由于 PCT 只是规定"不迟于"自优先权日起 30 个月，一些国家规定的进入国家阶段的期限将延长至自最早优先权日起 31 个月。

6. 启动国家阶段

根据 PCT 第 20 条以及《PCT 实施细则》第 47 条，国际局应在不早于国际申请的国际公布日的期限内,将国际申请连同国际检索报告以及规定的译文,包括原始文本和修改后的文本,送达至每一个指定局。当国际局完成了在国际阶段的送达工作,可以认为是指定局已经做好了接收国际申请的准备。

5.2.2 PCT申请进入美国国家阶段流程操作实务

5.2.2.1 美国国家阶段申请专利概况

1. 专利主管单位

美国专利相关事务主管单位是USPTO,官方网站为www.uspto.gov。

2. 专利保护类型

美国专利保护类型及保护期限如表5-2-2所示。

表5-2-2 美国专利保护类型

专利保护类型	保护期限
发明专利	20年
外观设计专利	自授权日起15年

美国不存在实用新型专利,且只有发明专利(Utility Patent)能够通过PCT进入到美国国家阶段的方式来获得权利。若想要在美国注册外观专利,就只能通过《巴黎公约》途径或《海牙协定》方式才能进行。

3. PCT进入美国国家阶段的时限

PCT进入美国国家阶段的相关时限如表5-2-3所示。

表5-2-3 PCT进入美国国家阶段的时限

法条依据	PCT进入国家阶段期限
依据PCT第Ⅰ章	自最早优先权日或国际申请日起30个月
依据PCT第Ⅱ章	自最早优先权日或国际申请日起30个月

通俗来讲,依据PCT第Ⅰ章就是指在未请求国际初步审查情况下进入国家阶段的期限,而依据PCT第Ⅱ章指的是在请求国际初步审查的情况下进入国家阶段的期限。

4. PCT进入美国国家阶段使用的语言

通过PCT方式在美国进行专利申请,与官方相关事项处理均使用英文进行。

5. PCT 进入美国国家阶段的文件要求

PCT 申请进入美国国家阶段时，需按照以下要求提供相关文件。

（1）PCT 原始申请文件——国际申请文件（包括受理文本、检索报告及其书面意见）的副本。

（2）在 PCT 国际阶段对申请文件的修改。如对权利要求作了修改（PCT 第 I 章第 19 条），需同时提交原权利要求文本及修改后的文本；如对权利要求及说明书作了修改（PCT 第 II 章第 34 条），需同时提交原权利要求及说明书文本及修改后的文本，并提交由国际初审单位作出的初审报告的副本。

（3）申请文件及修改的译文。

（4）发明人声明（宣誓书）。

（5）委托书。

（6）优先权声明文件。

（7）信息披露声明（以下简称"IDS"）。

根据 PCT 第 I 章第 20 条，PCT 国际局应在国际申请的国际公布日以后向各指定局或选定局传送 PCT 原始申请文件及在 PCT 国际阶段对申请文件的修改。

5.2.2.2 专利申请实务

1. 申请路径

PCT 国际申请进入美国国家阶段可以采用两种不同进入途径，两种途径分别为：（1）根据《美国专利法》第 371 条，通过 PCT 传统途径进入美国国家阶段；（2）根据《美国专利法》第 111（A）条，通过 Bypass 途径进入美国国家阶段。其中，第 2 种路径是美国特有的专利申请方式，即在放弃 PCT 申请之前提交美国继续或部分继续申请。

两种申请路径对比如表 5-2-4 所示。

表 5-2-4 PCT 传统途径和 Bypass 途径对比表

	PCT 美国国家阶段申请	PCT 美国国家申请
申请类型	Submitted under 35 U.S.C. 371	Filed under 35 U.S.C. 111（a）
费用标准	根据 37 CFR 1.492	根据 37 CFR 1.16

续表

	PCT 美国国家阶段申请	PCT 美国国家申请
大实体官费	1600 美元	1600 美元
小实体官费	800 美元	730 美元

2. 申请递交方式

PCT 国际申请进入美国国家阶段，官方文件的递交与中国专利申请类似，也有两种递交方式，一种是电子递交，另一种是纸件递交。两种递交方式的使用范围如下。

（1）电子提交方式：一般来说，当地事务所会采取电子方式提交申请。

（2）纸件提交方式：仅在特殊情况下，当地事务所才会采取纸件形式提交申请。

3. 核对申请信息

PCT 国际申请进入美国国家阶段时需要对以下信息进行核对。

（1）发明人信息。应核对委托方提供的发明人信息是否与 PCT 国际公布一致以及是否与优先权申请所列的发明人一致。若出现不一致的情况，应与委托方进行核实。若国际公布信息正确，则以公布为准；若国际公布信息有误，先请求更正国际阶段信息，获得国际局下发的官方通知后提供给国外当地事务所。

（2）申请人信息。应核对委托方提供的申请人信息是否与 PCT 国际公布一致以及是否与优先权申请所列的申请人一致。若出现不一致的情况，应与委托方进行核实。若国际公布信息正确，则以公布为准；若国际公布信息有误，先请求更正国际阶段信息，获得国际局下发的官方通知后提供给国外当地事务所。

（3）优先权信息。应核对优先权信息，包括国家、申请号和申请日。

4. 核对专利申请文件

应核对申请文件信息，包括国际申请号、申请日、发明名称、摘要、说明书、权利要求书及附图。

5. 委托当地事务所

PCT 进入美国国家阶段应向美国当地事务所下达正式委托指示，通常应包括以下内容：

（1）申请人、发明人的中英文名称、中英文地址信息。

（2） PCT 进入美国国家阶段的路径。

（3） 申请人的实体性质（大实体、小实体、微实体）。

（4） 申请文件译文，包括发明名称、摘要、说明书、权利要求书和附图。

（5） 优先权信息。

（6） IDS 文件及清单。

（7） PCT 进入美国国家阶段的绝限（自最早优先权日或国际申请日起 30 个月）。

（8） 委托方期望的指定提交日（如有）。

（9） 特殊要求（如有）。

在向当地事务所委托时，应明确指出 PCT 进入美国国家阶段的路径。通常情况下，若不明确指出或是申请文件中无明显的路径显示，当地事务所将默认委托的申请路径为通过 PCT 进入美国国家阶段的申请。在此，应向当地事务所发出无歧义的委托指示。

针对正式委托的流程操作如下：

（1） 下达正式委托后，应建立时限监控，包括针对当地事务所确收的日期和委托的提交日期（或绝限日期）。

（2） 当地事务所回函确认收到指示后，结束针对当地事务所的确收时限监控。

（3） 若未收到确收，持续发送提醒信函，直至当地事务所回函确收，结束时限监控提醒。

6. 提交申请后流程

指示当地事务所递交美国专利申请之后，本地需执行以下操作流程：

（1） 收到当地事务所的提交报告后，结束提交期限的时限监控。

（2） 若未在指定期限收到当地事务所的提交反馈，持续发送提醒信函，直至收到当地事务所的提交报告，结束时限监控提醒。

（3） 记录提交日、申请号等申请信息。

（4） 核查提交 USPTO 的信息，包括著录信息、费用金额等。

（5） 建立 IDS 监控期限。

（6） 转达已确认的提交文件至委托方。

（7） 建立期限，监控受理通知及初审合格通知，提交阶段任务结束。

其中，第（4）项需要核查的费用包括申请费用，当前收费标准参见表 5-2-5，还包括超页超项费用，当前收费标准参见 5-2-6。

表 5-2-5　PCT 国际申请进入美国国家阶段申请费用

费用项目	英文名称	大实体（美元）	小实体（美元）	微实体（美元）
申请费	Basic Filing fee	280	140	70
检索费*	Search Fee	600	300	150
实审费	Examination fee	720	360	180

*提交时，向 USPTO 提供 PCT 国际检索报告时，检索费大实体为 480 美元，小实体 240 美元，微实体 120 美元；出具的国际检索报告是 USPTO 作为检索单位的，则检索费大实体为 120 美元，小实体 60 美元，微实体 30 美元。

表 5-2-6　美国专利申请超页超项收费明细表

费用项目	数量标准	大实体（美元）	小实体（美元）	微实体（美元）
超页费	超过 100 页每 50 页	400	200	100
独立权项超项费	超过 3 项每项	420	210	105
权利要求超项费	超出 20 项每项	80	40	20
多项从属权利要求	每申请	780	390	195

对于超页超项收费，根据《美国专利细则》37 CFR 1.16，在提交一件美国申请时，申请人应缴纳超项费；根据《美国专利细则》37 CFR 1.16（H），当本申请独立权项数超过 3 项时，应缴纳独立权项超项费，每超出一项，缴纳一份费用；根据《美国专利细则》37 CFR 1.16（I），当本申请总权项数（无论是独立权项还是从属权项）超过 20 项时，应缴纳超项费，每超出一项，缴纳一份费用。除此之外，当本申请中包含一项多项引用权项时，申请人还应缴纳多项引用权项费。

7. 转达受理通知书

电子形式提交的专利申请，当天可以收到电子回执。

专利流程人员收到电子回执之后，应核查电子回执中的基本信息，并以此来判断申请类型是否正确。图 5-2-1 为一递交申请的电子回执（图中汉语为翻译内容，且图中擦除了部分信息），下面以该图为例对电子回执的摘录说明，供参考。从图 5-2-1 的摘录说明中可看出，当 Application Type 显示为 U.S. National Stage Under 35 U.S.C. 371 时，则说明该美国申请是 PCT 进入美国国家阶段的申请；当 Application Type 显示为 Utility Under 35 U.S.C. 111（A）时，则说明该美国申请是 PCT 进入美国国家的申请（就整体而言，也可能是《巴黎公约》申请，但本节主要针对 PCT 进入美国介绍）。

第5章　向国外以及中国港、澳、台地区提交专利申请流程

Electronic Acknowledgement Receipt 电子回执	
EFS ID：	
Application Number：	美国申请号
International Application Number：	PCT申请号
Confirmation Number：	四位数字交存码
Title of invention：	发明名称， 同国际公布一致
First Named Inventor/ Applicant Name：	第一发明人
Customer Number：	
Filer：	
Filer Authorized By：	
Attorney Docket Number：	Local 所案号
Receipt Date：	18 – MAR – 2017　　电子提交日
Filling Date：	
Time Stamp：	12：43：12
Application Type	U. S. National Stage under 35 USC 371 Utility under 35 USC 111（a）

图 5 – 2 – 1　电子回执

◆注意事项

（1）进入国家阶段救济途径。通常情况下，适用非故意理由导致错过 PCT 进入美国国家阶段期限（自最早优先权日或国际申请日起 30 个月）时，可在新申请提交时请求恢复，提交恢复声明，并缴纳相应的恢复费，以恢复进入美国国家阶段的机会。

（2）优先权恢复。作为指定局，USPTO 受理优先权恢复请求的国际申请，适用非故意理由。

（3）不丧失新颖性的宽限期。在专利申请的有效申请日前一年之内，发明人自己或其继受者对专利主题的主动披露不影响专利申请的新颖性。

（4）发明人声明或宣誓书。若发明人拒绝签字或无法联系，申请人可以签署替代声明。

（5）IDS。与专利申请的提交和申请过程相关的人都有义务提交 IDS，所谓有义务的人通常包括：

a）本申请中列出的每一位发明人。

b）参与本申请的准备和申请过程的每一位律师或者代理师。

c）实质上参与本申请的准备和申请过程的任何其他人，以及与发明人、受让人或者任何有权受让本申请的任何人相关的任何其他人。

提交 IDS 需要注意以下事项。

a）IDS 提交文件：主要为披露申请人或其他相关人员可获知的对其专利可能有实质性影响的资料。该资料通常包括但不限于现有技术、同族专利检索报告、相关审查意见通知书及其中引用的参考文献等。

b）IDS 提交期限：在整个专利申请过程中，义务人都应在知道或应当知道 IDS 文件时及时向 USPTO 提交。

c）在提交阶段时，义务人应在提交申请文件的同时或之后（一般不超过3个月）或第一次 OA 下发之前，向 USPTO 提交 IDS。此阶段提交 IDS 没有官费。

（6）优先权文件。中国局和美国局开通了优先权文件自动电子交换服务，对于首次申请在中国局提交，后续去美国局进行国家申请的情况下，可以自动进行优先权文件的电子交换，且不收取额外费用。对于 PCT 进入美国国家阶段的申请来说，优先权文件通常已在国际阶段递交。

（7）费用减免信息。美国专利法把申请人划分为大实体、小实体和微实体。根据不同类型的申请人适用不同的官费标准，对于申请阶段的官费而言，小实体可优惠 50%，微实体可优惠 75%。

5.2.2.3 专利审查阶段

美国实审程序是自动启动，无需提出实审请求。但是根据委托方要求，可提出加速实审请求。

USPTO 为不同的申请人提供了各种加速途径，包括 PPH、优先审查程序、普通加速审查程序、特殊加速审查程序以及试点项目。

1. 美国 PPH

PPH 是在美国专利申请中常用的加快审查途径。USPTO 是在后申请的审查局，且作为在先申请的审查局经过审查程序认为受理的对应申请包含至少一项可被授权或具有可专利性的权利要求，那么申请人可以向 USPTO 请求参与 PPH 项目。

1）常规操作流程。

PPH 程序中，常规操作流程如下。

（1）在 USPTO 未启动实审时，根据委托方指示，委托当地事务所提出

PPH 请求。

（2）建立监控。通常来说，一旦 PPH 提交以后，USPTO 会自提交日起 4 个月内决定是否接受该请求，并下发官方通知。通知类型包括：

a）PPH 准予决定通知（摘录示例如图 5-2-2 所示）：该通知无需答复。

This is a decision on the request to participate in the Patent Prosecution Highway (PPH) program and the petition under 37 CFR 1.102(a), filed April 26, 2017 to make the above-identified application special.

The request and petition are **GRANTED**.

DISCUSSION

A grantable request to participate in the PPH pilot program and petition to make special require:

1. The U.S. application for which participation in the Global/IP5 PPH pilot program is requested must have the same earliest date, whether this is the priority date or filing date, as that of a corresponding national or regional application filed with another Global/IP5 PPH participating office or a corresponding PCT international application for which one of the Global/IP5 PPH participating offices was the International Searching Authority (ISA) or the International Preliminary Examining Authority (IPEA).

2. Applicant must:
   a. Ensure all the claims in the U.S. application must sufficiently correspond or be amended to sufficiently correspond to the allowable/patentable claim(s) in the corresponding Office of Earlier Examination (OEE) application and
   b. Submit a claims correspondence table in English;

3. Examination of the U.S. application has not begun;

图 5-2-2　PPH 准予决定通知

b）PPH 驳回通知（摘录示例如图 5-2-3 所示）：该通知为补正类通知，答复期限为自发文日起一个月或 30 天（以后到期的为准）内，应根据通知中所指出的缺陷进行补正，以满足 PPH 的全部要求。

This is a decision on the request to participate in the Patent Prosecution Highway (PPH) program and the petition under 37 CFR 1.102(a), filed 04 May 2016, to make the above-identified application special.

The request and petition are **DISMISSED**.

DISCUSSION

A grantable request to participate in the PPH pilot program and petition to make special require:

1. The U.S. application for which participation in the Global/IP5 PPH pilot program is requested must have the same earliest date, whether this is the priority date or filing date, as that of a corresponding national or regional application filed with another Global/IP5 PPH participating office or a corresponding PCT international application for which one of the Global/IP5 PPH participating offices was the International Searching Authority (ISA) or the International Preliminary Examining Authority (IPEA).

2. Applicant must:
   a. Ensure all the claims in the U.S. application must sufficiently correspond or be amended to sufficiently correspond to the allowable/patentable claim(s) in the corresponding Office of Earlier Examination (OEE) application and
   b. Submit a claims correspondence table in English;

3. Examination of the U.S. application has not begun;

图 5-2-3　PPH 驳回通知

c) PPH 拒绝通知（摘录示例如图 5-2-4 所示）：该通知是告知类通知，告知申请人 PPH 请求被拒绝。该通知通常是因 PPH 请求未满足实际要求（即审查员已开始审查）而产生。

```
This is a decision on the request to participate in the Patent Prosecution Highway (PPH) program
and the petition under 37 CFR 1.102(a), filed 22 September 2015, to make the above-identified
application special.

The request and petition are DENIED.

                            DISCUSSION
A grantable request to participate in the PPH pilot program and petition to make special require:

  1. The U.S. application for which participation in the Global/IP5 PPH pilot program is
     requested must have the same earliest date, whether this is the priority date or filing date, as
     that of a corresponding national or regional application filed with another Global/IP5 PPH
     participating office or a corresponding PCT international application for which one of the
     Global/IP5 PPH participating offices was the International Searching Authority (ISA) or the
     International Preliminary Examining Authority (IPEA).

  2. Applicant must:
        a. Ensure all the claims in the U.S. application must sufficiently correspond or be
           amended to sufficiently correspond to the allowable/patentable claim(s) in the
           corresponding Office of Earlier Examination (OEE) application and
        b. Submit a claims correspondence table in English;

  3. Examination of the U.S. application has not begun;

  4. Applicant must submit:
        a. Documentation of prior office action:
```

图 5-2-4　PPH 拒绝通知

2）PPH 决定处理。

一旦收到 PPH 决定的通知，应及时转达给委托方。对于需要答复的 PPH 决定通知，应建立时限监控提醒，同时结束对 PPH 决定的监控。PPH 决定监控包括以下类型。

（1）对于需要答复的 PPH 决定通知，指示外所提交答复后，完成确收监控后，结束时限监控提醒。

（2）收到 PPH 准予决定通知后，应建立 OA 时限监控。通常情况下，审查员会在 2~3 个月内对准予 PPH 的专利申请进行审查，并下发第一次 OA 或授权通知。并在收到 OA 后，结束 OA 时限监控。

2. 转达 OA 官文

美国的 OA 官文类型分为 OA/RR（限制要求通知书）、OA/NR（非最终驳回意见）、OA/FR（最终驳回意见）和 OA/AA（倾向性意见）。

1）限制要求通知书（Restriction Requirement，以下简称"RR"）。

当审查员在执行检索时发现本申请存在两项或两项以上发明时，会发出 RR，要求申请人通过答复 RR 来确定审查基础。RR 的官方答复期限为 RR 发文日起的两个月内。

RR 官文摘录示例如图 5-2-5。

图 5-2-5　RR 官文摘录

限制要求通知书处理操作流程如下：

（1）收到当地事务所转来的 RR 时，记录发文日、官方期限、当地事务所期限等信息；建立分别针对官方期限和当地事务所期限的两条时限监控。

（2）制作 RR 任务书，下发任务至代理部。

（3）监控在当地事务所期限内向当地事务所发出答复指示并监控确收。确认当地事务所确收后，结束针对当地事务所期限的监控。

（4）监控当地事务所在官方答复期限内答复官方，收到当地事务所答复报告后，结束针对官方期限的监控。

（5）向委托方转达当地事务所的 RR 答复文件，RR 任务结束。

2）非最终驳回意见（Non-Final Rejection，以下简称"NR"，又称之为"Non-Final OA"）。

在实质审查过程中，审查员发出审查意见通知书，提出驳回意见。NR 的官方答复期限为 NR 发文日起的 3 个月内。

非最终驳回意见处理操作流程，可参照 RR 的处理流程。

NR 官文摘录如图 5-2-6 所示。

3）最终驳回意见（Final Rejection，以下简称"FR"，又称之为"Final OA"）。

审查员在 NR 之后发出的最终审查意见通知书，FR 的官方答复期限为 FR 发文日起的 3 个月内。

最终驳回意见处理操作流程，可参照 RR 的处理流程。

FR 官文摘录如图 5-2-7 所示。

4）倾向性意见（Advisory Action，以下简称"AA"）。

```
                                    Application No.          Applicant(s)
   Office Action Summary
                                    Examiner                 Art Unit      AIA (First Inventor to File)
                                                                           Status
   -- The MAILING DATE of this communication appears on the cover sheet with the correspondence address --
 Period for Reply                                   官方期限
     A SHORTENED STATUTORY PERIOD FOR REPLY IS SET TO EXPIRE 3 MONTHS FROM THE MAILING DATE OF
     THIS COMMUNICATION.
       · Extensions of time may be available under the provisions of 37 CFR 1.136(a). In no event, however, may a reply be timely filed
         after SIX (6) MONTHS from the mailing date of this communication.
       · If NO period for reply is specified above, the maximum statutory period will apply and will expire SIX (6) MONTHS from the mailing date of this communication.
       · Failure to reply within the set or extended period for reply will, by statute, cause the application to become ABANDONED (35 U.S.C. § 133).
         Any reply received by the Office later than three months after the mailing date of this communication, even if timely filed, may reduce any
         earned patent term adjustment. See 37 CFR 1.704(b).
 Status
   1)☒  Responsive to communication(s) filed on 1/15/2016.
        ☐ A declaration(s)/affidavit(s) under 37 CFR 1.130(b) was/were filed on ____.
   2a)☐ This action is FINAL.        2b)☒ This action is non-final.    官文类型
```

图 5-2-6 NR 官文摘录

```
                                    Application No.          Applicant(s)
   Office Action Summary
                                    Examiner                 Art Unit      AIA (First Inventor to File)
                                                                           Status
   -- The MAILING DATE of this communication appears on the cover sheet with the correspondence address --
 Period for Reply                                   官方期限
     A SHORTENED STATUTORY PERIOD FOR REPLY IS SET TO EXPIRE 3 MONTHS FROM THE MAILING DATE OF
     THIS COMMUNICATION.
       · Extensions of time may be available under the provisions of 37 CFR 1.136(a). In no event, however, may a reply be timely filed
         after SIX (6) MONTHS from the mailing date of this communication.
       · If NO period for reply is specified above, the maximum statutory period will apply and will expire SIX (6) MONTHS from the mailing date of this communication.
       · Failure to reply within the set or extended period for reply will, by statute, cause the application to become ABANDONED (35 U.S.C. § 133).
         Any reply received by the Office later than three months after the mailing date of this communication, even if timely filed, may reduce any
         earned patent term adjustment. See 37 CFR 1.704(b).
 Status
   1)☒  Responsive to communication(s) filed on 6/22/2017.
        ☐ A declaration(s)/affidavit(s) under 37 CFR 1.130(b) was/were filed on ____.
   2a)☒ This action is FINAL. 官文类型   2b)☐ This action is non-final.
```

图 5-2-7 FR 官文摘录

AA 通常出现在答复 FR 之后，答复期限为 FR 发文日起的 3 个月内。审查员考虑 FR 答复之后，酌情发出的一个体现审查员态度和意见的官文。可根据实际情形选择以下方式处理：

（1）答复该通知（提出继续申请 Continuing Application，以下简称"CA"或提出部分继续申请 Continuing-in-part Application，以下简称"CIP"）。

（2）放弃答复该通知。

（3）提 RCE。

（4）提 Appeal。

AA 官文摘录如图 5-2-8 所示。

	Application No.	Applicant(s)	
Advisory Action Before the Filing of an Appeal Brief	Examiner	Art Unit	AIA (First Inventor to File) Status

-- The MAILING DATE of this communication appears on the cover sheet with the correspondence address --
THE REPLY FILED 10 August 2017 FAILS TO PLACE THIS APPLICATION IN CONDITION FOR ALLOWANCE.
NO NOTICE OF APPEAL FILED

1. ☒ The reply was filed after a final rejection. No Notice of Appeal has been filed. To avoid abandonment of this application, applicant must timely file one of the following replies: (1) an amendment, affidavit, or other evidence, which places the application in condition for allowance; (2) a Notice of Appeal (with appeal fee) in compliance with 37 CFR 41.31; or (3) a Request for Continued Examination (RCE) in compliance with 37 CFR 1.114 if this is a utility or plant application. Note that RCEs are not permitted in design applications. The reply must be filed within one of the following time periods:
a) ☒ The period for reply expires 3 months from the mailing date of the final rejection. **AA答复期限**
b) ☐ The period for reply expires on: (1) the mailing date of this Advisory Action; or (2) the date set forth in the final rejection, whichever is later. In no event, however, will the statutory period for reply expire later than SIX MONTHS from the mailing date of the final rejection.
c) ☐ A prior Advisory Action was mailed more than 3 months after the mailing date of the final rejection in response to a first after-final reply filed within 2 months of the mailing date of the final rejection. The current period for reply expires ___ months from the mailing date of the prior Advisory Action or SIX MONTHS from the mailing date of the final rejection, whichever is earlier.
Examiner Note: If box 1 is checked, check either box (a), (b) or (c). ONLY CHECK BOX (b) WHEN THIS ADVISORY ACTION IS THE FIRST RESPONSE TO APPLICANT'S FIRST AFTER-FINAL REPLY WHICH WAS FILED WITHIN TWO MONTHS OF THE FINAL REJECTION. ONLY CHECK BOX (c) IN THE LIMITED SITUATION SET FORTH UNDER BOX (c). See MPEP 706.07(f).

图 5-2-8　AA 官文摘录

3. 确认答复期限

转达 OA 官文时，应通知申请人在规定的期限内进行相应修改和答复。美国专利申请中 OA 官文答复期限一般为 3 个月，该期限可以延期，最迟延期应不超过 OA 官文发文日起的 6 个月，延期费应在答复 OA 官文的同时缴纳。

《美国专利审查指南》中规定："若申请人在两个月内答复 FR，审查员在 FR 的 3 个月法定答复期限之后发出 AA 的，延期费从 AA 的发文日起算，除此之外，延期费都将从 FR 的官方答复期限起算。"

在实操过程中，期限失控、错误计算延期时间导致少缴纳延期费的状况偶尔也会出现，流程管理员需注意核实当地事务所告知的期限正确与否，学会在实操过程中一点点积累知识，并根据实际业务需求灵活运用。

4. 答复 OA 官文

将委托方确认的答复稿件提交至美国当地事务所，并监控提交官方的情况。

◆注意事项

（1）OA 官文答复延期费。错过了 OA 官文的常规答复期限，缴纳延期费可进行补救。美国官文答复延期费的标准如表 5-2-7 所示。

表 5-2-7　美国官文答复延期费标准

费用项目	英文名称	大实体（美元）	小实体（美元）	微实体（美元）
延期 1 个月	Extension for response within first month	200	100	50
延期 2 个月	Extension for response within second month	600	300	150

续表

费用项目	英文名称	大实体（美元）	小实体（美元）	微实体（美元）
延期3个月	Extension for response within third month	1400	700	350
延期4个月	Extension for response within fourth month	2200	1100	550
延期5个月	Extension for response within fifth month	3000	1500	750

（2）超项附加费。答复OA官文时，若递交的针对申请文件的修改内容出现了超出权项的情况，还应缴纳超项附加费。

（3）IDS。非最终驳回意见下发之后到最终驳回意见或授权通知之前，应注意提交IDS。

此阶段有两种情况：一种是不需要缴纳官费，只需要交一份声明，声明是在首次获悉该IDS资料日起3个月内提交的IDS；另一种是不符合声明的情况，需要缴纳180美元官费（大实体标准）。

（4）继续审查程序（RCE）。收到USPTO下发的最终驳回意见时，若申请人希望与该审查员进行继续争辩或提交相应修改，可启动RCE程序。启动RCE程序，须缴纳相应费用（具体如表5-2-8所示）。RCE程序可以启动多次，通常情况下，每次RCE程序中，申请人可以获得两次与审查员争辩或提交修改的机会。

表5-2-8 美国RCE程序收费表

费用项目	英文名称	大实体（美元）	小实体（美元）	微实体（美元）
第一次RCE	Request for continued examination（RCE）-1st request	1200	600	300
第二次及以后的RCE	Request for continued examination（RCE）-2nd and subsequent request	1700	850	425

（5）上诉程序。收到USPTO下发的最终驳回意见时，若申请人对审查员作出的授权或驳回决定不服，可启动上诉程序。

（6）延续申请程序。在申请处于悬而未决的状态（Pending）时，申请人可以选择启动继续申请（Continuation Application）、部分继续申请（Contnuation – IN – Part Application）和分案申请（Divisional Application）来提出一件新的专利申请。

5. 案例分析

情形1：申请人于 FR 发文日起的 2 个月内完成答复，审查员在 3 个月答复期内发出 AA，若 AA 答复日晚于 3 个月法定期限，则延期费自 3 个月法定期限起算。

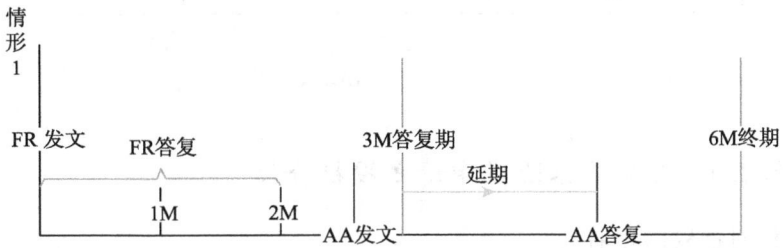

情形2：申请人于 FR 发文日起的 2 个月内完成答复，审查员在 3 个月答复期之后发出 AA，则 AA 的延期费自 AA 发文日起算。

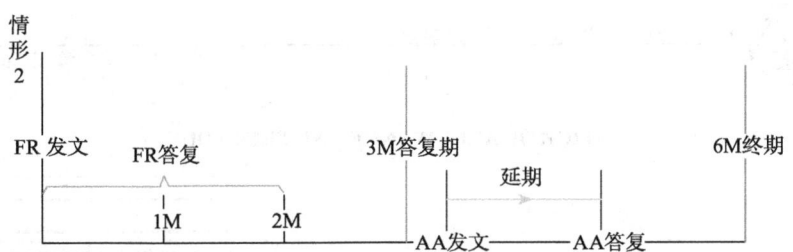

情形3：申请人于 FR 发文日起的 3 个月内完成答复，审查员在 3 个月答复期内发出 AA，则 AA 的延期费自 3 个月官方期限起算。

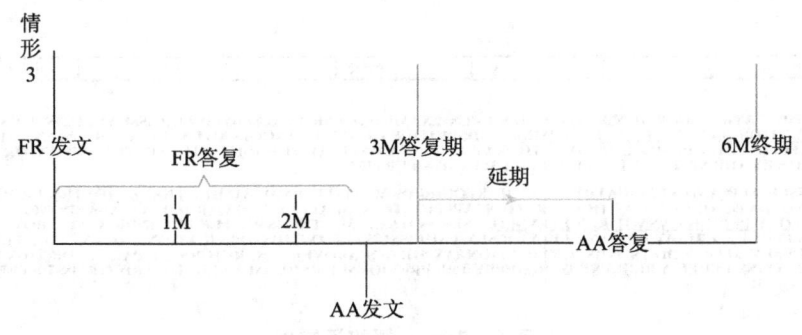

情形4：申请人于 FR 发文日起的 3 个月内完成答复，审查员在 3 个月答复期之后发出 AA，则 AA 的延期费自 3 个月官方期限起算。

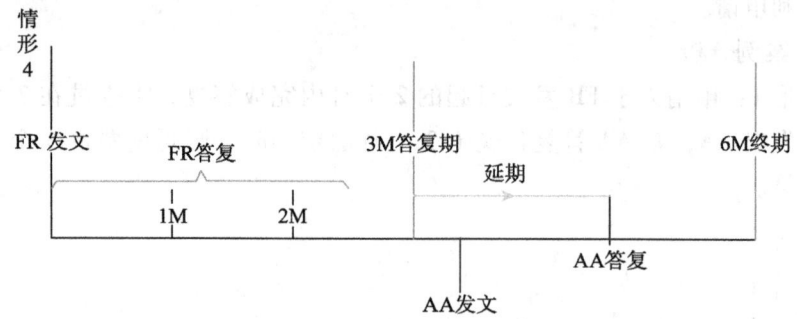

5.2.2.4 美国国家阶段申请之授权阶段

1. 核对授权通知书

收到授权通知书，应核对申请信息，主要是授权的权利要求项数。授权通知书示例如图 5-2-9。

图 5-2-9 授权通知书

2. 核对授权费

应根据申请人的类型，核对授权费。美国专利授权费如表5-2-9所示。

表5-2-9 美国专利授权费

费用项目	英文名称	大实体（美元）	小实体（美元）	微实体（美元）
发明专利授权费用	Issue fee	960.00	480.00	240.00

3. 确认缴纳授权费期限

美国专利申请中，授权费的缴纳期限为3个月。该期限不能延期。

4. 转达授权通知书

及时向委托方转达授权通知书，并告知官费与期限。

5. 核对专利证书

收到专利证书，应核对专利权信息与授权文本。

6. 核算PTA

若专利证书中有专利期限调整（简称"PTA"）天数，应进行计算并核对。

PTA：根据《美国专利法》第154条（B）款的规定："在专利申请、审查、授权等相关程序中，一旦出现由于美国专利商标局的拖延或非申请人的原因造成的延迟，美国专利商标局须将拖延的天数补偿至专利期限中。"

7. 转达专利证书

应及时向委托方转达专利证书，包括专利权人、专利号、授权日期，专利期限以及再次缴纳费用期限。

◆注意事项

（1）IDS。在最终驳回意见后或支付授权费当天或之前，若出现需要递交IDS的情况，应及时提交。此阶段需缴纳180美元官费（大实体标准）和一份声明，USPTO才会考虑IDS。

（2）修改证书信息与授权文本。在最终决定是否授权的通知发出之前，申请人可对权利要求书、说明书及附图进行主动修改或应审查意见通知书内容进行修改；在最终决定发出后，申请人仅能对权利要求作删除，或依审查员意见对申请文件进行修改，或者将已驳回的权利要求用更好的方式呈现，用以在上诉中加以重新考虑。

5.2.2.5 美国国家阶段申请流程图

美国国家阶段申请流程如图 5-2-10 所示。

5.2.3 PCT 申请进入欧洲地区阶段

5.2.3.1 欧洲地区阶段申请之专利概况

1. 专利主管单位

欧洲专利相关事务主管单位是 EPO，官方网站为：www.epo.org。

2. 专利保护类型

欧洲专利保护类型及保护期限如表 5-2-10 所示。

表 5-2-10 欧洲专利保护类型及期限

专利保护类型	保护期限
发明专利	20 年

通过 PCT 途径进入欧洲地区阶段时，EPO 只保护发明专利，不保护实用新型和外观设计专利。若想要在欧洲注册外观设计专利，需通过《巴黎公约》途径或《海牙协定》方式进行，且外观设计专利的主管单位是欧盟知识产权局（简称 EUIPO）。

3. PCT 进入欧洲地区阶段的时限

PCT 进入欧洲地区阶段的相关时限如表 5-2-11 所示。

表 5-2-11 PCT 进入欧洲地区阶段的时限

法条依据	PCT 进入地区阶段期限
依据 PCT 第 I 章	自最早优先权日或国际申请日起 31 个月
依据 PCT 第 II 章	自最早优先权日或国际申请日起 31 个月

PCT 第 I 章是指在未请求国际初步审查情况下进入国家阶段的期限，而 PCT 第 II 章是指在请求国际初步审查的情况下进入国家阶段的期限。

4. PCT 进入欧洲地区阶段使用的语言

通过 PCT 途径进入欧洲的专利申请，与官方相关事项处理可选择使用英文、法文或德文三种语言的一种进行。如果国际公布的语言是这三种官方语言的其中之一，那么进入欧洲地区阶段时该语言即为在欧洲地区阶段程序中处理

第5章 向国外以及中国港、澳、台地区提交专利申请流程

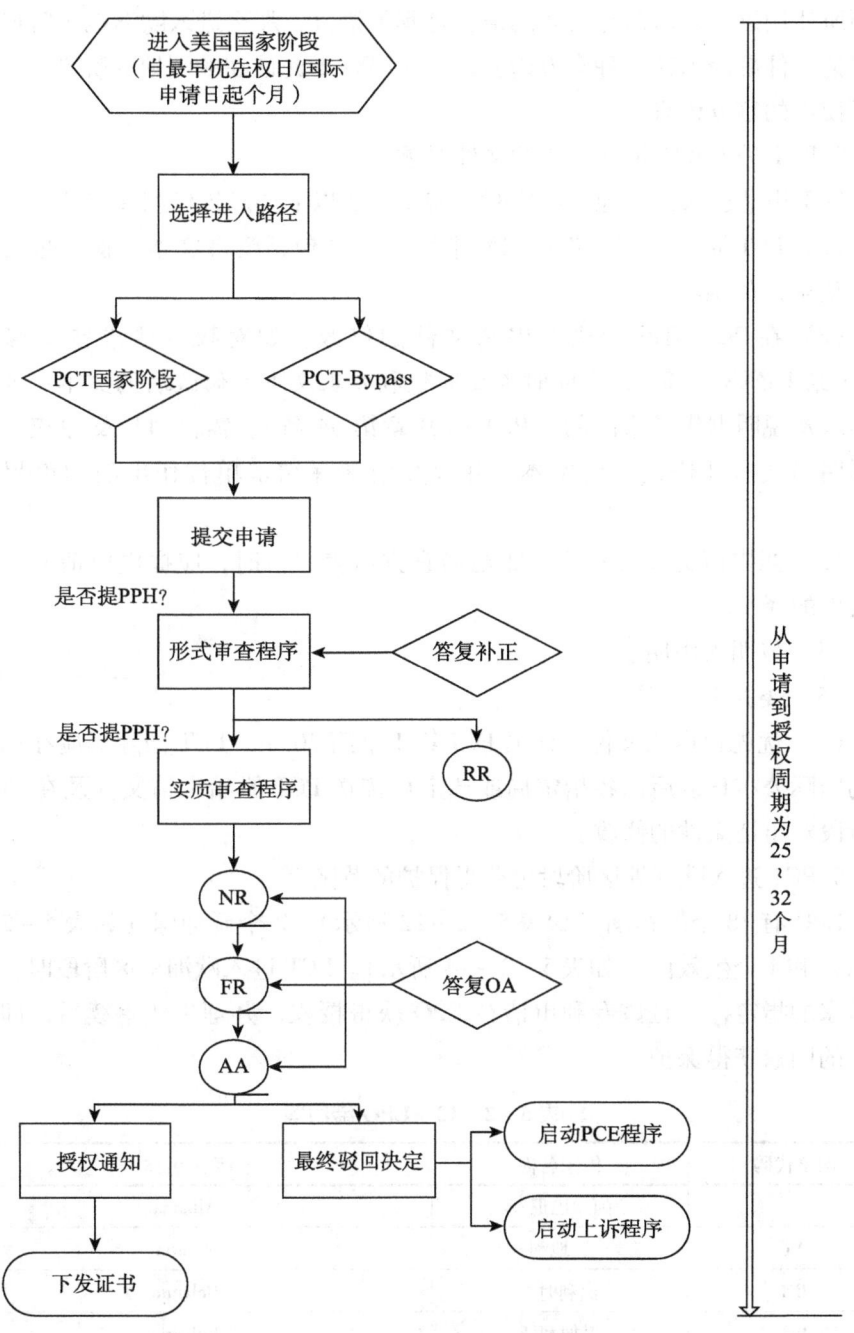

图 5-2-10 美国国家阶段申请流程

事项所使用语言。若国际公布的语言是其他语言,那么进入欧洲地区阶段时应将申请文件翻译为该三种官方语言之一。EPO 不允许在欧洲地区阶段程序中变更所使用的官方语言。

5. PCT 进入欧洲地区阶段的文件要求

PCT 申请进入欧洲地区阶段时,需要按照以下要求提供相关文件。

(1) PCT 原始申请文件:国际申请文件(包括受理文本、检索报告及其书面意见)的副本。

(2) 在 PCT 国际阶段对申请文件的修改:如对权利要求作了修改的(PCT 第 I 章第 19 条),需同时提交原权利要求文本及修改后的文本;如对权利要求及说明书作了修改的(PCT 第 II 章第 34 条),需同时提交原权利要求及说明书文本及修改后的文本,并提交由国际初审单位作出的初审报告的副本。

(3) 当申请文件公布语言非当局官方语言之一时,应提供申请文件及修改文件的译文。

(4) 发明人声明。

(5) 委托书。

(6) 优先权声明文件。根据 PCT 第 I 章第 20 条,PCT 国际局应在国际申请的国际公布日以后向各指定局或选定局传送 PCT 原始申请文件及在 PCT 国际阶段对申请文件的修改。

6. PCT 进入欧洲地区阶段可获得保护的范围

EPO 有 38 个缔约国(如表 5 - 2 - 12 所示)、2 个延伸国(如表 5 - 2 - 13 所示)和 4 个生效国(如表 5 - 2 - 14 所示)。PCT 进入欧洲地区阶段时,须进行国家的指定,一旦该专利申请在 EPO 获得授权,办理生效手续后,即可在指定的国家获得保护。

表 5 - 2 - 12 EPO 缔约国

国家代码	国家名称	英文名称
AL	阿尔巴尼亚	Albania
AT	奥地利	Austria
BE	比利时*	Belgium
BG	保加利亚	Bulgaria
CH	瑞士	Switzerland

续表

国家代码	国家名称	英文名称
CY	塞浦路斯*	Cyprus
CZ	捷克	Czech Republic
DE	德国	Germany
DK	丹麦	Denmark
EE	爱沙尼亚	Estonia
ES	西班牙	Spain
FI	芬兰	Finland
FR	法国*	France
GB	英国	United Kingdom
GR	希腊*	Greece
HR	克罗地亚	Croatia
HU	匈牙利	Hungary
IE	爱尔兰*	Ireland
IS	冰岛	Iceland
IT	意大利*	Italy
LI	列支敦士登	Liechtenstein
LT	立陶宛*	Lithuania
LU	卢森堡	Luxembourg
LV	拉脱维亚*	Latvia
MC	摩纳哥*	Monaco
MK	前南马其顿	Former Yugoslav Republic of Macedonia
MT	马耳他*	Malta
NL	荷兰*	Netherlands
NO	挪威	Norway
PL	波兰	Poland
PT	葡萄牙	Portugal
RO	罗马尼亚	Romania
RS	塞尔维亚	Serbia
SE	瑞典	Sweden
SI	斯洛文尼亚*	Slovenia
SK	斯洛伐克	Slovakia

续表

国家代码	国家名称	英文名称
SM	圣马力诺	San Marino
TR	土耳其	Turkey

*：EPO 的 38 个缔约国包括所有的欧盟成员国，且所有成员都是 PCT 缔约国。在这 38 个缔约国中，有 12 个国家已经关闭 PCT 直接进入国家阶段的途径，包括比利时、塞浦路斯、法国、希腊、爱尔兰、意大利、拉脱维亚、立陶宛、摩纳哥、马耳他、荷兰、斯洛文尼亚。对于这些关闭了 PCT 直接进入国家阶段途径的国家，PCT 申请只有通过 PCT 进入欧洲地区阶段的途径才能要求在该国获得保护。

表 5-2-13　EPO 延伸国

国家代码	国家名称	英文名称
BA	波黑	Bosnia and Herzegovina
ME	蒙特纳哥	Montenegro

表 5-2-14　EPO 生效国

国家代码	国家名称	英文名称
MA	摩洛哥	Morocco
MD	摩尔多瓦	Republic of Moldova
TN	突尼斯[*1]	Tunisia
KH	柬埔寨[*2]	Cambodia

*1：2017 年 12 月 1 日突尼斯与 EPO 的生效协议生效。
*2：2017 年 1 月 23 日柬埔寨与 EPO 签订了生效协议，2018 年 3 月 1 日生效。

5.2.3.2　欧洲地区阶段申请之申请阶段

1. 申请递交方式

PCT 国际申请进入欧洲地区阶段，官方文件的递交与中国专利申请类似，也有两种递交方式，一种是电子递交，另一种是纸件递交。两种递交方式的使用范围如下。

（1）电子提交方式：一般来说，当地事务所会采取电子方式提交申请。

（2）纸件提交方式：仅在特殊情况下，当地事务所才会采取纸件形式提交申请。

2. 申请信息核对

PCT 国际申请进入欧洲地区阶段时需要对以下信息进行核对。

（1）发明人信息。应核对委托方提供的发明人信息是否与 PCT 国际公布一致以及是否与优先权申请所列的发明人一致。若出现不一致的情况，应与委托方进行核实。若国际公布信息正确，则以公布为准；若国际公布信息有误，应先请求更正国际阶段信息，获得国际局下发的官方通知后提供给国外当地事务所。

（2）申请人信息。应核对委托方提供的申请人信息是否与 PCT 国际公布一致以及是否与优先权申请所列的申请人一致。若出现不一致的情况，应与委托方进行核实。若国际公布信息正确，则以公布为准；若国际公布信息有误，应先请求更正国际阶段信息，获得国际局下发的官方通知后提供给国外当地事务所。

（3）优先权信息。应核对优先权信息，包括国家、申请号和申请日。

3. 核对专利申请文件

应核对申请文件信息，包括国际申请号、申请日、发明名称、摘要、说明书、权利要求书及附图。

4. 委托当地事务所

PCT 进入欧洲地区阶段应向外国当地事务所下达正式委托指示，通常应包括以下内容：

（1）申请人、发明人的中英文名称、中英文地址信息。

（2）申请文件译文，包括发明名称、摘要、说明书、权利要求书和附图。

（3）优先权信息。

（4）PCT 国际申请信息。

（5）PCT 进入欧洲地区阶段的绝限（自最早优先权日或国际申请日起 31 个月）。

（6）委托方期望的指定提交日（如有）。

（7）特殊要求（如有）。

针对正式委托的流程操作如下：

（1）发出正式委托后，应建立时限监控，包括针对当地事务所确收的日期 A 和指定的提交日期（或绝限日期）B。

（2）当地事务所回函确认收到指示后，结束针对当地事务所的确收时限 A 的监控。

（3）若未收到确收函，持续发送提醒信函，直至当地事务所回函确收，结束时限 A 的监控提醒。

5. 提交申请后流程

指示当地事务所递交专利申请后,本地所需要执行以下操作流程。

(1) 依照时限 B 监控当地事务所的提交报告,如若按期交局,结束提交期限 B 的时限监控。

(2) 若未在指定期限收到当地事务所的提交报告,需要通过电子邮件或最好通过电话询问当地事务所,以确保申请已经如期提交。常规操作中,尽可能将指定提交日和报告反馈日安排在绝限日之前,以保证申请如期提交,同时也为双方预留出有可能进行沟通的时间。

(3) 收到提交报告后,记录提交日、申请号等申请信息;建立向委托人转交局文件的时限 C。

(4) 核查提交 EPO 的信息,包括著录项目信息、交局文件、费用金额等;

(5) 转达已确认的提交文件及电子回执至委托方,结束时限 C 的监控,提交结束阶段任务。

其中,第(4)项需要核查的费用包括申请费用,收费标准参见表 5-2-15,还包括超页超项费用,当前收费标准参见表 5-2-16。

表 5-2-15　PCT 国际申请进入欧洲地区阶段费用

费用项目	英文名称	费用(欧元)
申请费	Filing fee	120
指定费 *1	Designation fee	585
检索费 *2	Search Fee	1110
实审费 *3	Examination fee	1635
小计 *4		3450

*1:指定费仅为指定 EPO 的 38 个缔约国的费用,若申请人希望后期进入 EPO 的延伸国以及生效国,还需缴纳延伸国和生效国的指定费。

*2:现行标准的检索费为 1300 欧元,对于中国局作为国际检索单位的 PCT 国际申请而言,可以享有 190 欧元的减免,因此此处检索费应为 1110 欧元。自 2018 年 4 月 1 日起,EPO 实施官费新规定,由美国、日本、韩国、中国、俄罗斯或澳大利亚专利局做出国际检索报告的国际申请,在进入欧洲阶段时不再享受 190 欧元的减免。

*3:根据欧洲《专利条约实施细则》第 70 条和第 159 条,一般来说,PCT 进入欧洲地区阶段时,实审请求期限已到期,申请人应在进入欧洲地区阶段的同时缴纳实审费。

*4:欧洲专利申请在授权前应缴纳续展费,PCT 进入欧洲地区阶段时,通常情况下,第三年续展费(470 欧元)将到支付期。这里未计算续展费。

表 5-2-16　欧洲专利申请超页超项收费明细表

费用项目	数量标准	费用（欧元）
超页费（不含序列表页数）	超出 35 页，自第 36 页起，每页	15
权项附加费	第 16~50 个权项，每项	235
权项附加费	自第 51 个权项起，每项	585

6. 转达受理通知书

电子形式提交的专利申请，当天可以收到电子回执。专利流程人员收到电子回执之后，应核查电子回执中的基本信息。

欧洲电子申请提交回执摘录示例如图 5-2-11：

图 5-2-11　欧洲电子申请提交回执

◆注意事项

(1) 进入欧洲地区阶段的救济途径。通常情况下，适用适当注意理由导致错过 PCT 进入欧洲地区阶段期限（自优先权日或国际申请日起 31 个月）时，可在新申请提交时请求恢复，提交恢复声明，并缴纳相应的恢复费，以恢复进入欧洲地区阶段的机会。

(2) 优先权恢复。作为指定局，EPO 接受以适当注意理由（DUECARE）提出的优先权恢复请求。

(3) 不丧失新颖性的宽限期。在专利申请日前 6 个月以内，专利主题在政府主办或者承认的国际展览会上展出披露，或他人未经专利申请人同意或者违背其意愿而披露专利主题时，此种情况下专利申请将不会因披露而丧失新颖性。

(4) 优先权文件。CNIPA 和 EPO 开通了优先权文件自动电子交换服务，对于首次申请在 CNIPA 提交，后续去 EPO 进行地区申请的情况下，可以自动进行优先权文件的电子交换，且不收取额外费用。对于通过 PCT 途径进入欧洲地区阶段的申请来说，优先权文件通常已在国际阶段递交。

(5) 费用减免信息。符合条件的情况下，EPO 提供检索费和实审费的减免。

对于 PCT 国际阶段的检索报告（以下简称"ISR"）是由以下欧洲国家的专利局提供的情况下，检索费减免 1110 欧元，包括奥地利、芬兰、西班牙、瑞典、土耳其、北欧专利研究所和维舍格勒专利机构。

对于 PCT 国际阶段的 IPER 是由 EPO 提供的情况下，实审费减免 50%。按 2018 年 4 月 1 日起 EPO 实施的官费新规定，在这种情况下，实审费减免 75%。

对于中小企业、自然人、非营利机构、大学或公共研究机构，当这些申请人的居所或主要营业场所或国籍位于某一 EPO 缔约国内，且该缔约国的官方语言不是英文、法文或德文中的任一种时，当以英文、法文或德文中的任一种语言提交专利申请或提交实审请求时，其申请费和实审费减免 30%。

(6) 提前进入。如果申请人希望 PCT 国际申请尽早进入欧洲审查程序，可以在进入时或进入后（31 个月期限届满之前）向 EPO 提交一份提前进入请求（Request for Early Processing）；对于 31 个月届满前进入欧洲的申请，如若未提 EARLY PROCESSING，审查员将会等至 31 个月届满后才启动审查工作。

5.2.3.3 欧洲地区阶段申请之审查阶段

欧洲实审程序由申请人提出请求而启动。PCT 进入欧洲地区阶段时，实审请求必须在自最早优先权日或国际申请日起 31 个月内提出，或在 ISR 公布之日起的 6 个月内提出，以后到期日为准。需注意，实审费也必须在期限内缴纳。一般来说，除了提前进入的情况，当 PCT 进入欧洲地区阶段时，请求实审的期限就已到期。

1. 欧洲加速途径

EPO 为申请人提供了不同的加速途径，包括 PPH，PACE 程序（Programme for Accelerated Prosecution of European Patent Applications 即欧洲专利申请的加速程序，简称"PACE"）等。

1）欧洲 PPH。

PPH 是在欧洲专利申请中常用的加快审查途径之一。EPO 是在后申请的审查局，如果在先申请的审查局经过审查认为对应申请中包含至少一项可被授权或具有可专利性的权利要求，那么申请人可以向 EPO 提出 PPH 请求。

PPH 程序中，常规操作流程如下。

（1）在 EPO 未启动实审时，根据委托方指示，委托当地事务所提出 PPH 请求。

（2）建立监控。通常来说，一旦 PPH 提交以后，EPO 会自提交日起 1~2 个月内决定是否接受该请求，并下发官方通知，例如 PPH 准予决定通知（摘录示例如图 5-2-12），该通知无需答复。

（3）一旦收到 PPH 决定的通知，应及时转达给委托方。对于需要答复的 PPH 决定通知，应建立时限监控提醒。同时，结束对 PPH 决定的时限监控。

2）欧洲 PACE 程序。

PACE 可以用于加快欧洲专利申请的检索程序或实审程序。提出 PACE 请求时，需专利申请文件足够完整，无需说明具体理由，EPO 也不收取官费。加速检索程序与加速实审程序，应分别提出 PACE 请求。需要注意的是，一旦采用了 PACE 后，EPO 指定的任何期限都不能提出延长，若请求延期，PACE 效力即自动丧失。

3）放弃《欧洲专利公约实施细则》第 161 条和第 162 条通知。

《欧洲专利公约实施细则》第 161 条和第 162 条通知为申请人提供了一次主动修改的机会，该通知明确申请人有 6 个月期限可以提出主动修改。该期限届满后，检索程序或实审程序才依次启动。若申请人既不打算在此阶段做主动修改也不想等待主动修改期限届满，则最好在新申请提交时，对请求书中相应放弃选项（6.4 项）做出勾选，放弃主动修改机会，以缩短专利审查周期。

Date
09.02.2017

Reference	Application No./Patent No.
Applicant/Proprietor	

Communication relating to the Patent Prosecution Highway (PPH) pilot programme (OJ EPO 2014, A8 and OJ EPO 2015, A4-A8)

With regard to your request for participation in the PPH pilot programme, please note the following:

☒ The request is formally eligible and the application will be processed under the PPH provided that the corresponding patent application used as a basis for the PPH request has at least one claim indicated to be patentable/allowable by the Office of Earlier Examination and that the claims of the European patent applications sufficiently correspond to the claim(s) indicated to be patentable/allowable by the Office of Earlier Examination in the corresponding application that forms the basis for the PPH request.

☐ Your request is not eligible for the reason(s) indicated below:

- ☐ The above-mentioned European patent application does not have the same earliest date with the corresponding application.
- ☐ None of the PPH partners has been ISA and/or IPEA;
- ☐ On the date of receipt of the request for participation in the PPH pilot programme the examination of the above mentioned European patent application had already begun;
- ☐ The corresponding patent application used as a basis for the PPH request does not have at least one claim indicated to be patentable/allowable by the Office of Earlier Examination;
- ☐ The claims of the European patent application do not sufficiently correspond to the claims(s) indicated to be patentable/allowable by the Office of Earlier Examination in the corresponding patent application that forms the basis of the PPH request;
- ☐ The formal deficiencies noted in the EPO communication dated (EPO Form 1197) have not been duly rectified;
- ☐ Other:

图 5-2-12 PPH 准予决定通知摘录

2. 转达 OA 官文

EPO 在受理专利申请并进行初步审查以后，将进入检索程序，会发出欧洲检索报告。PCT 进入欧洲地区阶段时，欧洲检索报告的官文类型主要为部分检索报告和扩展检索报告。由于欧洲检索报告可以进行答复并对申请文件进行修改，通常也被视为是一种 OA 的官文。

1）部分检索报告（Partial Supplementary European Search Report，以下简称“PESR”）。

当审查员在进行检索时发现申请存在两项或两项以上发明主题，会发出 PESR（参见图 5-2-13），要求申请人答复是否缴纳检索附加费和具体缴纳的附加费数量。若申请人不缴纳检索附加费，检索部门将仅针对第一组发明主题作出检索报告与检索意见。PESR 的官方答复期限为 PESR 送达日起的两个月内。

第5章 向国外以及中国港、澳、台地区提交专利申请流程

```
                                              发文日
                                       Date
                                              20.04.17
┌─────────────────────┬──────────────────────────────────┐
│ Reference           │ Application No./Patent No.       │
├─────────────────────┴──────────────────────────────────┤
│ Applicant/Proprietor                                   │
└────────────────────────────────────────────────────────┘

Communication pursuant to Rule 164(1) EPC    ── 部分检索报告
The partial supplementary European search report (R. 164 EPC) is enclosed.
The applicant is informed that if the supplementary European search report is also to cover inventions
other than the invention(s) already searched and for which a meaningful search can be carried out, a
further search fee must be paid for each of these inventions, in the present instance

期限                          2 search fee(s)
within two months from the date of notification of this communication.

The amount payable for each further search is EUR 1300,00.
```

图5-2-13　PESR官文摘录

PESR处理操作流程如下。

（1）收到当地事务所转来的PESR时，记录发文日、官方期限、当地事务所期限等信息；建立两条时限监控，分别针对官方期限和当地事务所期限。

（2）制作PESR任务书，下发任务至代理部。

（3）监控在当地事务所期限内向当地事务所发出答复指示并监控确收。确认当地事务所确收后，结束针对当地事务所期限的监控。

（4）监控当地事务所在官方答复期限内答复官方，收到当地事务所答复报告后，结束针对官方期限的监控。

（5）向委托方转达当地事务所的PESR答复文件，PESR任务结束。

2）扩展检索报告（Extended European Search Report，以下简称"EESR"）。

EESR（参见图5-2-14）是由补充检索报告（Supplementary European Search Report）和欧洲检索意见（European Search Opinion）组成的，报告发出时没有明确的答复期限。对于PCT进入欧洲地区阶段的申请，随后EPO会发出是否继续申请通知，询问申请人是否继续申请，需在此通知送达日起6个月内完成答复。此期限也为EESR的答复期限。

EESR处理操作流程如下：

（1）收到当地事务所转来的EESR时，及时向委托方转达。

```
                                                    Date
                                                         20.06.17
Reference              Application No./Patent No.

Applicant/Proprietor


                        Communication
The extended European search report is enclosed.

The extended European search report includes, pursuant to Rule 62 EPC, the supplementary European
search report (Art. 153(7) EPC) and the European search opinion.
Copies of documents cited in the European search report are attached.
  ☑  0 additional set(s) of copies of such documents is (are) enclosed as well.
```

图 5-2-14　EESR 官文摘录

（2）收到当地事务所转来的是否继续申请通知时，记录发文日、官方期限、当地事务所期限等信息；建立两条时限监控，分别针对官方期限和当地事务所期限。

（3）制作 EESR 任务书，下发任务至代理部。

（4）监控在当地事务所期限内向当地事务所发出答复指示并监控确收。确认当地事务所确收后，结束针对当地事务所期限的监控。

（5）监控当地事务所在官方答复期限内答复官方，收到当地事务所答复报告后，结束针对官方期限的监控。

（6）向委托方转达当地事务所的 EESR 答复文件，EESR 任务结束。

3）是否继续申请通知。

是否继续申请通知的官文摘录示例如图 5-2-15 所示。

4）补充检索报告（Supplementary European Search Report，以下简称"SESR"）。

SESR 是 PCT 进入欧洲地区阶段的一种特殊的检索报告。当一件 PCT 国际申请进入欧洲地区阶段时，如果申请人提供了该申请的 PCT 国际检索报告，那么 EPO 将出具 SESR。

SESR 官文摘录示例如图 5-2-16 所示。

5）OA。

检索程序后，EPO 将对申请进行实质审查，发出 OA。申请人需在该通知要求期限内完成答复。

```
Date
                                                              07.07.17
Reference                      Application No./Patent No.
Applicant/Proprietor
```

Communication pursuant to Rules 70(2) and 70a(2) EPC

A supplementary European search report has been drawn up concerning the above-identified European patent application (publication number: 2865627).

Since the request for examination has been filed (R. 70(1), 159(1)(f), Art. 94(1) EPC) prior to the transmission of the supplementary European search report, you are hereby invited to indicate within  答复期限 of notification of this communication whether you wish to proceed further with the European patent application. 是否继续申请

If you do not indicate in due time that you wish to proceed further with the European patent application, it **will be deemed to be withdrawn** (R. 70(3) EPC).

图 5-2-15　继续申请通知的官文

```
         DOCUMENTS CONSIDERED TO BE RELEVANT
Category | Citation of document with indication, where appropriate,  | Relevant | CLASSIFICATION OF THE
         | of relevant passages                                      | to claim | APPLICATION (IPC)
X,P      | WO 95/32011 A (YOON, INBAE)                               | 1,2      | A61B1/00
         | 30 November 1995 (1995-11-30)
         | * page 10, line 32 - page 11, line 12;
         |   figure 1 *
         | * page 48, line 32 - page 52, line 6 *
A,P      |                                                           | 4        |
```

图 5-2-16　SESR 官文摘录

OA 官文摘录示例如图 5-2-17 所示。

OA 处理操作流程如下：

（1）收到当地事务所转来的 OA 时，记录发文日、官方期限、当地事务所要求时限等信息；建立两条时限监控，分别针对官方期限和当地事务所期限。

（2）制作 OA 任务书，下发任务至代理部。

3. 确认答复期限

转达 OA 官文时，应通知申请人在规定的期限内进行相应修改和答复。欧

洲专利申请中 OA 官文答复期限一般为 2 个月和 4 个月，该期限可以延期，最长延期应不超过 OA 官文送达日起的 6 个月。欧洲 OA 官文的延期答复不收取官费。

```
┌─────────────────┬──────────────┬──────────┐
│ Application No. │ Ref.         │ Date     │
├─────────────────┴──────────────┴──────────┤
│ Applicant                                  │
└────────────────────────────────────────────┘
```

Communication pursuant to Article 94(3) EPC

The examination of the above-identified application has revealed that it does not meet the requirements of the European Patent Convention for the reasons enclosed herewith. If the deficiencies indicated are not rectified the application may be refused pursuant to Article 97(2) EPC.

You are invited to file your observations and insofar as the deficiencies are such as to be rectifiable, to correct the indicated deficiencies within a period

　　　　　　　　of　4　months　　答复期限

from the notification of this communication, this period being computed in accordance with Rules 126(2) and 131(2) and (4) EPC. One set of amendments to the description, claims and drawings is to be filed within the said period on separate sheets (R. 50(1) EPC).

If filing amendments, you must identify them and indicate the basis for them in the application as filed. Failure to meet either requirement may lead to a communication from the Examining Division requesting that you correct this deficiency (R. 137(4) EPC).

In case you withdraw the application within the above-mentioned period, the examination fee will be refunded at a rate of 50% (Art. 11 (b) RFees).

Failure to comply with this invitation in due time will result in the application being deemed to be withdrawn (Art. 94(4) EPC).

图 5-2-17　OA 官文摘录

4. 答复 OA 官文

将委托方确认的答复稿件发送至国外当地事务所，并监控提交官方的情况。

（1）监控在当地事务所期限内向当地事务所发出答复指示并监控确收。确认当地事务所确收后，结束针对当地事务所期限的监控。

（2）监控当地事务所在官方答复期限内完成交局答复，收到当地事务所答复报告后，结束针对官方期限的监控。

（3）向委托方转达当地事务所的 OA 答复文件，OA 任务结束。

◆注意事项

（1）口审程序。

欧洲申请驳回之前，如果申请人提出过要求，通常 EPO 会再给申请人最后一次争辩的机会，即口审程序（Oral Proceedings）。在口审程序通知中，通常会给予申请人不少于两个月的准备时间。

(2) 上诉程序。

当收到驳回决定通知后,申请人可以在两个月内启动上诉程序,并在 4 个月内提交上诉理由。

5.2.3.4 欧洲地区阶段申请之授权阶段

1. 核对授权通知书

收到授权通知书,应核对申请信息,主要是授权的权利要求项数。

2. 核对授权费

欧洲专利授权费,如表 5-2-17 所示。

表 5-2-17 欧洲专利授权费

费用项目	英文名称	费用(欧元)
授权公告费用	fee for grant including fee for publication	925

3. 确认缴纳授权费期限

申请人自收到授权通知日起 4 个月内办理授权登记手续后,其授权文本将予以公告。

4. 转达授权通知书

及时向委托方转达授权通知书,并告知官费与期限。

5. 核对专利证书

收到专利证书,应核对专利权信息与授权文本。

6. 转达专利证书

应及时向委托方转达专利证书,包括专利权人、专利号、授权日期,专利期限以及再次缴纳费用期限。

◆注意事项

(1) 超页超项费。欧洲专利授权时的权项,相对于之前的程序而言,增加的超出部分需要收取超项费,即若总权项超出 15 项且超出的部分在之前的程序中没有被支付过相应的超项费,则需要支付超项费,否则不涉及超项费。欧洲专利授权时,若超出 35 页,还应缴纳超页费。欧洲超页超项附加费收费标准,如表 5-2-16 所示。

(2) 翻译权项。申请经审查可以授予专利权时,审查员将通知申请人缴纳授权及公布费,并同时需将授权的权利要求翻译成另外两种官方语言。

(3) 继续处理程序（Further Processing）。在 PCT 进入欧洲地区阶段时，若发生任何错过期限时，都可以通过该程序进行救济。该程序必须在接到 EPO 所发出的错过时限或权利丧失通知之日起 2 个月内提出请求，并支付有关费用。

(4) 权利恢复程序（Re-establishment of Rights）。在 PCT 进入欧洲地区阶段时，如申请人在已尽到了所有应尽的努力时，却仍错过某个时限时，可请求恢复权利。权利恢复程序应在错过期限的障碍消除日起两个月内提出，但最迟不得晚于有关时限期限届满之日后一年。

5.2.3.5 欧洲地区阶段申请之生效阶段

在授权公告日后 3 个月内，申请人需在原指定国名单中选择要进入的国家，并在相应国家办理生效手续。如未在此期限内按各国规定办理生效手续（未按期缴费或提交译文等），则专利权不能在该国得以保护。

生效程序的操作流程如下：

(1) 收到当地事务所转来的专利授权公告文本时，记录授权公告日，建立生效的时限监控。

(2) 向委托方转达原指定国名单，并告知各指定国生效程序的基本要求，包括是否需要全文翻译、是否需要权利要求的翻译、是否需要缴纳官费等。

(3) 建立时限监控提醒，并在时限内获得委托方的反馈信息。

(4) 指示外所在具体国家办理生效手续，并建立监控。

(5) 收到外所转达的生效通知后，及时向委托方转达，结束生效阶段流程管理。

◆ 注意事项

在办理生效程序时，是否需要对专利申请文件进行翻译，需要翻译哪些部分是根据各缔约国加入伦敦协议时签订的协议决定的。各缔约国加入伦敦协议及需要翻译内容的情况，如表 5-2-18 所示。

表 5-2-18 欧洲专利办理生效手续的翻译情况列表

国家	官方语言	是否加入伦敦协议	是否需要翻译	翻译内容
AT 奥地利	德语	N	Y	全文
BE 比利时	德/法/荷兰语	N	N	无需翻译
BG 保加利亚	保加利亚语	N	Y	全文
CY 塞浦路斯	希腊语	N	Y	全文

续表

国家	官方语言	是否加入伦敦协议	是否需要翻译	翻译内容
CZ 捷克	捷克语	N	Y	全文
DE 德国	德语	YM	N	无需翻译
DK 丹麦	丹麦语	Y	Y	权项丹麦语；说明书英语或丹麦语
EE 爱沙尼亚	爱沙尼亚语	N	Y	全文
ES 西班牙	西班牙语	N	Y	全文
FI 芬兰	芬兰语	Y	Y	权项芬兰语；说明书英语或芬兰语
FR 法国	法语	YM	N	无需翻译
GB 英国	英语	YM	N	无需翻译
GR 希腊	希腊语	N	Y	全文
HR 克罗地亚	克罗地亚语	Y	Y	权项克罗地亚语；说明书英语
HU 匈牙利	匈牙利语	Y	Y	权项匈牙利语；说明书英语或匈牙利语
IE 爱尔兰	英语	YM	N	无需翻译
IT 意大利	意大利语	N	Y	全文
LT 立陶宛	立陶宛语	Y	Y	权项
LU 卢森堡	卢森堡语、法语、德语	YM	N	无需翻译
LV 拉脱维亚	拉脱维亚语	Y	Y	权项
MT 马耳他	马其他语、英语	N	Y	全文
NL 荷兰	荷兰语	Y	Y	权项荷兰语；说明书英语或荷兰语
PL 波兰	波兰语	N	Y	全文
PT 葡萄牙	葡萄牙语	N	Y	全文
RO 罗马尼亚	罗马尼亚语	N	Y	全文
SE 瑞典	瑞典语	Y	Y	权项瑞典语；说明书英语或瑞典语

续表

国家	官方语言	是否加入伦敦协议	是否需要翻译	翻译内容
SI 斯洛文尼亚	斯洛文尼亚语	Y	Y	权项
SK 斯洛伐克	斯洛伐克语	N	Y	全文
AL 阿尔巴尼亚	阿尔巴尼亚语	Y	Y	权项阿尔巴尼亚语；说明书英语
CH 瑞士	德语 意大利语 法语	YM	N	无需翻译
IS 冰岛	冰岛语	Y	Y	权项冰岛语；说明书英语或冰岛语
LI 列支敦士登	德语	YM	N	无需翻译
MC 摩纳哥	法语	YM	N	无需翻译
MK 前南马其顿	马其顿语	Y	Y	权项
NO 挪威	挪威语	Y	Y	权项挪威语；说明书英语或挪威语
RS 塞尔维亚	塞尔维亚语	N	Y	全文
SM 圣马力诺	意大利语	N	Y	全文
TR 土耳其	土耳其语	N	Y	全文
BA 波黑	波斯尼亚语 塞尔维亚语	N	Y	权项
ME 黑山	黑山语	N	Y	权项
MD 摩尔多瓦	罗马尼亚语	N	Y	全文
MA 摩洛哥	阿拉伯语 柏柏尔语	N	Y	全文

5.2.3.6 欧洲地区阶段申请之异议阶段

根据《欧洲专利公约》第99（1）条："欧洲专利的异议期为自专利授权公告日起的9个月内。"自欧洲专利授权公告日起9个月内，任何人可向欧洲专利局提出异议。

异议程序的操作流程如下：

（1）收到当地事务所转来的专利授权公告文本时，记录授权公告日，建立异议期时限监控。

（2）若异议期满后未收到异议通知，结束时限监控，结束异议阶段流程管理；若异议期内收到异议通知，及时转达至委托方，结束异议阶段流程管理。

5.2.3.7 欧洲地区阶段申请流程

欧洲地区阶段申请流程，如图 5-2-18 所示。

5.2.4 PCT 申请进入日本国家阶段

5.2.4.1 日本国家阶段申请之专利概况

1. 专利主管单位

日本专利相关事务主管单位是 JPO，官方网站为 www.jpo.go.jp。

2. 专利保护类型

PCT 进入日本国家阶段的专利保护类型及保护期限如表 5-2-19 所示。

表 5-2-19 日本专利保护类型及期限

专利保护类型	保护期限
发明专利	20 年
实用新型专利	10 年

通过 PCT 途径，JPO 保护发明专利和实用新型专利，不保护外观设计专利。若想要在日本注册外观设计专利，可以通过《巴黎公约》途径或《海牙协定》方式进行。

日本实用新型专利不进行实质审查。

3. PCT 进入日本国家阶段的时限

PCT 进入日本国家阶段的相关时限如表 5-2-20 所示。

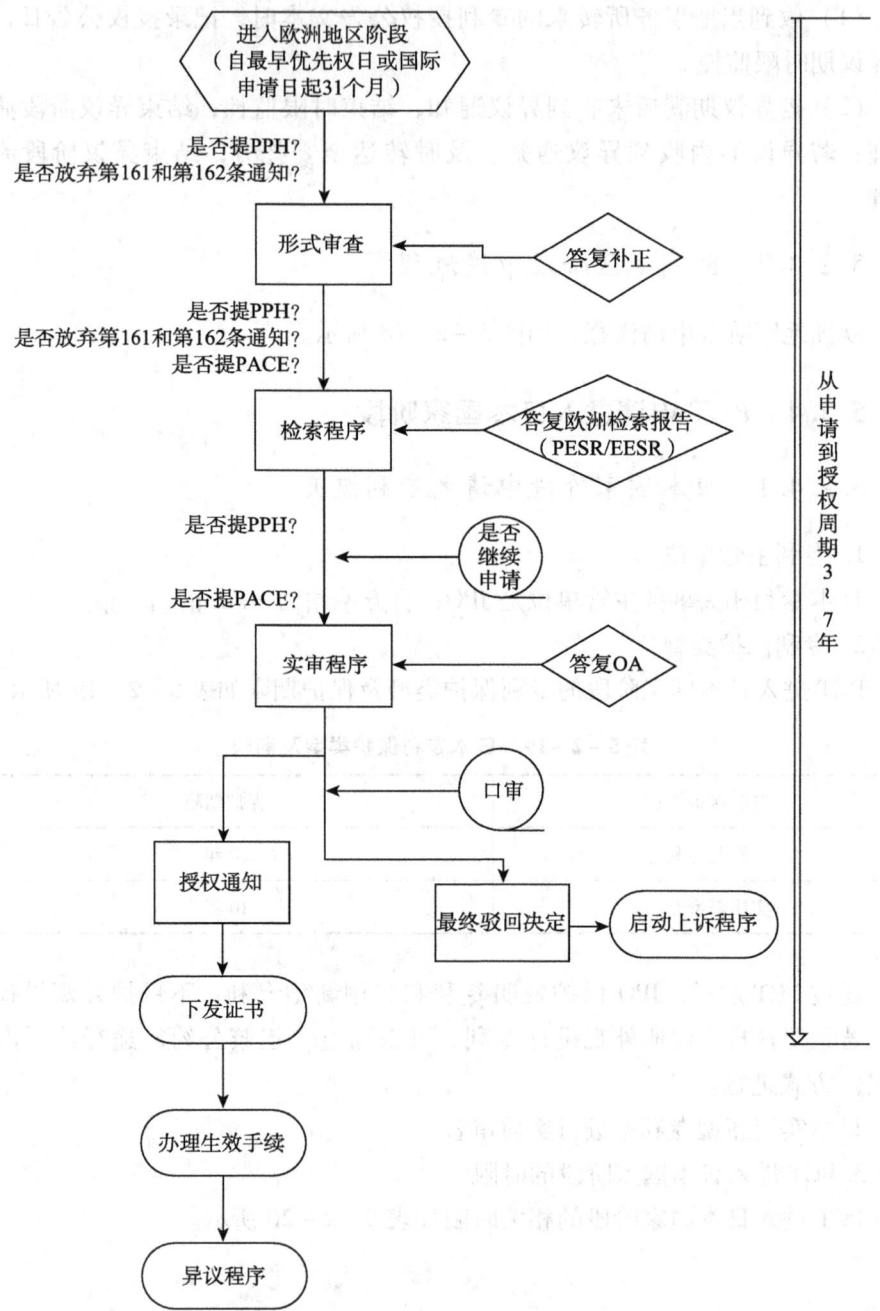

图 5-2-18 欧洲地区阶段申请流程

表 5－2－20　PCT 进入日本国家阶段的时限

法条依据	PCT 进入国家阶段期限
PCT 第 I 章	自最早优先权日或国际申请日起 30 个月
PCT 第 II 章	自最早优先权日或国际申请日起 30 个月

PCT 第 I 章是指在未请求国际初步审查情况下进入国家阶段的期限，而 PCT 第 II 章是指在请求国际初步审查的情况下进入国家阶段的期限。

4. PCT 进入日本国家阶段使用的语言

通过 PCT 途径在日本进行专利申请，与官方相关事项处理所使用的语言为日文。

5. PCT 进入日本国家阶段的文件要求

PCT 申请进入日本国家阶段时，需按照以下要求提供相关文件。

（1）PCT 原始申请文件：国际申请文件（包括受理文本、检索报告及其书面意见）的副本。

（2）在 PCT 国际阶段对申请文件的修改：如对权利要求作了修改的（PCT 第 I 章第 19 条），需同时提交原权利要求文本及修改后的文本；如对权利要求及说明书作了修改的（PCT 第 II 章第 34 条），需同时提交原权利要求及说明书文本及修改后的文本，并提交由国际初审单位作出的初审报告的副本。

（3）当申请文件公布语言为非当局官方语言时，应提供申请文件及修改文件的译文。

（4）委托书。

（5）优先权声明文件。

根据 PCT 第 I 章第 20 条，PCT 国际局应在国际申请的国际公布日以后向各指定局/选定局传送 PCT 原始申请文件及在 PCT 国际阶段对申请文件的修改。

5.2.4.2　日本国家阶段发明专利申请流程

日本国家阶段发明专利申请流程，如图 5－2－19 所示。

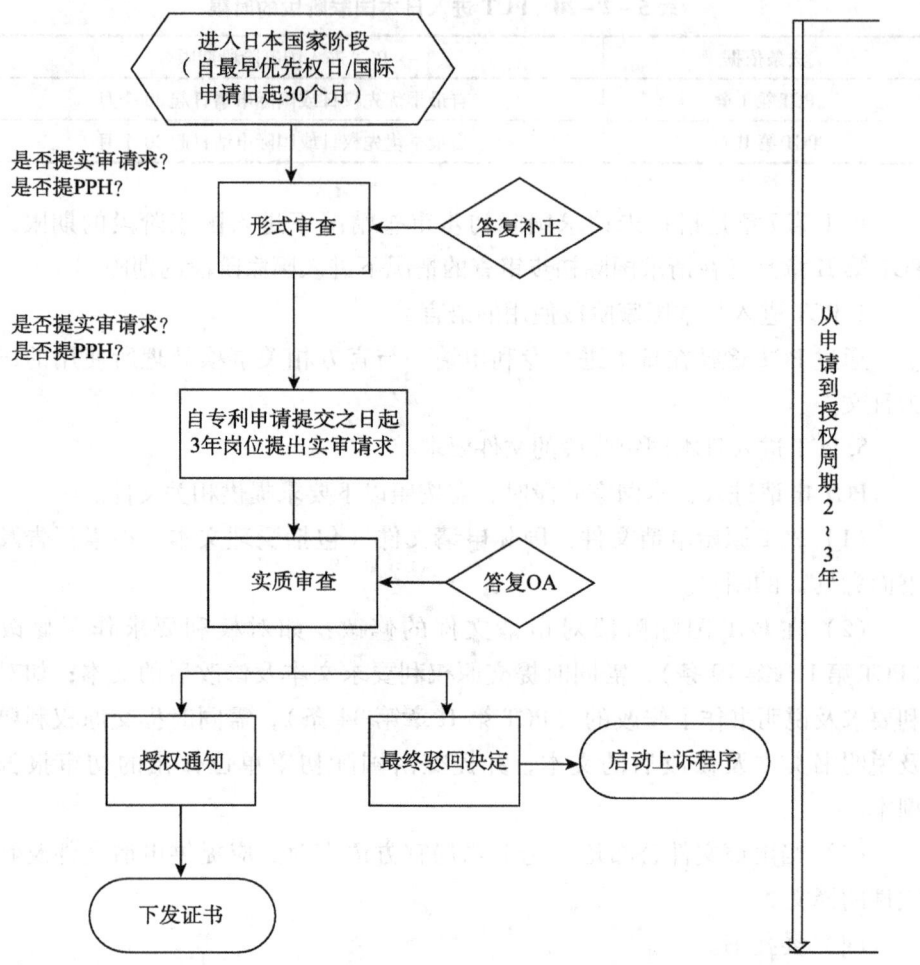

图 5-2-19 日本国家阶段发明专利申请流程

5.2.5 PCT 申请进入韩国国家阶段

5.2.5.1 韩国国家阶段申请之专利概况

1. 专利主管单位

韩国专利相关事务主管单位是 KIPO，官方网站为 www.kipo.go.kr。

2. 专利保护类型

PCT 进入韩国国家阶段的专利保护类型及保护期限如表 5-2-21 所示。

表 5-2-21　韩国专利保护类型及期限

专利保护类型	保护期限
发明专利	20 年
实用新型专利	10 年

通过 PCT 途径，KIPO 保护发明专利和实用新型专利，不保护外观设计专利。若想要在韩国注册外观设计专利，可以通过《巴黎公约》途径或《海牙协定》方式进行。

韩国实用新型专利进行实质审查，需在期限内提交实审请求和缴纳实审费。

3. PCT 进入韩国国家阶段的时限

PCT 进入韩国国家阶段的相关时限如表 5-2-22 所示。

表 5-2-22　PCT 进入韩国国家阶段的时限

法条依据	PCT 进入国家阶段期限
PCT 第 I 章	自最早优先权日或国际申请日起 31 个月
PCT 第 II 章	自最早优先权日或国际申请日起 31 个月

PCT 第 I 章是指在未请求国际初步审查情况下进入国家阶段的期限，而 PCT 第 II 章是指在请求国际初步审查的情况下进入国家阶段的期限。

4. PCT 进入韩国国家阶段使用的语言

通过 PCT 途径在韩国进行专利申请，与官方相关事项处理所使用的语言为韩语。

5. PCT 进入韩国国家阶段的文件要求

PCT 申请进入韩国国家阶段时，需按照以下要求提供相关文件。

（1）PCT 原始申请文件：国际申请文件（包括受理文本、检索报告及其书面意见）的副本。

（2）在 PCT 国际阶段对申请文件的修改：如对权利要求作了修改（PCT 第 I 章第 19 条），需同时提交原权利要求文本及修改后的文本；如对权利要求及说明书作了修改（PCT 第 II 章第 34 条），需同时提交原权利要求及说明书文本及修改后的文本，并提交由国际初审单位作出的初审报告的副本。

（3）当申请文件公布语言为非当局官方语言时，应提供申请文件及修改文件的译文。

（4）优先权声明文件。根据 PCT 第 I 章第 20 条，PCT 国际局应在国际申请的国际公布日以后向各指定局或选定局传送 PCT 原始申请文件及在 PCT 国际阶段对申请文件的修改。

5.2.5.2 韩国国家阶段申请流程

韩国国家阶段申请流程，如图 5-2-20 所示。

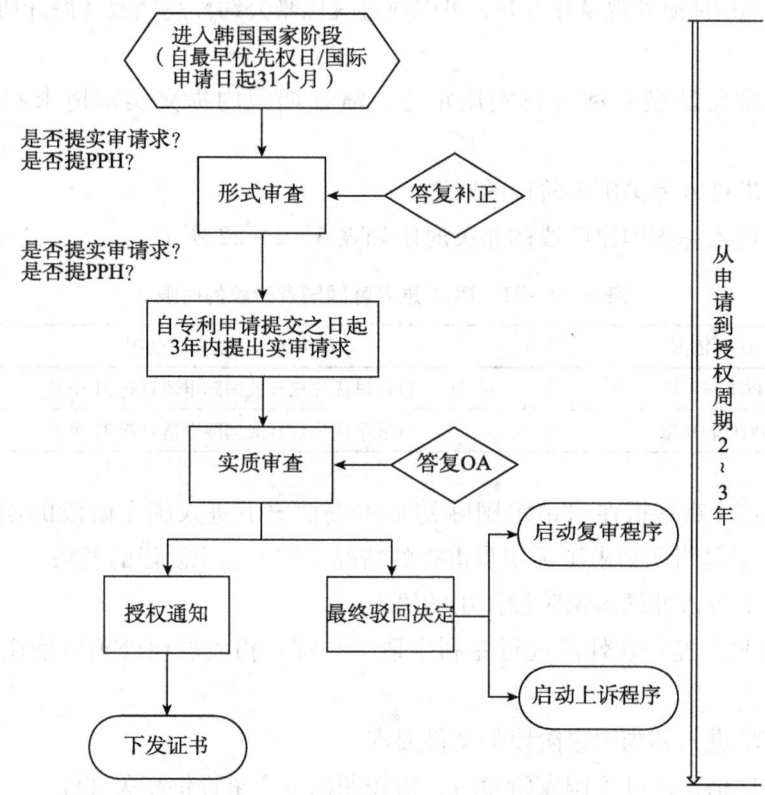

图 5-2-20 韩国国家阶段申请流程

5.2.6 PCT 申请进入印度国家阶段

5.2.6.1 印度国家阶段申请之专利概况

1. 专利主管单位

印度专利相关事务主管单位是印度专利、外观设计、商标及地理标志管理总局（以下简称"CGPDTM"），官方网站为 www.ipindia.nic.in。

2. 专利保护类型

印度专利保护类型及保护期限如表 5-2-23 所示。

表 5-2-23 印度专利保护类型及期限

专利保护类型	保护期限
发明专利	20 年

通过 PCT 途径，CGPDTM 只保护发明专利，不保护外观设计专利。若想要在印度注册外观设计专利，可以通过《巴黎公约》途径进行。另外，印度没有实用新型专利。

3. PCT 进入印度国家阶段的时限

PCT 进入印度国家阶段的相关时限如表 5-2-24 所示。

表 5-2-24 PCT 进入印度国家阶段的时限

法条依据	PCT 进入国家阶段期限
PCT 第 I 章	自最早优先权日或国际申请日起 31 个月
PCT 第 II 章	自最早优先权日或国际申请日起 31 个月

PCT 第 I 章是指在未请求国际初步审查情况下进入国家阶段的期限，而 PCT 第 II 章是指在请求国际初步审查的情况下进入国家阶段的期限。

4. PCT 进入印度国家阶段使用的语言

通过 PCT 方式在印度进行专利申请，与官方相关事项处理所使用的语言为英语。

5. PCT 进入印度国家阶段的文件要求

PCT 申请进入印度国家阶段时，需按照以下要求提供相关文件。

（1）PCT 原始申请文件：国际申请文件（包括受理文本、检索报告及其书面意见）的副本。

（2）在 PCT 国际阶段对申请文件的修改：如对权利要求作了修改（PCT 第 I 章第 19 条），需同时提交原权利要求文本及修改后的文本；如对权利要求及说明书作了修改（PCT 第 II 章第 34 条），需同时提交原权利要求及说明书文本及修改后的文本，并提交由国际初审单位作出的初审报告的副本。

（3）当申请文件公布语言非当局官方语言时，应提供申请文件及修改文件的译文。

（4）委托书。

（5）优先权声明文件。

（6）IDS。

（7）其他国家相关申请的状态。

（8）转让证明与权属声明（在申请人不是发明人的情况下）。

（9）工作情况声明（专利授权后提交）。

根据 PCT 第 I 章第 20 条，PCT 国际局应在国际申请的国际公布日以后向各指定局或选定局传送 PCT 原始申请文件及在 PCT 国际阶段对申请文件的修改。

◆注意事项

（1）提交同族申请状态信息表。如果该专利申请有外国同族申请，必须在进入国家阶段之后的 6 个月内提交关于在其他国家提交的申请的信息表（FORM3），而且在申请过程中，一旦外国同族专利的状态发生变化，申请人都需要在变化日起 3 个月内向 CGPDTM 提交该信息。不需缴纳官费。

（2）印度专利授权后，申请人需要向 CGPDTM 提交上一年度关于该印度专利在印度实施的声明（FORM27），提交日期是每年的 3 月 31 日前。

5.2.6.2 印度国家阶段申请流程

印度国际阶段申请流程，如图 5-2-21 所示。

5.2.7 PCT 申请进入新加坡国家阶段

5.2.7.1 新加坡国家阶段申请之专利概况

1. 专利主管单位

新加坡专利相关事务主管单位是新加坡知识产权局（以下简称"IPOS"），官方网站为 www.ipos.gov.sg。

2. 专利保护类型

新加坡专利保护类型及保护期限如表 5-2-25 所示。

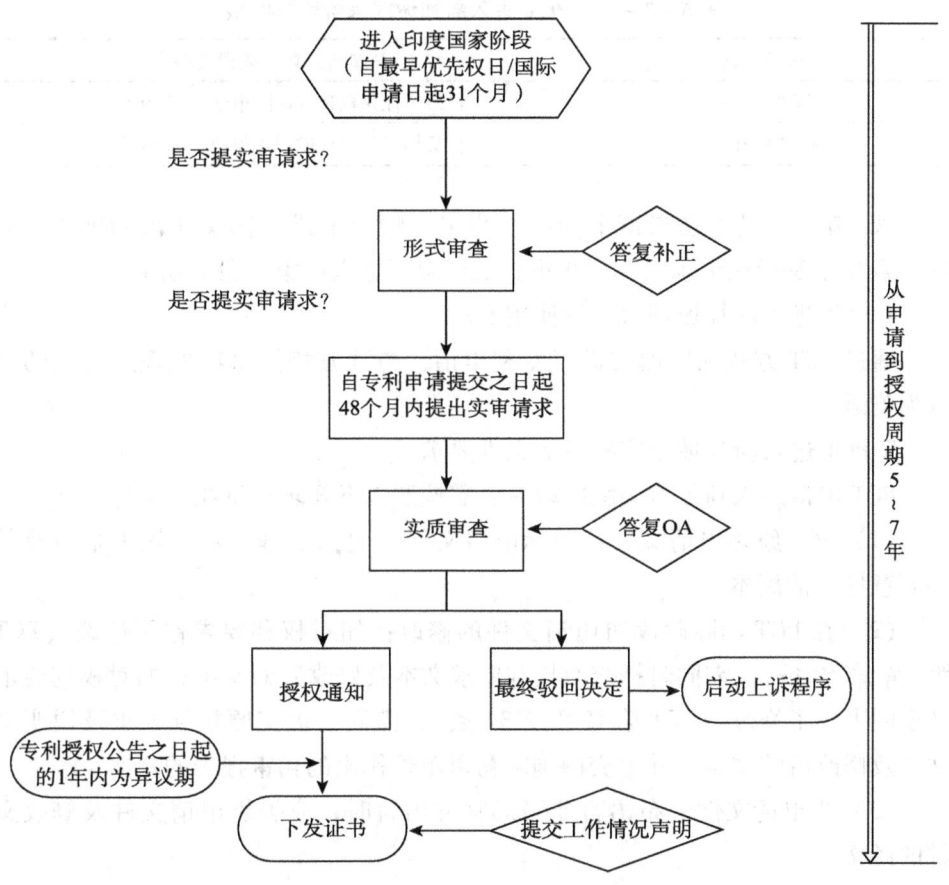

图 5-2-21 印度国家阶段申请流程

表 5-2-25 新加坡专利保护类型及期限

专利保护类型	保护期限
发明专利	20 年

通过 PCT 途径，IPOS 只保护发明专利，不保护外观设计专利。若想要在新加坡注册外观设计专利，可以通过《巴黎公约》途径或海牙协定方式进行。另外，新加坡没有实用新型专利。

3. PCT 进入新加坡国家阶段的时限

PCT 进入新加坡国家阶段的相关时限如表 5-2-26 所示。

表 5-2-26 PCT 进入新加坡国家阶段的时限

法条依据	PCT 进入国家阶段期限
PCT 第 I 章	自最早优先权日或国际申请日起 30 个月
PCT 第 II 章	自最早优先权日或国际申请日起 30 个月

PCT 第 I 章是指在未请求国际初步审查情况下进入国家阶段的期限，而 PCT 第 II 章是指在请求国际初步审查的情况下进入国家阶段的期限。

4. PCT 进入新加坡国家阶段使用的语言

通过 PCT 方式在新加坡进行专利申请，与官方相关事项处理所使用的语言为英语。

5. PCT 进入新加坡国家阶段的文件要求

PCT 申请进入新加坡国家阶段时，需按照以下要求提供相关文件。

（1）PCT 原始申请文件：国际申请文件（包括受理文本、检索报告及其书面意见）的副本。

（2）在 PCT 国际阶段对申请文件的修改：如对权利要求作了修改（PCT 第 I 章第 19 条），需同时提交原权利要求文本及修改后的文本；如对权利要求及说明书作了修改（PCT 第 II 章第 34 条），需同时提交原权利要求及说明书文本及修改后的文本，并提交由国际初审单位作出的初审报告的副本。

（3）当申请文件公布语言非当局官方语言时，应提供申请文件及修改文件的译文。

（4）相关权利要求对应列表（适用于补充审查的情况下）。

（5）申请人及发明人的权属声明。

（6）委托书。

（7）优先权声明文件。根据 PCT 第 I 章第 20 条，PCT 国际局应在国际申请的国际公布日以后向各指定局或选定局传送 PCT 原始申请文件及在 PCT 国际阶段对申请文件的修改。

5.2.7.2 新加坡国家阶段申请流程

新加坡国家阶段申请流程，如图 5-2-22 所示。

第 5 章 向国外以及中国港、澳、台地区提交专利申请流程

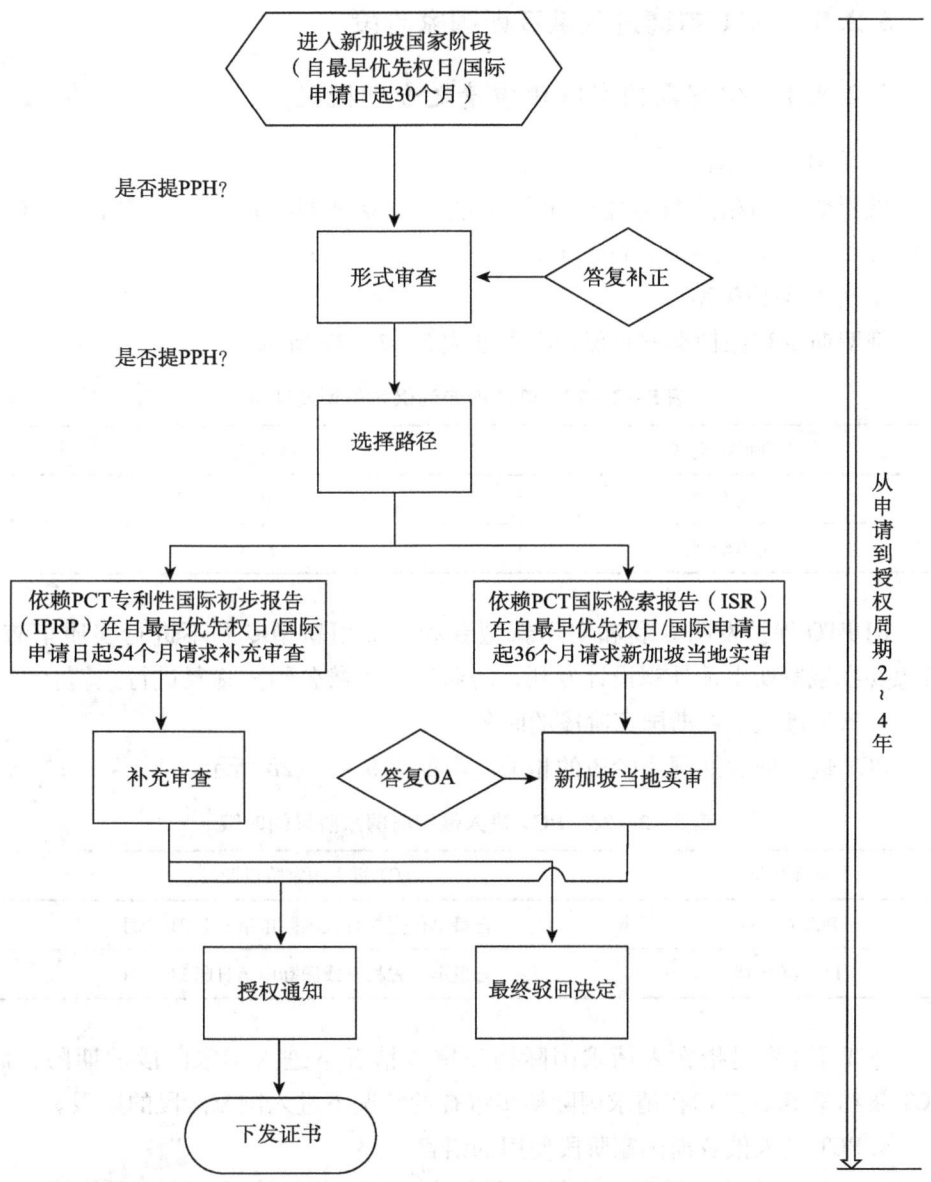

图 5-2-22 新加坡国家阶段申请流程

5.2.8 PCT 申请进入俄罗斯国家阶段

5.2.8.1 俄罗斯国家阶段申请之专利概况

1. 专利主管单位

俄罗斯专利相关事务主管单位是俄罗斯专利商标局（以下简称"RUPTO"），官方网站为 www.rupto.ru。

2. 专利保护类型

俄罗斯专利保护类型及保护期限如表 5-2-27 所示。

表 5-2-27　俄罗斯专利保护类型及期限

专利保护类型	保护期限
发明专利	20 年
实用新型	10 年

RUPTO 保护发明专利和实用新型专利，实用新型专利不进行实质审查。若想要在俄罗斯申请外观设计专利，需通过《巴黎公约》途径进行。

3. PCT 进入俄罗斯国家阶段的时限

PCT 进入俄罗斯国家阶段的相关时限如表 5-2-28 所示。

表 5-2-28　PCT 进入俄罗斯国家阶段的时限

法条依据	PCT 进入国家阶段期限
PCT 第 I 章	自最早优先权日或国际申请日起 31 个月
PCT 第 II 章	自最早优先权日或国际申请日起 31 个月

PCT 第 I 章是指在未请求国际初步审查情况下进入国家阶段的期限，而 PCT 条约第 II 章是指在请求国际初步审查的情况下进入国家阶段的期限。

4. PCT 进入俄罗斯国家阶段使用的语言

通过 PCT 方式在俄罗斯进行专利申请，与官方相关事项处理所使用的语言为俄语。

5. PCT 进入俄罗斯国家阶段的文件要求

PCT 申请进入俄罗斯国家阶段时，需按照以下要求提供相关文件。

（1）PCT 原始申请文件：国际申请文件（包括受理文本、检索报告及其书面意见）的副本。

（2）在 PCT 国际阶段对申请文件的修改：如对权利要求作了修改（PCT 第 I 章第 19 条），需同时提交原权利要求文本及修改后的文本；如对权利要求及说明书作了修改（PCT 第 II 章第 34 条），需同时提交原权利要求及说明书文本及修改后的文本，并提交由国际初审单位作出的初审报告的副本。

（3）当申请文件公布语言非当局官方语言时，应提供申请文件及修改文件的译文。

（4）委托书。

（5）优先权声明文件。根据 PCT 第 I 章第 20 条，PCT 国际局应在国际申请的国际公布日以后向各指定局或选定局传送 PCT 原始申请文件及在 PCT 国际阶段对申请文件的修改。

5.2.8.2 俄罗斯国家阶段发明专利申请流程

俄罗斯国家阶段发明专利申请流程，如图 5-2-23 所示。

5.2.9 PCT 申请进入欧亚组织地区阶段

5.2.9.1 欧亚组织地区阶段申请之专利概况

1. 专利主管单位

欧亚组织专利相关事务主管单位是 EAPO，官方网站为 www.eapo.org。

2. 专利保护类型

欧亚组织专利保护类型及保护期限如表 5-2-29 所示。

表 5-2-29 欧亚组织专利保护类型

专利保护类型	保护期限
发明专利	20 年

EAPO 只保护发明专利，不保护外观专利和实用新型专利。

3. PCT 进入欧亚组织国家阶段的时限

PCT 进入欧亚组织国家阶段的相关时限如表 5-2-30 所示。

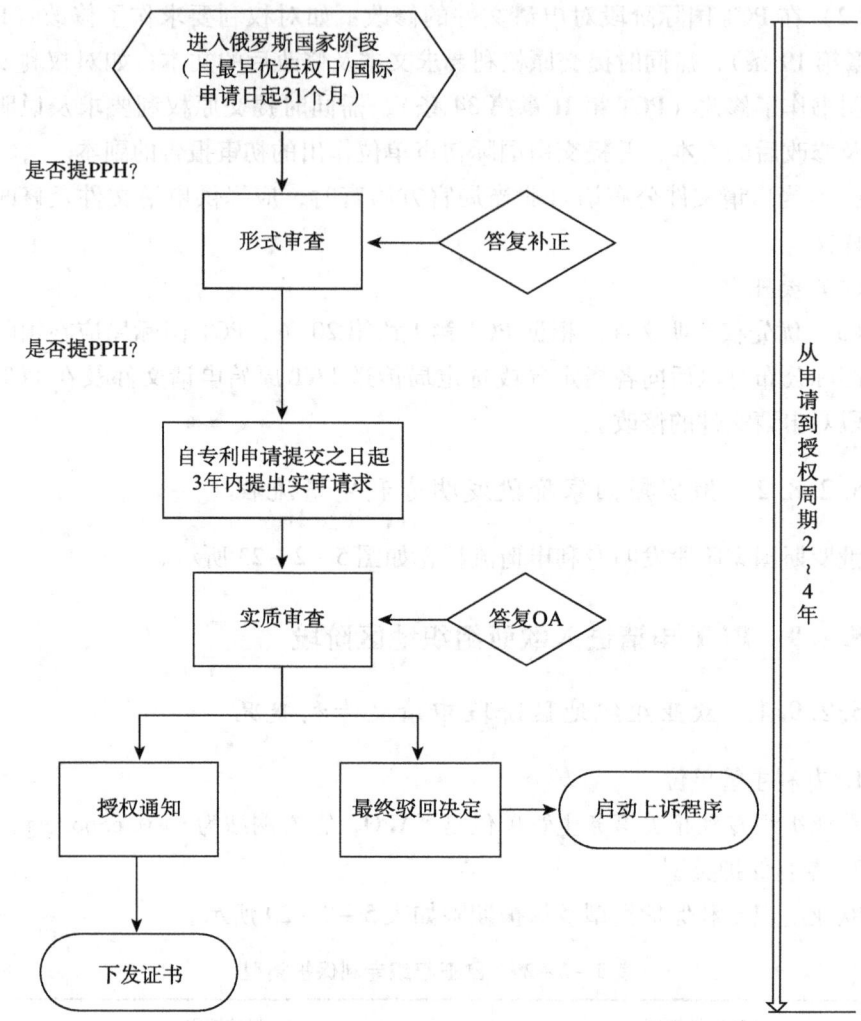

图 5-2-23 俄罗斯国家阶段发明专利申请流程

表 5-2-30 PCT 进入欧亚组织国家阶段的时限

法条依据	PCT 进入地区阶段期限
PCT 第 I 章	自最早优先权日或国际申请日起 31 个月
PCT 第 II 章	自最早优先权日或国际申请日起 31 个月

通俗来讲，PCT 第 I 章就是指在未请求国际初步审查情况下进入国家阶段的期限，而 PCT 第 II 章指的是在请求国际初步审查的情况下进入国家阶段的期限。

4. PCT 进入欧亚组织国家阶段使用的语言

通过 PCT 方式在欧亚组织进行专利申请，与官方相关事项处理所使用的语言为俄语。

5. PCT 进入欧亚组织国家阶段的文件要求

PCT 申请进入欧亚组织国家阶段时，需按照以下要求提供相关文件。

（1）PCT 原始申请文件：国际申请文件（包括受理文本、检索报告及其书面意见）的副本。

（2）在 PCT 国际阶段对申请文件的修改：如对权利要求作了修改的（PCT 第 I 章第 19 条），需同时提交原权利要求文本及修改后的文本；如对权利要求及说明书作了修改的（PCT 第 II 章第 34 条），需同时提交原权利要求及说明书文本及修改后的文本，并提交由国际初审单位作出的初审报告的副本。

（3）当申请文件公布语言非当局官方语言时，应提供申请文件及修改的译文。

（4）发明人声明。

（5）委托书。

（6）优先权声明文件。根据 PCT 第 I 章第 20 条，PCT 国际局应在国际申请的国际公布日以后向各指定局或选定局传送 PCT 原始申请文件及在 PCT 国际阶段对申请文件的修改。

6. PCT 进入欧亚组织地区阶段可获得保护的范围

EAPO 有 9 个缔约国（如表 5-2-31 所示）。PCT 进入欧亚组织地区阶段时，申请人只需在授权后缴纳各指定成员国的年费，其专利权即可在相应国家生效并获得保护，与直接在各指定国家申请及授权的专利具有同等效力。

表 5-2-31　EAPO 缔约国

国家代码	国家名称	英文名称
TM	土库曼斯坦	Turkmenistan
BY	白俄罗斯	Republic of Belarus
TJ	塔吉克斯坦	Republic of Tajikistan
RU	俄罗斯	Russian Federation
KZ	哈萨克斯坦	Republic of Kazakhstan

续表

国家代码	国家名称	英文名称
AZ	阿塞拜疆	Republic of Azerbaijan
KG	吉尔吉斯斯坦	Kyrgyz Republic
MD	摩尔多瓦	Republic of Moldova
AM	亚美尼亚	Republic of Armenia

5.2.9.2 欧亚组织地区阶段申请流程

欧亚组织地区阶段申请流程，如图5-2-24所示。

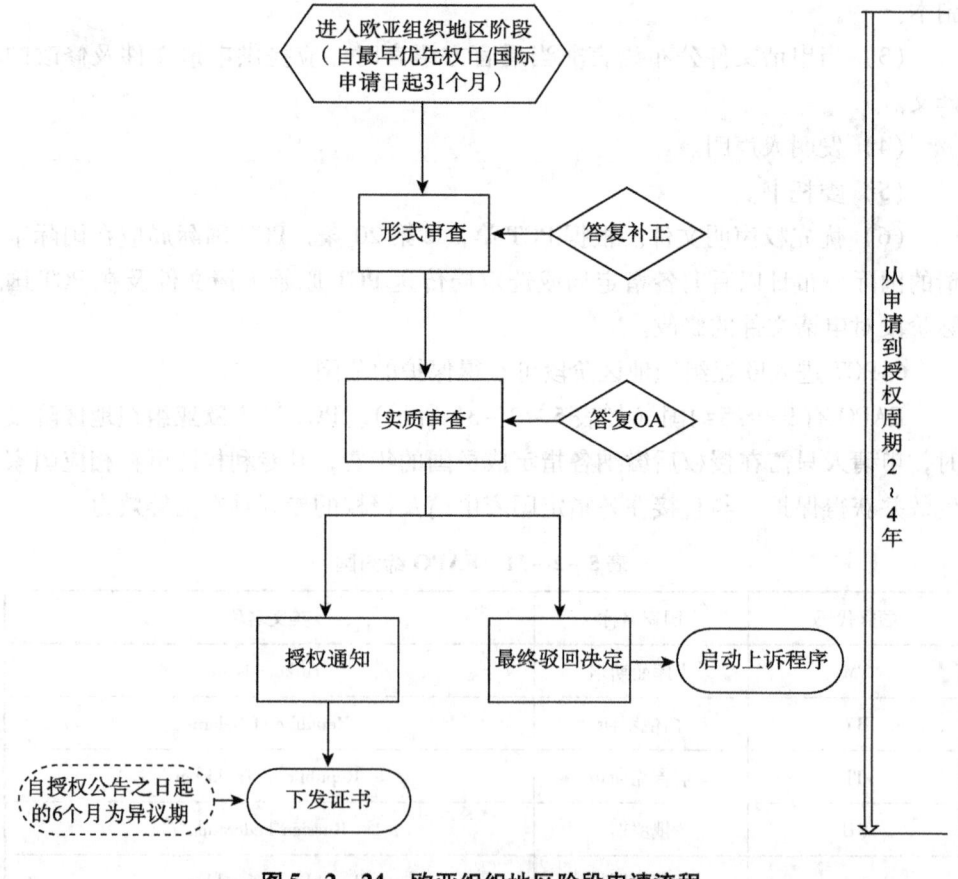

图5-2-24 欧亚组织地区阶段申请流程

5.2.10 PCT 申请进入泰国国家阶段

5.2.10.1 泰国国家阶段申请之专利概况

1. 专利主管单位

泰国专利相关事务主管单位是泰国经济部知识产权厅（以下简称"DIP"），官方网站为 www.ipthailand.go。

2. 专利保护类型

PCT 进入泰国国家阶段的专利保护类型及保护期限如表 5-2-32 所示。

表 5-2-32 泰国专利保护类型

专利保护类型	保护期限
发明专利	20 年
小发明专利	10 年

通过 PCT 途径，DIP 保护发明专利和小发明专利，不保护外观专利。若想要在泰国注册外观专利，可以通过《巴黎公约》途径方式进行。

3. PCT 进入泰国国家阶段的时限

PCT 进入泰国国家阶段的相关时限如表 5-2-33 所示。

表 5-2-33 PCT 进入泰国国家阶段的时限

法条依据	PCT 进入地区阶段期限
PCT 第 I 章	自最早优先权日或国际申请日起 30 个月
PCT 第 II 章	自最早优先权日或国际申请日起 30 个月

通俗来讲，PCT 第 I 章就是指在未请求国际初步审查情况下进入国家阶段的期限，而 PCT 第 II 章指的是在请求国际初步审查的情况下进入国家阶段的期限。

4. PCT 进入泰国国家阶段使用的语言

通过 PCT 途径在泰国进行专利申请，与官方相关事项处理所使用的语言为泰语。

5. PCT 进入泰国国家阶段的文件要求

PCT 申请进入泰国国家阶段时，需按照以下要求提供相关文件。

（1）PCT 原始申请文件：国际申请文件（包括受理文本、检索报告及其书面意见）的副本。

(2) 在 PCT 国际阶段对申请文件的修改：如对权利要求作了修改的（PCT 第 I 章第 19 条），需同时提交原权利要求文本及修改后的文本；如对权利要求及说明书作了修改的（PCT 第 II 章第 34 条），需同时提交原权利要求及说明书文本及修改后的文本，并提交由国际初审单位作出的初审报告的副本。

(3) 当申请文件公布语言非当局官方语言时，应提供申请文件及修改的译文。

(4) 委托书（须公证并应提交译文）。

(5) 转让证明（如有）。

(6) 国外相关专利信息及相关专利的国外审查报告译文（如有）。

(7) 优先权声明文件。根据 PCT 第 I 章第 20 条，PCT 国际局应在国际申请的国际公布日以后向各指定局或选定局传送 PCT 原始申请文件及在 PCT 国际阶段对申请文件的修改。

5.2.10.2 泰国国家阶段申请流程

泰国国家阶段申请流程，如图 5-2-25 所示。

5.2.11 PCT 申请进入越南国家阶段

5.2.11.1 越南国家阶段申请之专利概况

1. 专利主管单位

越南专利相关事务主管单位是越南国家知识产权局（以下简称"NOIP"），官方网站为 www.noip.gov.vn。

2. 专利保护类型

越南专利保护类型及保护期限如表 5-2-34 所示。

表 5-2-34 越南专利保护类型

专利保护类型	保护期限
发明专利	20 年
实用新型专利	10 年

通过 PCT 途径，NOIP 保护发明专利和实用新型专利，不保护外观专利。若想要在越南注册外观专利，就只能通过《巴黎公约》途径方式才能进行。

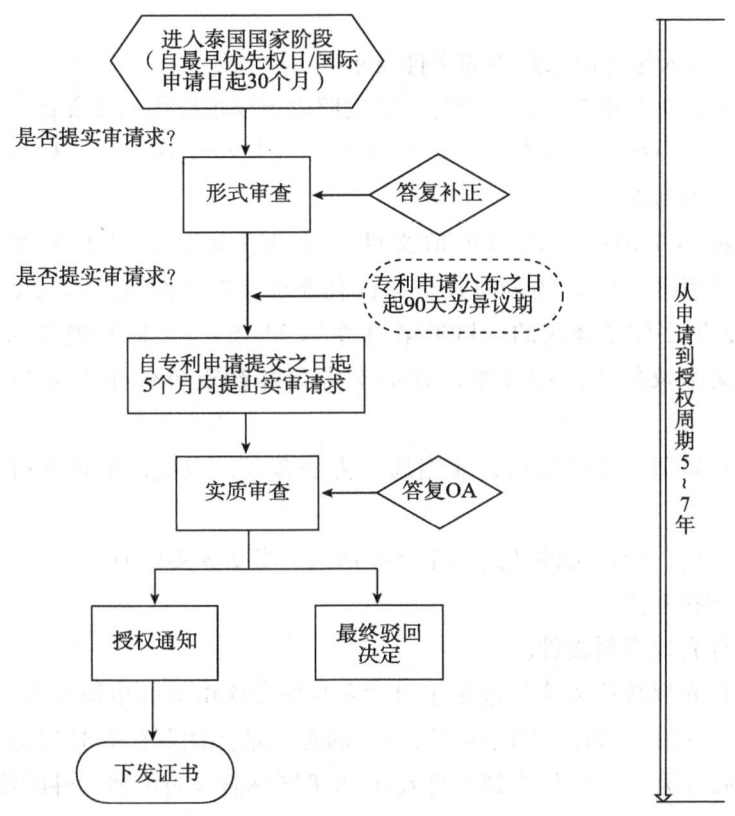

图 5-2-25 泰国国家阶段申请流程

3. PCT 进入越南国家阶段的时限

PCT 进入越南国家阶段的相关时限如表 5-2-35 所示。

表 5-2-35 PCT 进入越南国家阶段的时限

法条依据	PCT 进入地区阶段期限
PCT 第 I 章	自最早优先权日或国际申请日起 31 个月
PCT 第 II 章	自最早优先权日或国际申请日起 31 个月

通俗来讲，PCT 第 I 章就是指在未请求国际初步审查情况下进入国家阶段的期限，而 PCT 第 II 章指的是在请求国际初步审查的情况下进入国家阶段的期限。

4. PCT 进入越南国家阶段使用的语言

通过 PCT 方式在越南进行专利申请，与官方相关事项处理所使用的语言为越南语。

5. PCT 进入越南国家阶段的文件要求

PCT 申请进入越南国家阶段时，需按照以下要求提供相关文件。

（1）PCT 原始申请文件：国际申请文件（包括受理文本、检索报告及其书面意见）的副本。

（2）在 PCT 国际阶段对申请文件的修改：如对权利要求作了修改的（PCT 第 I 章第 19 条），需同时提交原权利要求文本及修改后的文本；如对权利要求及说明书作了修改的（PCT 第 II 章第 34 条），需同时提交原权利要求及说明书文本及修改后的文本，并提交由国际初审单位作出的初审报告的副本；

（3）当申请文件公布语言非当局官方语言时，应提供申请文件及修改的译文。

（4）申请权转让文件（适用于当申请人和发明人不同时。

（5）委托书。

（6）优先权声明文件。

（7）优先权转让文件（适用于申请人与优先权申请的申请人不同时）。根据 PCT 第 I 章第 20 条，PCT 国际局应在国际申请的国际公布日以后向各指定局或选定局传送 PCT 原始申请文件及在 PCT 国际阶段对申请文件的修改。

5.2.11.2 越南国家阶段申请流程

越南国家阶段申请流程，如图 5-2-26 所示。

5.2.12 PCT 申请进入南非国家阶段

5.2.12.1 南非国家阶段申请之专利概况

1. 专利主管单位

南非专利相关事务主管单位是南非专利与商标局（以下简称"CIPC"），官方网站为 www.cipc.co.za。

2. 专利保护类型

南非专利保护类型及保护期限如表 5-2-36 所示。

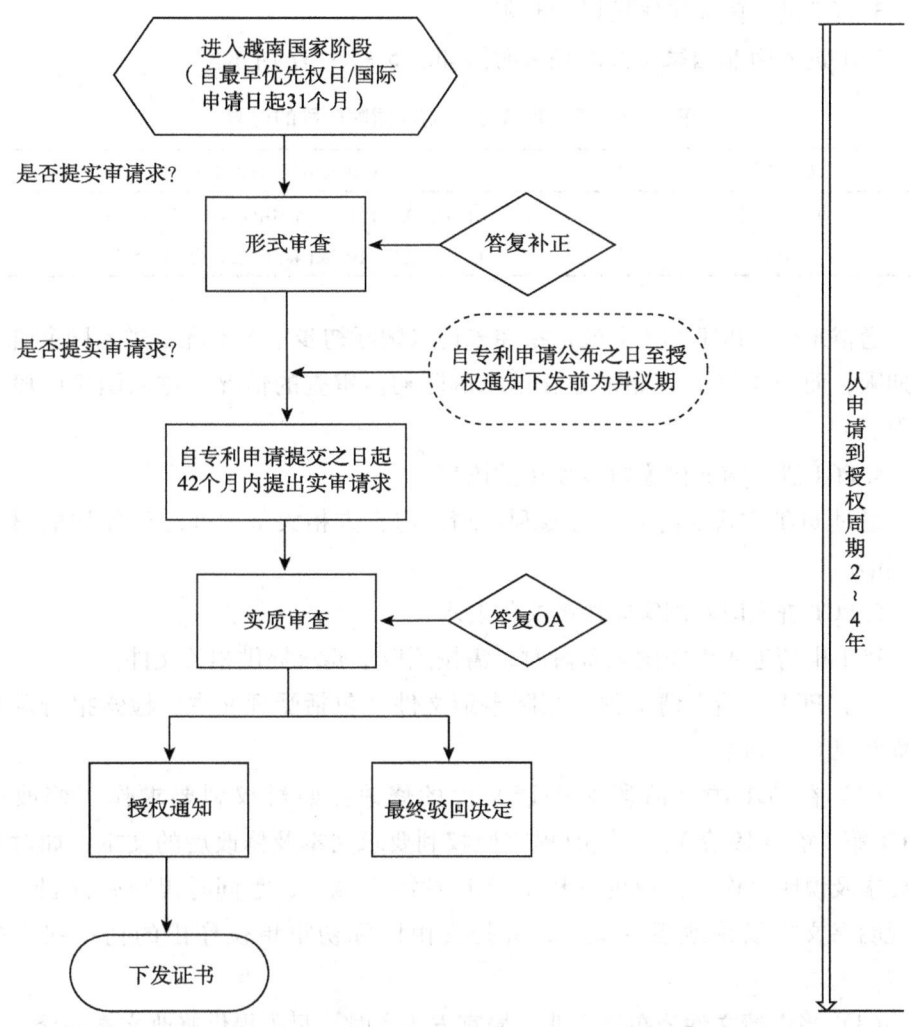

图 5-2-26 越南国家阶段申请流程

表 5-2-36 南非专利保护类型

专利保护类型	保护期限
发明专利	20 年

CIPC 只保护发明专利,不保护外观专利。若想要在南非注册外观专利,就只能通过《巴黎公约》途径进行。南非没有实用新型专利。

3. PCT 进入南非国家阶段的时限

PCT 进入南非国家阶段的相关时限如表 5-2-37 所示。

表 5-2-37　PCT 进入南非国家阶段的时限

法条依据	PCT 进入地区阶段期限
PCT 第 I 章	自最早优先权日或国际申请日起 31 个月
PCT 第 II 章	自最早优先权日或国际申请日起 31 个月

通俗来讲，PCT 第 I 章就是指在未请求国际初步审查情况下进入国家阶段的期限，而 PCT 第 II 章指的是在请求国际初步审查的情况下进入国家阶段的期限。

4. PCT 进入南非国家阶段使用的语言

通过 PCT 方式在南非进行专利申请，与官方相关事项处理所使用的语言为英语。

5. PCT 进入南非国家阶段的文件要求

PCT 申请进入南非国家阶段时，需按照以下要求提供相关文件。

（1）PCT 原始申请文件：国际申请文件（包括受理文本、检索报告及其书面意见）的副本。

（2）在 PCT 国际阶段对申请文件的修改：如对权利要求作了修改的（PCT 第 I 章第 19 条），需同时提交原权利要求文本及修改后的文本；如对权利要求及说明书作了修改的（PCT 第 II 章第 34 条），需同时提交原权利要求及说明书文本及修改后的文本，并提交由国际初审单位作出的初审报告的副本。

（3）当申请文件公布语言非当局官方语言时，只须提供修改文本的译。

（4）转让证明（如有）。

（5）委托书。

（6）优先权声明文件。根据 PCT 第 I 章第 20 条，PCT 国际局应在国际申请的国际公布日以后向各指定局或选定局传送 PCT 原始申请文件及在 PCT 国际阶段对申请文件的修改。

5.2.12.2　南非国家阶段申请流程图

南非国家阶段申请流程，如图 5-2-27 所示。

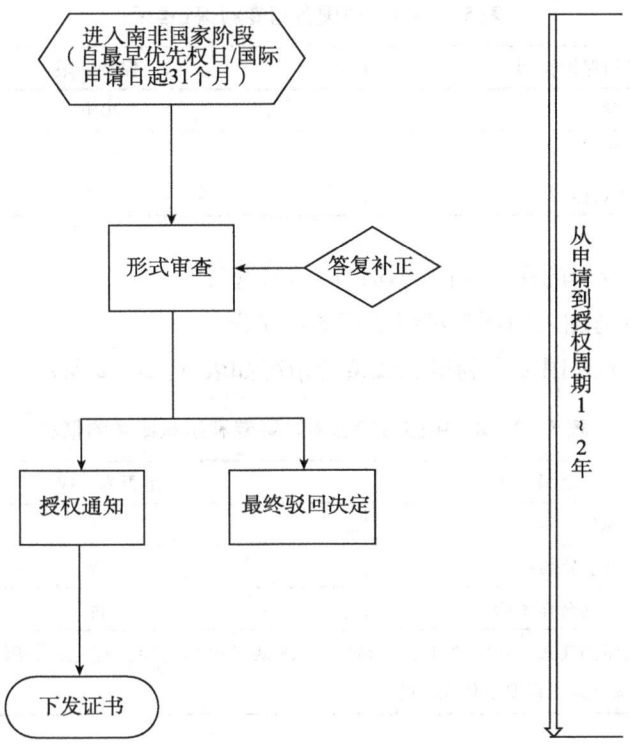

图 5-2-27 南非国家阶段申请流程

5.3 中国台湾、香港、澳门专利申请流程操作实务

5.3.1 中国台湾专利申请流程操作实务

5.3.1.1 中国台湾专利申请之概况

1. 专利主管单位

中国台湾专利相关事务主管单位是台湾智慧财产局（以下简称"TIPO"），官方网站为 www.tipo.gov.tw。

2. 专利保护类型

中国台湾专利保护类型及保护期限如表 5-3-1 所示。

表 5-3-1　中国台湾专利保护类型

专利保护类型	保护期限
发明专利	20 年
新型专利	12 年
新式样专利	10 年

中国台湾专利的保护期限，均自申请日起算。

3. 中国台湾加入国际专利组织或条约情况

中国台湾加入国际专利组织或条约情况如表 5-3-2 所示。

表 5-3-2　中国台湾加入国际专利组织或条约情况

国际专利组织名称	是否为其成员
WTO [1]	是
《巴黎公约》	否
PCT（专利合作条约）	否
[1]：WTO 成员依据 TRIPS 协议（知识产权协定），承认《巴黎公约》优先权。因此，向中国台湾申请专利通常情况下是可以要求优先权的。	

注：中国台湾与中国大陆于 2010 年 6 月 29 日签署《海峡两岸知识产权保护合作协议》，相互承认专利优先权。

4. 中国台湾专利申请中所使用的语言

向台湾智慧财产局申请专利过程中，与官方相关事项处理可使用繁体中文进行。

5. 中国台湾发明专利申请的申请程序

专利申请人按要求备齐申请书、说明书及必要图式等文件，向递交申请。应注意，如在台湾地区没有住所或营业场所，申请专利需委托当地代理师办理。

（1）以申请书、说明书、申请专利范围及必要图式齐备之日为申请日。其他文件可后补，包括委托书、法人证明、国籍证明、优先权证明文件（如有）等。

（2）优先权期限。

① 国际优先权：如已就相同发明或新型技术在其他与中国台湾相互承认优先权的国家或地区（如 WTO 成员方等）在先申请了专利的，于第一次提交

申请之日起 12 个月内，可以主张优先权。申请人于一申请案中主张两项优先权时，其优先权期间之起算日为最早优先权日的次日。对于设计专利申请，优先权期限是 6 个月。

注：申请人应于申请日起 4 个月内，送交相互承认优先权的国家/地区或 WTO 成员方受理的申请文件，否则视为丧失优先权。

② 国内优先权：如基于其在台湾地区先申请之发明或新型技术再提出专利申请的，可以就原申请案所载明技术主张优先权。

③ 主张优先权的申请案，其专利要件之审查，以优先权日为准，而并不以优先权日为申请日。

6. 中国台湾发明专利申请的文件要求

向中国台湾智慧财产局申请发明专利，应按要求提交以下申请文件：

（1）专利申请文件，包括说明书、权利要求书、摘要和附图（如有）。

（2）委托书。

（3）法人证明（Certificate of Corporation）。

（4）国籍证明（Certificate of Nationality）。

（5）优先权证明文件（如有）。

5.3.1.2　中国台湾发明专利申请之申请阶段

1. 申请信息核对

通过《巴黎公约》途径在台湾提出专利申请，需要核对以下信息。

（1）发明人信息

应核对委托方提供的发明人信息是否与优先权申请所列的发明人一致。若出现不一致的情况，应与委托方进行核实。

（2）申请人信息

应核对委托方提供的申请人信息是否与优先权申请所列的申请人一致。若出现不一致的情况，应与委托方进行核实。

（3）优先权信息

应核对优先权信息，包括国家、申请号和申请日。

2. 核对专利申请文件

应核对申请文件信息，包括申请日、发明名称、摘要、说明书、权利要求书及附图。

3. 委托当地事务所

国内事务所应向台湾地区当地事务所下达正式委托指示，通常应包括以下内容：

（1）申请人、发明人的中英文名称、中英文地址信息。

（2）明确的《巴黎公约》申请路径。

（3）优先权信息。

（4）在台湾地区提出申请的官方绝限（自最早优先权日起 12 个月）。

（5）委托方期望的指定提交日（如有）。

（6）需要当地事务所处理的事项。

（7）特殊要求（如有）。

针对正式委托的流程操作如下：

（1）下达正式委托后，应建立时限监控，包括针对当地事务所确收的日期和委托的提交日期（或绝限日期）。

（2）当地事务所回函确认收到指示后，结束针对当地事务所的确收时限监控。

（3）若未收到确收，持续发送提醒信函，直至当地事务所回函确收，结束时限监控提醒。

4. 转达受理通知书

针对提交申请后的流程操作如下：

（1）收到当地事务所的提交报告后，结束提交期限的时限监控。

（2）若未在指定期限收到当地事务所的提交反馈，持续发送提醒信函，直至收到当地事务所的提交报告，结束时限监控提醒。

（3）记录提交日、申请号等申请信息。

（4）核查提交 TIPO 的信息，包括著录信息、费用等。

（5）转达已确认的提交文件至委托方。

（6）建立期限，监控受理通知书及初审合格通知书，提交阶段任务结束。

5.3.1.3 中国台湾发明专利申请之审查阶段

1. 转达 OA 官文

收到当地事务所转来的 OA 时，记录发文日、官方期限、当地事务所所限等信息。建立两条时限监控，分别针对官方期限和当地事务所期限。

制作 OA 任务书，下发任务至代理部。

2. 确认答复期限

转达 OA 官文时，应通知委托人在规定的期限内进行相应修改和答复。台湾专利申请中 OA 官文答复期限一般为 3 个月，该期限可以延期。

在实操过程中，期限失控、错误计算延期时间导致少缴纳延期费的状况偶尔也会出现，流程管理员需注意核实当地事务所告知的期限正确与否，学会在实操过程中一点点积累知识，并根据实际业务需求灵活运用。

3. 答复 OA 官文

将委托方确认的答复稿件提交至当地事务所，并监控确收。确认当地事务所确收后，监控当地事务所在官方答复期限内将正式答复稿提交官方的情况。在收到当地事务所答复报告后，结束针对当地事务所期限的监控。

OA 官文答复延期费：错过了 OA 官文的常规答复期限，缴纳延期费可进行补救，但延期请求和延期费需要在期限前提出。

4. 向委托人报告答复 OA 文件

向委托方转达当地事务所的 OA 答复文件，OA 任务结束。

5.3.1.4　中国台湾发明专利申请之授权阶段

1. 核对专利核准审定书

收到专利核准审定书，应核对申请信息，主要是授权的文本基础是否正确。

2. 核对证书费

应根据申请人的类型，核对证书费。

3. 确认缴纳证书费期限

台湾地区专利申请中，证书费的缴纳期限为自收到专利核准审定书起的 3 个月。

4. 转达专利核准审定书

及时向委托方转达专利核准审定书，并告知官费与期限。

5. 核对专利证书

收到专利证书，应核对专利权信息与授权文本。

6. 转达专利证书

应及时向委托方转达专利证书，包括专利权人、专利号、授权日期，专利保护期限以及年费缴纳期限。

5.3.1.5 中国台湾专利申请流程

台湾地区专利申请流程，如图5-3-1所示。

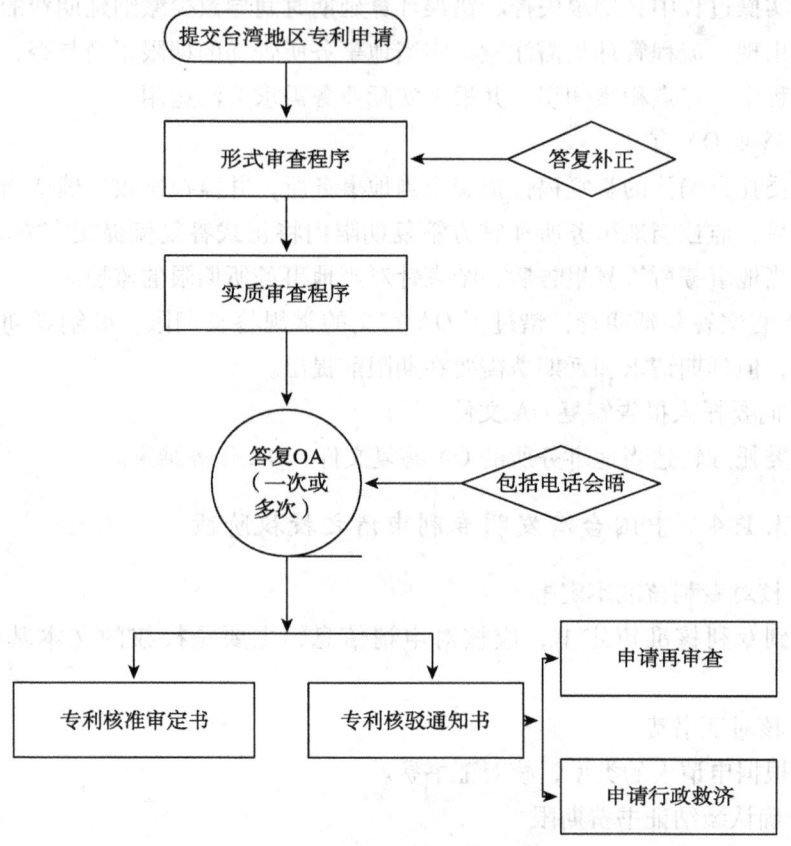

图5-3-1 中国台湾专利申请流程

5.3.2 中国香港专利申请流程操作实务

5.3.2.1 中国香港专利申请之概况

1. 专利主管单位

香港特区专利相关事务主管单位是香港特别行政区政府知识产权署（以下简称"香港知识产权署"），官方网站为www.ipd.gov.hk。

2. 专利保护类型

香港特区专利保护类型及保护期限如表5-3-3所示。

表5-3-3　中国香港专利保护类型

专利保护类型	保护期限
标准专利	20年
短期专利	8年
外观设计专利	25年

中国香港专利的保护期限自专利申请日起算。其中，标准专利的申请日为指定专利申请的申请日。

3. 中国香港加入国际专利组织或条约情况

中国香港加入国际专利组织或条约情况如表5-3-4所示。

表5-3-4　中国香港加入国际专利组织或条约情况

国际专利组织名称	是否为其成员
WTO*	是
《巴黎公约》	否
PCT（专利合作条约）	否
*：WTO成员依据TRIPS协议（知识产权协定），承认《巴黎公约》优先权。因此，向香港特区申请专利通常情况下是可以要求优先权的。	

4. 中国香港专利申请中所使用的语言

向香港知识产权署申请专利过程中，与官方相关事项处理可使用中文或英语进行。

5. 中国香港标准专利申请的申请程序

向香港知识产权署申请标准专利的程序分为下述两个阶段。

第一阶段——向香港知识产权署提交指定专利申请的记录请求。该请求必须在指定专利的专利局公布指定专利申请之日起6个月内提交（对于指定专利申请为PCT进入中国国家阶段的PCT国际申请，且PCT国际申请由国际局以中文公布，那么提交记录请求的期限为专利局发出国家申请号通知书之日起的6个月内）。

第二阶段——向香港知识产权署提交指定专利的注册与批予请求。该请求必须在指定专利的专利局授权公告指定专利之日起6个月内或在香港知识产权署公布第一阶段记录请求之日起6个月内提交，以后到期之日为准。

6. 中国香港标准专利申请中的文件要求

向香港特区进行标准专利申请，需按照以下要求提供相关文件：

第一阶段——提交记录请求阶段提供以下文件：

（1）已公布的指定专利申请副本。

（2）发明名称的中文和英文。

（3）摘要的中文和英文文本。

（4）申请人权利陈述及转让文件副本（当申请人与指定专利申请中的申请人不一致时）。

第二阶段——提交注册与批予请求阶段提供以下文件：

（1）已授权公告的指定专利副本。

（2）发明名称的中文和英文。

（3）申请人权利陈述及转让文件副本（当申请人与指定专利申请中的申请人不一致时）。

（4）PCT国际申请的特殊要求。

若指定专利申请为进入国家或地区阶段的PCT国际申请，除了上述两个阶段的文件和资料外，须同时提交下列文件或资料：

（1）由国际局公布的国际申请副本一份。

（2）由指定局当局所公布的国际申请的任何译本副本。

（3）由指定局当局所公布的关于国际申请的任何资料副本。

（4）对于指定专利申请为PCT进入中国国家阶段的PCT国际申请，如国际申请已由国际局以中文公布，则须提交国家申请号通知书副本。

5.3.2.2 中国香港标准专利申请之提交记录请求阶段

1. 指定专利申请确认

向香港知识产权署申请标准专利时，所提及的指定专利申请是向下述三个指定专利局之一提交的专利申请：

（1）中华人民共和国国家知识产权局。

（2）欧洲专利局。

（3）联合王国（英国）专利局。

2. 递交方式确认

向香港知识产权署申请专利，官方文件的递交与中国内地专利申请类似，也有两种递交方式，一种是电子递交，另一种是纸件递交。两种递交方式的使用范围如下。

（1）电子提交方式：一般来说，当地事务所会采取电子方式提交申请。

（2）纸件提交方式：仅在特殊情况下，当地事务所才会采取纸件形式提交申请。

3. 申请信息核对

向香港知识产权署提交记录请求时，须对以下信息进行核对：

（1）发明人信息。应核对指定专利申请中是否有载明发明人的姓名，若指定专利申请中未载明发明人，应与委托方核实，并在提交记录请求时，提交一份发明人的陈述。

（2）申请人信息。应核对委托方提供的申请人信息是否与指定专利申请中载明的申请人信息一致，若专利申请的申请人与指定专利申请的申请人不一致，应与委托方核实，并在提交记录请求时，提交一份申请人陈述以及相关的证明文件，如转让文件等。

（3）优先权信息。应核对优先权信息，包括国家、申请号和申请日。

4. 核对公布的指定专利申请文件

应核对公布的指定专利申请文件信息，包括申请号、申请日、发明名称、摘要、说明书、权利要求书及附图。

5. 当地事务所委托

向香港知识产权署提交记录请求时，应向当地事务所下达正式委托指示，通常应包括以下内容：

（1）申请人、发明人的中英文名称、中英文地址信息。

（2）指定专利申请信息。

（3）已公布的指定专利申请副本。

（4）对于指定专利申请为进入国家或地区阶段的 PCT 国际申请，须提交国际局公布的国际申请的副本或由指定专利局公布的国际申请译文的副本。

（5）对于指定专利申请为 PCT 进入中国国家阶段的 PCT 国际申请，且 PCT 国际申请已由国际局以中文公布，须提交国家申请号通知书副本。

（6）摘要的中文和英文文本。

（7）优先权信息。

（8）提交记录请求的绝限（自指定专利申请公布日起 6 个月内）。

（9）委托方期望的指定提交日（如有）。

（10）特殊要求（如有）。

针对正式委托的流程操作如下：

（1）下达正式委托后，应建立时限监控，包括针对当地事务所确收的日期和委托的提交日期（或绝限日期）。

（2）当地事务所回函确认收到指示后，结束针对当地事务所的确收时限监控。

（3）若未收到确收，持续发送提醒信函，直至当地事务所回函确收，结束时限监控提醒。

6. 受理通知书转达

（1）电子回执。电子形式提交记录请求时，当天可以收到电子回执。

应核查电子回执中的信息，主要为提交文件数量是否有误、是否提交摘要译本。

（2）受理通知书。受理通知书通常在1~2周内下发。

（3）流程操作。针对提交记录请求后的流程操作如下：

（a）收到当地事务所提交报告后，结束提交期限的时限监控。

（b）若未在指定期限收到当地事务所的提交反馈，持续发送提醒信函，直至收到当地事务所的提交报告，结束时限监控提醒。

（c）记录提交日、申请号等申请信息。

（d）核查提交的信息，包括著录信息、费用金额（如表5-3-5所示）等。

表5-3-5　提交记录请求费用明细

费用项目	费用（港币）
提交指定专利申请的记录请求	380
记录请求的公告费	68
小计	448

（e）转达已确认的提交文件至委托方。

（f）建立期限，监控受理通知书。

（g）收到受理通知书，及时向委托方转达。

7. 记录请求的公布转达

收到第一阶段记录请求的公布通知书后，对公布信息进行核对，包括提交日期、指定专利信息、发明名称等。核对无误后，及时向委托方转达记录请求的公布通知书。

5.3.2.3 中国香港标准专利申请之提交注册与批予请求阶段

1. 申请人信息核对

应核对委托方提供的申请人信息是否与提交记录请求时的申请人信息一致，若不一致，应与委托方核实，并在提交注册与批予请求时，提交一份申请人陈述以及相关的证明文件，如转让文件等。

2. 核对公告的指定专利文件

应核对公告的指定专利文件信息，包括申请号、申请日、发明名称、摘要、说明书、权利要求书及附图。

3. 当地事务所委托

向香港知识产权署提交注册与批予请求时，应向当地事务所下达正式委托指示，通常应包括以下内容：

（1）申请人的中英文名称、中英文地址信息。

（2）指定专利信息。

（3）已授权公告的指定专利副本。

（4）已公布的第一阶段记录请求信息。

（5）提交注册与批予请求的绝限（通常为自指定专利授权公告日起6个月内）。

（6）委托方期望的指定提交日（如有）。

（7）特殊要求（如有）。

针对正式委托的流程操作如下：

（1）下达正式委托后，应建立时限监控，包括针对当地事务所确收的日期和委托的提交日期（或绝限日期）。

（2）当地事务所回函确认收到指示后，结束针对当地事务所的确收时限监控。

（3）若未收到确收，持续发送提醒信函，直至当地事务所回函确收，结束时限监控提醒。

4. 受理通知书转达

（1）电子回执。电子形式提交注册与批予请求时，当天可以收到电子回执。应核查电子回执中的信息，主要为提交文件数量是否有误。

（2）受理通知书。受理通知书通常在1~2周内下发。

（3）流程操作。针对提交注册与批予请求后的流程操作如下：

(a) 收到当地事务所提交报告后，结束提交期限的时限监控。

(b) 若未在指定期限收到当地事务所的提交反馈，持续发送提醒信函，直至收到当地事务所的提交报告，结束时限监控提醒。

(c) 记录提交日、申请号等申请信息。

(d) 核查提交的信息，包括著录信息、费用金额（如表 5-3-6 所示）等。

表 5-3-6　提交记录与批予请求费用明细

费用项目	费用（港币）
提交将指定专利注册与批予标准专利的请求	380
注册与批予请求的公告费	68
小计	448

(e) 转达已确认的提交文件至委托方。

(f) 建立期限，监控受理通知书。

(g) 收到受理通知书，及时向委托方转达。

5. 注册与批予请求的公告转达

收到第二阶段注册与批予请求的公告通知书后，对公告信息进行核对，包括提交日期、指定专利信息、申请人信息、发明名称等。核对无误后，及时向委托方转达注册与批予请求的公告通知书。

6. 标准专利证书转达

收到批予标准专利证明书后，对证书信息进行核对，包括申请人信息、发明名称、标准专利有效期等。核对无误后，应及时向委托方转达专利证书。

5.3.2.4　中国香港标准专利申请流程

香港特区标准专利申请流程，如图 5-3-2 所示。

5.3.3　中国澳门专利申请流程操作实务

5.3.3.1　中国澳门专利申请概况

1. 专利主管单位

澳门特区专利相关事务主管单位是澳门特别行政区政府经济局（简称"澳门经济局"），官方网站为 www.econmia.gov.mo。

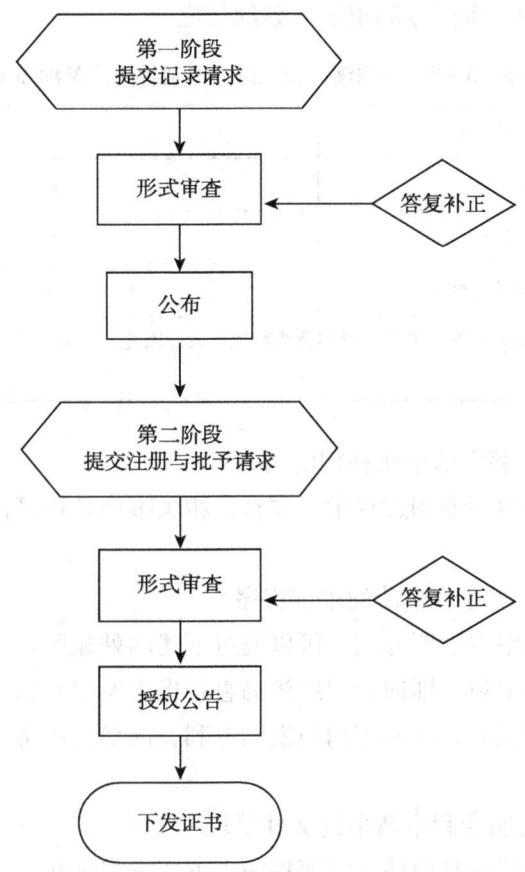

图 5-3-2　中国香港标准专利申请流程

2. 专利保护类型

澳门特区专利保护类型及保护期限如表 5-3-7 所示。

表 5-3-7　澳门特区专利保护类型

专利保护类型	保护期限
发明专利	20 年
实用新型专利	10 年
外观设计专利	25 年

澳门特区专利的保护期限自专利申请日起算。其中,通过延伸注册方式获得的专利则从原指定专利申请的申请日起算。

3. 中国澳门加入国际专利组织或条约情况

表 5-3-8 中国澳门加入国际专利组织或条约情况

国际专利组织名称	是否为其成员
WTO *	是
《巴黎公约》	否
PCT（专利合作条约）	否

＊：WTO 成员依据 TRIPS 协议，承认《巴黎公约》优先权。因此，向澳门特区申请专利通常情况下是可以要求优先权的。

4. 中国澳门专利申请中所使用的语言

向澳门经济局申请专利过程中，与官方相关事项处理可使用中文或葡萄牙语进行。

5. 中国澳门发明专利申请的申请程序

向澳门经济局申请发明专利，可以通过下述两种途径：

途径一：直接申请，即向澳门经济局直接提出发明专利申请。

途径二：延伸注册，即基于内地发明专利，向澳门经济局请求发明专利的延伸注册。

6. 中国澳门发明专利申请中的文件要求

向中国澳门进行专利申请，需要按照以下要求提供相关文件。

（1）通过直接申请的途径进行专利申请，需提供以下文件：

a）专利申请文件，包括说明书、权利要求书、摘要和附图（如有）。

b）委托书（须公证）。

c）优先权文件（如有）。

（2）通过延伸注册的途径进行专利申请，需提供以下文件：

① 专利局下发的相关官方文件，根据提交延伸注册请求时，基础专利申请或基础专利所处阶段的不同，提交的官方文件分为以下三种类型：

a）若基础专利申请已受理但尚未公布，应提交国家申请号通知书（公布相关文件和授权相关文件应在专利公布后和专利授权后的规定期限内进行提交）。

b）若基础专利申请已公布但尚未授权，应提交发明专利申请的公布文本（授权相关文件应在专利授权后的规定期限内提交）。

c）若基础专利已授权，应提交专利登记簿副本和专利授权文本。

② 委托书（须公证）。

5.3.3.2 中国澳门发明专利直接申请流程

1. 提交阶段

（1）递交方式。向澳门经济局申请专利，官方文件的递交与中国专利申请类似，也有两种递交方式，一种是电子递交，另一种是纸件递交。两种递交方式的使用范围如下。

（a）电子提交方式：一般来说，当地事务所会采取电子方式提交申请。

（b）纸件提交方式：仅在特殊情况下，当地事务所才会采取纸件形式提交申请。

（2）核对申请信息。向澳门经济局提交专利申请时，须对以下信息进行核对。

（a）发明人信息。若存在优先权专利申请，应核对委托方提供的发明人信息是否与优先权申请所列的发明人一致。若出现不一致的情况，应与委托方进行核实。

（b）申请人信息。若存在优先权专利申请，应核对委托方提供的申请人信息是否与优先权申请所列的申请人一致。若出现不一致的情况，应与委托方进行核实。

（c）优先权信息。应核对优先权信息，包括国家、申请号和申请日。

（3）委托当地事务所。向澳门经济局提交专利申请时，应向当地事务所下达正式委托指示，通常应包括以下内容：

（a）申请人、发明人的中英文名称、中英文地址信息。

（b）专利申请文件（若非官方语言，还须提交译文）。

（c）优先权信息。

（d）提交专利申请的绝限（要求优先权时，应为最早优先权日起12个月）。

（e）委托方期望的指定提交日（如有）。

（f）特殊要求（如有）。

针对正式委托的流程操作如下：

（a）下达正式委托后，应建立时限监控，包括针对当地事务所确收的日期和委托的提交日期（或绝限日期）。

（b）当地事务所回函确认收到指示后，结束针对当地事务所的确收时限监控。

（c）若未收到确收，持续发送提醒信函，直至当地事务所回函确收，结束时限监控提醒。

（4）转达提交报告。针对提交专利申请后的流程操作如下：

（a）收到当地事务所提交报告后，结束提交期限的时限监控。

（b）若未在指定期限收到当地事务所的提交反馈，持续发送提醒信函，直至收到当地事务所的提交报告，结束时限监控提醒。

（c）记录提交日、申请号等申请信息。

（d）核查提交的信息，包括著录信息、费用金额（如表5-3-9所示）等。

表5-3-9 提交发明专利申请费用明细

费用项目	费用（澳门币）
提交发明专利注册申请	800

（e）转达已确认的提交文件至委托方。

2. 审查阶段

（1）形式审查程序。澳门经济局在收到专利注册申请后两个月内会对申请作出形式审查，以查核申请书的填写及补充文件是否符合法律规定。若申请中存在不符合要求的内容，澳门经济局会下发补正通知，要求申请人进行补正。补正通知的答复期限为两个月。针对补正通知的流程操作如下：

（a）收到当地事务所转来的补正通知时，记录发文日、官方期限、当地事务所所限等信息；建立两条时限监控，分别针对官方期限和当地事务所期限。

（b）监控在当地事务所期限内向当地事务所发出答复指示并监控确收。确认当地事务所确收后，结束针对当地事务所期限的监控。

（c）监控当地事务所在官方答复期限内答复官方，收到当地事务所答复报告后，结束针对官方期限的监控。

（d）向委托方转达当地事务所的答复文件，答复任务结束。

（2）异议程序。自澳门专利申请公布日起至授权日为澳门专利申请的异议期。若收到当地事务所转来的异议通知书，将启动异议程序。

（3）实审程序。自澳门专利申请提交日起7年内为提出实质审查的期限，申请人向澳门经济局提交一份要求由专利局制作的审查报告书的实质审查申请，并缴纳实质审查费（表5-3-10），启动澳门实审程序。收到澳门经济局转来的专利申请案卷后，专利局会进行实质审查，并下发附有评价意见的检索报告及审查意见书。

表5-3-10　实质审查费用明细

费用项目	费用（澳门币）
实质审查费用	2500

针对上述检索报告及审查意见书的流程操作如下：

（a）收到当地事务所转来的检索报告及审查意见书时，记录发文日、官方期限、当地事务所所限等信息；建立两条时限监控，分别针对官方期限和当地事务所期限。

（b）监控在当地事务所期限内向当地事务所发出答复指示并监控确收。确认当地事务所确收后，结束针对当地事务所期限的监控。

（c）监控当地事务所在官方答复期限内答复官方，收到当地事务所答复报告后，结束针对官方期限的监控。

（d）向委托方转达当地事务所的答复文件，答复任务结束。

3. 授权阶段

（1）授权通知书。收到授权通知书，应核对申请信息，包括申请日、申请人、发明人、注册日等。核对信息无误后，及时向委托方转达授权通知书，并告知授权日期与上诉期限。

（2）专利证书。上诉期满，澳门经济局下发注册证。收到注册证并核对专利权信息后，应及时向委托方转达专利注册证书，包括专利权人、专利号、授权日期、缴纳年费期限等。

5.3.3.3　中国澳门发明专利之延伸注册

1. 提交阶段

（1）确认递交方式。向澳门经济局申请专利，官方文件的递交与中国内地专利申请类似，也有两种递交方式，一种是电子递交，另一种是纸件递交。两种递交方式的使用范围如下。

（a）电子提交方式：一般来说，当地事务所会采取电子方式提交申请。

(b) 纸件提交方式：仅在特殊情况下，当地事务所才会采取纸件形式提交申请。

(2) 申请信息核对。向澳门经济局提交专利申请时，须对以下申请信息进行核对。

(a) 申请人信息。应核对委托方提供的申请人信息是否与基础专利申请或基础专利中载明的申请人信息一致，若澳门延伸注册的申请人与基础专利或基础专利申请的申请人不一致，应与委托方核实。

(b) 基础专利申请或基础专利信息。应核对基础专利申请或基础专利信息，包括申请人、发明人、申请号、申请日、发明名称等。

(c) 优先权信息。应核对优先权信息，包括国家、申请号和申请日。

(3) 委托当地事务所。向澳门经济局提交延伸注册申请时，应向当地事务所下达正式委托指示，通常应包括以下内容：

(a) 申请人、发明人的中英文名称、中英文地址信息。

(b) 基础专利申请或基础专利信息。

(c) 优先权信息。

(d) 提交专利申请的绝限（通常情况下，基于已授权专利，期限为自授权日起3个月）。

(e) 委托方期望的指定提交日（如有）。

(f) 特殊要求（如有）。

针对正式委托的流程操作如下：

(a) 下达正式委托后，应建立时限监控，包括针对当地事务所确收的日期和委托的提交日期（或绝限日期）。

(b) 当地事务所回函确认收到指示后，结束针对当地事务所的确收时限监控。

(c) 若未收到确收，持续发送提醒信函，直至当地事务所回函确收，结束时限监控提醒。

(4) 转达提交报告。针对提交延伸注册申请后的流程操作如下：

(a) 收到当地事务所提交报告后，结束提交期限的时限监控。

(b) 若未在指定期限收到当地事务所的提交反馈，持续发送提醒信函，直至收到当地事务所的提交报告，结束时限监控提醒。

(c) 记录提交日、申请号等申请信息。

(d) 核查提交的信息，包括著录信息、费用金额（如表5-3-11所示）等。

表 5-3-11　发明专利延伸注册申请费用明细

费用项目	费用（澳门币）
提交发明专利延伸申请	800

（e）转达已确认的提交文件至委托方。

2. 审查批准阶段

（1）形式审查。澳门经济局在收到专利延伸注册申请后会对申请作出形式审查，以查核申请书的填写及补充文件是否符合法律规定。若申请中存在不符合要求的内容，澳门经济局会下发补正通知，要求申请人进行补正。补正通知的答复期限为两个月。针对补正通知的流程操作如下。

（a）收到当地事务所转来的补正通知时，记录发文日、官方期限、当地事务所期限等信息；建立两条时限监控，分别针对官方期限和当地事务所期限。

（b）监控在当地事务所期限内向当地事务所发出答复指示并监控确收。确认当地事务所确收后，结束针对当地事务所期限的监控。

（c）监控当地事务所在官方答复期限内答复官方，收到当地事务所答复报告后，结束针对官方期限的监控。

（d）向委托方转达当地事务所的答复文件，答复任务结束。

（2）专利申请公布。针对基础专利申请属于专利局已受理或已公布但尚未授权的专利申请，澳门经济局会在自最早优先权日或基础专利申请日起的 18 个月进行公布。

（3）批准延伸公告。当申请人向澳门经济局提交由专利局开具的专利登记簿副本及专利申请文件后，若延伸注册申请符合澳门工业产权法律制度的规定，申请便会进入批准阶段，并在澳门特别行政区公报内刊登批准延伸公告；若延伸注册申请不符合澳门工业产权法律制度的规定，澳门特别行政区公报将刊登拒绝延伸批示。

当收到当地事务所转来的批准延伸公告时，应核对申请信息，包括申请日、申请人、发明人、注册日等。核对信息无误后，及时向委托方转达，并告知授权日期与上诉期限。当收到当地事务所转来的拒绝延伸批示时，应及时向委托方转达。

(4) 专利注册证书。上诉期满，澳门经济局下发注册证。收到注册证并核对专利权信息后，应及时向委托方转达注册证书，包括专利权人、专利号、授权日期、缴纳年费期限等。

5.3.3.4 中国澳门发明专利申请流程

1. 直接申请

澳门特区专利直接申请流程，如图5-3-3所示。

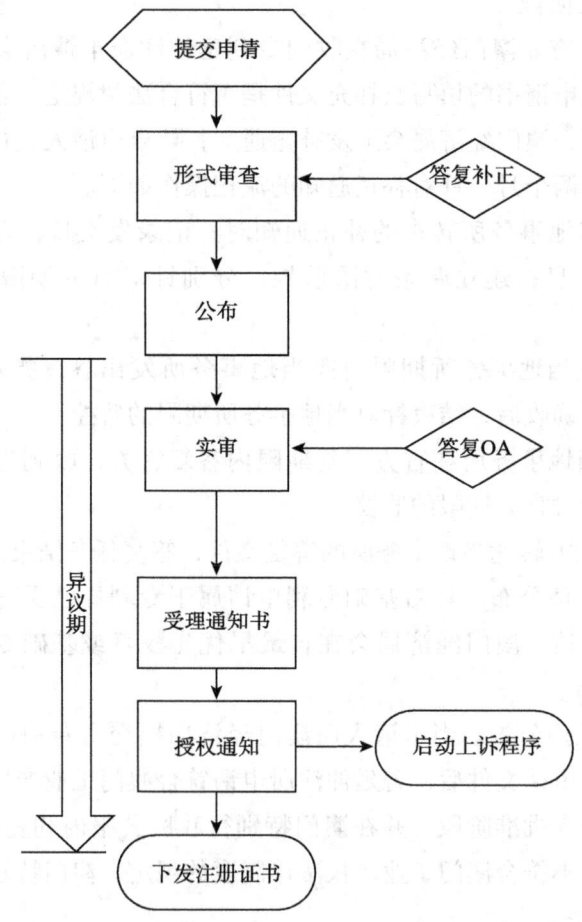

图5-3-3 澳门特区专利直接申请流程

2. 延伸注册申请

澳门特区专利延伸注册申请流程，如图5-3-4所示。

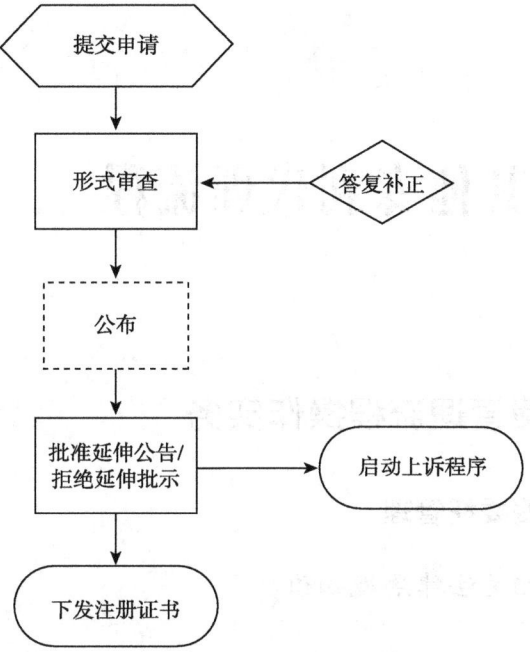

图 5-3-4 澳门特区专利延伸注册申请流程

第6章 其他专利代理流程*

6.1 年费管理流程操作实务

6.1.1 年费委托管理

6.1.1.1 相关法律法规知识

1.《专利法》

(1)《专利法》第42条规定发明专利权的期限为20年,实用新型专利权和外观设计专利权的期限为10年,均自申请日起计算。

(2)《专利法》第43条规定专利权人应当自被授予专利权的当年开始缴纳年费。

(3)《专利法》第44条规定有下列情形之一的,专利权在期限届满前终止:

① 没有按照规定缴纳年费的。

② 专利权人以书面声明放弃其专利权的。

专利权在期限届满前终止的,由国务院专利行政部门登记和公告。

2.《专利法实施细则》

(1)《专利法实施细则》第5条规定:"专利法和本细则规定的各种期限的第一日不计算在期限内。期限以年或者月计算的,以其最后一月的相应日为期限届满日;该月无相应日的,以该月最后一日为期限届满日;期限届满日是法定休假日的,以休假日后的第一个工作日为期限届满日。"

---

* 编撰:王智,北京金信知识产权代理有限公司;6.1~6.2.4 审订:张伟,北京市金杜律师事务所;6.2.4~6.2.8 审订:张英,北京康信知识产权代理有限责任公司。

(2)《专利法实施细则》第 94 条规定："专利法和本细则规定的各种费用，可以直接向国务院专利行政部门缴纳，也可以通过邮局或者银行汇付，或者以国务院专利行政部门规定的其他方式缴纳。

"通过邮局或者银行汇付的，应当在送交国务院专利行政部门的汇单上写明正确的申请号或者专利号以及缴纳的费用名称。不符合本款规定的，视为未办理缴费手续。

"直接向国务院专利行政部门缴纳费用的，以缴纳当日为缴费日；以邮局汇付方式缴纳费用的，以邮局汇出的邮戳日为缴费日；以银行汇付方式缴纳费用的，以银行实际汇出日为缴费日。

"多缴、重缴、错缴专利费用的，当事人可以自缴费日起 3 年内，向国务院专利行政部门提出退款请求，国务院专利行政部门应当予以退还。"

(3)《专利法实施细则》第 98 条规定："授予专利权当年以后的年费应当在上一年度期满前缴纳。专利权人未缴纳或者未缴足的，国务院专利行政部门应当通知专利权人自应当缴纳年费期满之日起 6 个月内补缴，同时缴纳滞纳金，滞纳金的金额按照每超过规定的缴费时间 1 个月，加收当年全额年费的 5% 计算；期满未缴纳的，专利权自应当缴纳年费期满之日起终止。"

3.《专利审查指南 2010》

《专利审查指南 2010》第五部分第七章对包括年费期限在内的专利相关期限进行了说明，并且在第五部分第九章对年费缴纳时间、年费年度以及滞纳金等内容作出了明确规定。

6.1.1.2 实务操作

作为代理机构，办理某一官方程序时，通常要满足 3 方的要求：官方（此处及以下均指专利局）、客户（此处及以下均指委托人）和公司（此处及以下均指代理机构）。对官方，通常需要考虑 3 个要素：文件、时限和费用。对客户，也需要考虑这 3 个要素：文件、时限和费用。而对公司，除了需要考虑上述 3 个要素外，还要考虑入卷及开账单对账等方面的因素。

本节的年费管理，更多的涉及时限及费用方面。具体在针对不同的客户，专利代理机构会采用垫付年费管理流程及非垫付年费管理流程两种方式。垫付管理流程是指，无论客户是否已经付款给代理机构（包含已经付款及还未付款的情况),代理机构都会根据指定期限或者专利代理机构内部期限为客户缴纳年费。而非垫付流程是指,在客户相关费用已经到达代理机构账户的情况下,根据客户的明确指示缴纳相关费用。

1. 年费管理流程图

(1) 垫付年费管理流程。无需关注客户是否付款,一般适用于信誉优良或长期合作的客户年费委托流程,具体年费管理流程如图6-1-1所示,步骤如下。

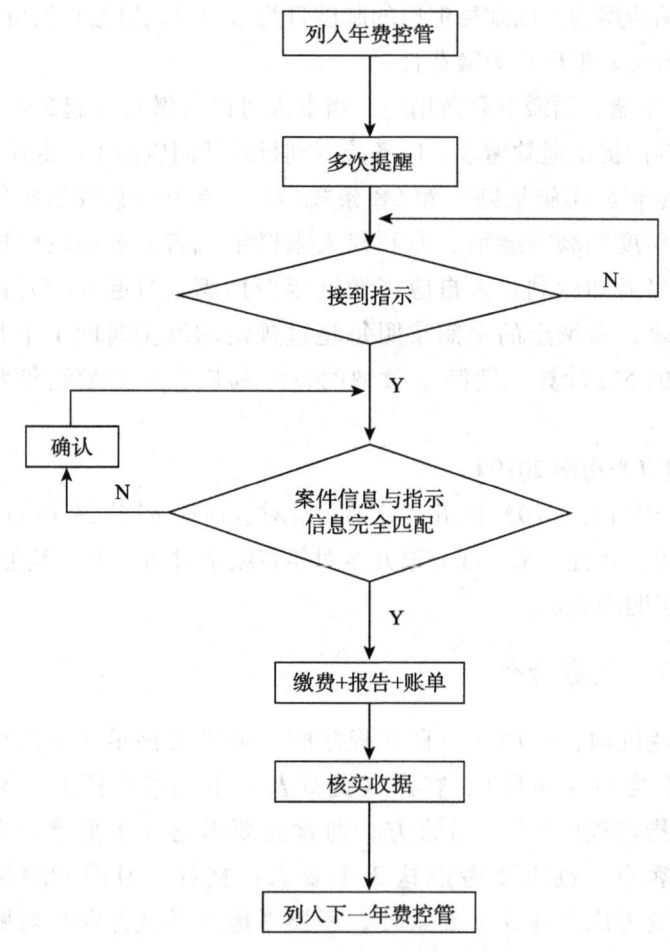

图6-1-1 垫付年费管理流程

① 代理机构将要监控管理的年费案件列入管理系统中(一般称为立年费案)。

② 在期限前多次提醒，通常提醒 1~3 次，期限前 3 个月第 1 次提醒，期限前 1 个月第 2 次提醒，期限前 1 周第 3 次提醒。

③ 收到客户的委托缴费指示，如在相应期限前仍无指示，则应再提醒客户。如到期仍未收到客户指示，则执行步骤⑧。

④ 判断案件信息与指示信息是否完全匹配，如是，则执行步骤⑤，如否，则同客户确认正确信息。

⑤ 办理缴费、开具账单对账、报告客户。

⑥ 收到官费收据后，核对缴费信息，如无误，则执行步骤⑦，如有误，则进一步联系官方更正。

⑦ 列入下一年费控管。

⑧ 到期仍未收到客户指示，如果客户要求即使收不到指示也要保证案件存活，需在绝限日当天缴纳年费，否则，不缴纳年费，并在绝限日当日向客户报告。

(2) 非垫付管理流程。需款到才能启动，一般适用于信誉较差，或者国内客户年费委托流程，年费管理流程如图 6-1-2 所示，具体步骤如下。

① 代理机构将要监控管理的年费案件列入管理系统中（一般称为立年费案）。

② 在期限前多次提醒。

③ 收到客户的委托缴费指示，如在相应期限前仍无指示，则考虑隔天或及时提醒。

④ 判断案件信息与指示是否信息完全匹配，如果是，则执行步骤⑤，如果否，则同客户确认正确信息。

⑤ 核实相关费用是否已经到账，如是，则执行步骤⑥，如果否，则同客户进一步确认。

⑥ 办理缴费、开具账单对账、报告客户。

⑦ 收到收据核对缴费信息，如无误，则执行步骤⑧，如有误，则进一步联系官方更正。

⑧ 列入下一年费控管。

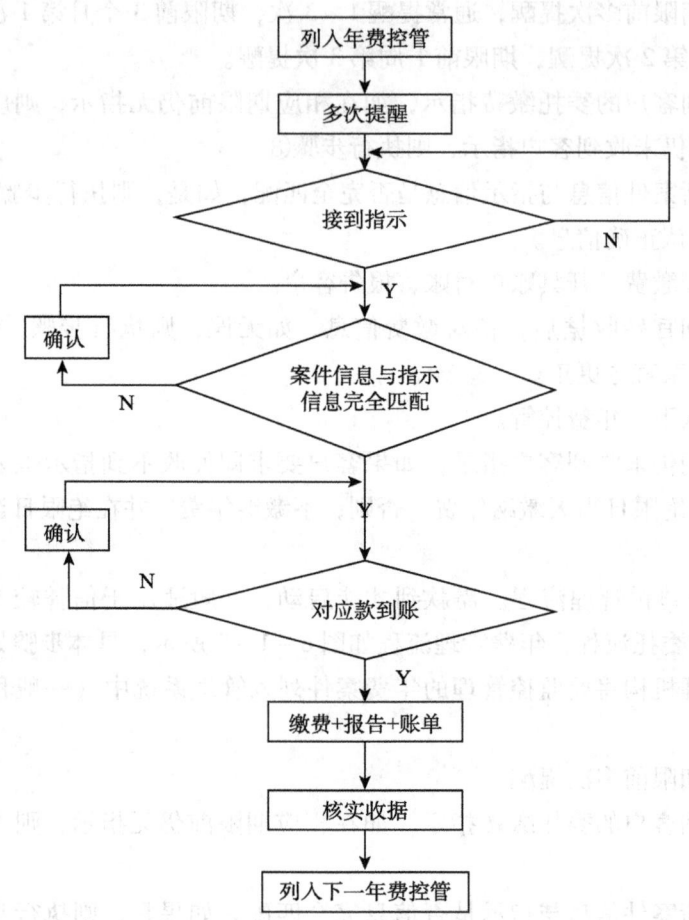

图 6-1-2 非垫付年费管理流程

2. 年费管理文件、时限及费用要求

年费管理过程中对文件、时限及费用的具体要求如表 6-1-1 所示。

表 6-1-1 年费管理文件、时限及费用的具体要求

	官方	客户		公司
		垫付管理	非垫付管理	
文件	无	指示函与报告函	指示函与报告函	入卷
时限	申请日在该年的相应日,最晚不晚于次月	几个月前开始提醒,绝限日前办理	几个月前开始提醒,到款后办理	一般为3个月、1个月、1周提醒

— 234 —

续表

官方	客户		公司
	垫付管理	非垫付管理	
费用 按实际情况，需注意费减情况，详情参见费减办理流程操作实务部分内容	账单、收据或发票	账单、收据或发票	核对官费无误与公司内部对账

◆专利代理流程人员在处理年费管理业务时，需要注意的方面

（1）客户指示函：核对信函中指示的案件信息是否与代理机构记录的信息相匹配、指示年度是否为需要办理的年度、指示年度是否还含有多年或其他事宜的委托、是否是当前客户的指示。

（2）报告函：给客户写信函时需要注意客户的联系方式是否正确，例如邮件地址是否无误、传真是否还继续使用、邮寄地址是否有更新，报告所缴的年费年度是否正确，国内的案件是否留有具体办案人的联系信息，国外的案件需注意是否有个别客户要求需要留相关责任人的签名，批量报告时，相关案件信息是否相匹配。

（3）时限：委托代理机构办理的年费案件，通常需要提前几个月开始提醒客户关注办理年费事宜，根据不同客户的要求或实际情况，可采取3个月、1个月、1周不定期的提醒和催要指示。

（4）检查是否未收到客户指示函、对应的费用是否已经到账。

6.1.1.3 实务案例

实务案例1：

【知识点】年度的计算、年费期限的计算

如果某实用新型专利申请日为2016年2月29日，授权办理的是第一年年费，自第二年开始需要提醒后续（2~10年）年费。因2017年2月没有29日，因此第二年年费应缴日为2017年2月28日，第三年应缴日为2018年2月28日，第四年应缴日为2019年2月28日，因第五年应缴日2020年2月29日为周六，第五年应缴日应顺延至2020年3月2日（星期一），后续年费的期限，以此类推。

实务案例2:

【知识点】年度的计算、年费及滞纳金期限的计算、滞纳金的计算

如果某实用新型专利申请日为2016年3月1日,授权办理的是第一年年费,自第二年开始需要提醒后续(2~10年)年费,第二年年费应缴日为2017年3月1日。客户在办理第二年年费时,由于某些原因,不能在2017年3月1日之前确认,经多次沟通确认,也不能在2017年4月1日之前确认,故此专利产生滞纳金的期限时间段及对应的费用请参考表6-1-2。

表6-1-2 滞纳金的期限时间段及对应的费用

期限时间段	官费(元)	滞纳金(元)	百分比(%)	备注
2017.3.1~2017.4.5	600	无	无	2017.4.2~4.4为清明节
2017.4.6~2017.5.2	600	30	5	2017.4.29~5.01为劳动节
2017.5.3~2017.6.1	600	60	10	
2017.6.2~2017.7.3	600	90	15	2017.7.1~7.2为星期六、星期日
2017.7.4~2017.8.1	600	120	20	
2017.8.2~2017.9.1	600	150	25	

◆注意事项

(1)核查年费管理案件是否有遗漏,如有遗漏,可能会导致案件产生滞纳金或专利权终止的后果。

(2)核查年费管理案件的时间节点是否正确,如不正确,可能会导致案件产生滞纳金或专利权终止的后果。

(3)缴费后要核查返回的收据中的数据是否正确,如不正确,可能会导致多缴、少缴、错缴的情况。

(4)年费缴纳的工作中,需要核对是否有新的年费案件,例如近期产生的控管数据,如有,需要及时提醒客户。

(5)对于公司要求必须预付款到账才能缴费的客户,得到客户指示的同时,还要重点关注对应的款项,如不及时,可能会产生客户的抱怨或缴费不及时。

6.1.2 年费结案处理

6.1.2.1 相关法律法规知识

《专利审查指南2010》第五部分第九章，对因未缴年费而终止专利权有明确描述。具体如下：

专利年费滞纳期满仍未缴纳或者缴足专利年费或者滞纳金的，自滞纳期满之日起两个月后，审查员应当发出专利权终止通知书。专利权人未启动恢复程序或者恢复权利请求未被批准的，专利局应当在终止通知书发出4个月后，进行失效处理，并在专利公报上公告。专利权自应当缴纳年费期满之日起终止。

6.1.2.2 实务操作

1. 专利年费结案类型

专利年费结案即专利年费代理终止（如图6-1-3所示），包括专利权到期的结案和停止委托年费管理结案（专利权未到期）两种类型。对于专利权到期的年费代理结案则无需再继续跟踪专利的相关信息，正常结案处理即可。对于停止委托年费管理的年费代理结案，包含两种情况：变更专利代理机构和未变更专利代理机构。

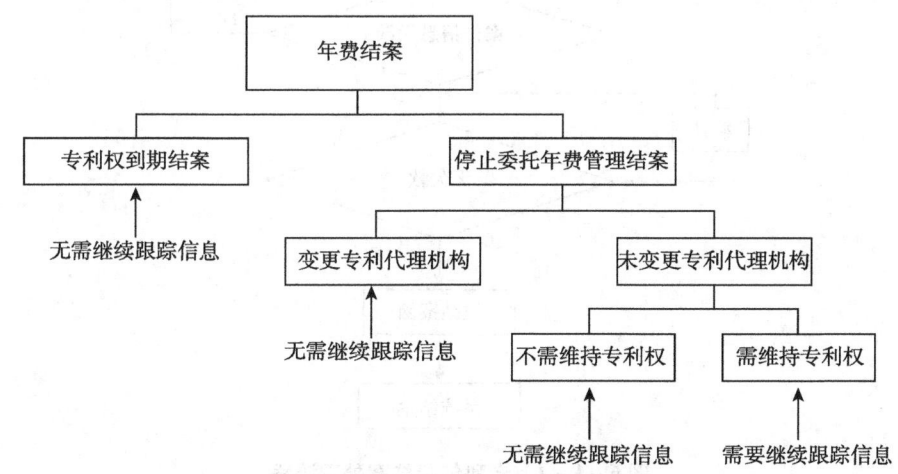

图6-1-3 专利年费结案类型

变更专利代理机构是指对专利代理关系进行了变更，从而该专利后续相关文件不会再发送到原专利代理机构，当然原专利代理机构也无需再继续跟踪专利的相关信息。未变更专利代理机构的情况，又分为两种情况，一种是不需维持专利权的情况，另一种是需要维持专利权的情况。

不需维持专利权的年费代理结案，无需再继续跟踪专利的相关信息，即专利代理机构按正常结案处理，结案后应根据客户要求，转达或不转达后续官文，例如缴费通知书及终止通知书等。

需维持专利权的专利年费结案，结案后如收到缴费通知书或终止通知书时一定要转达相应官文，通常需要及时转达，以避免由于客户或第三方失误未及时缴费而产生的额外滞纳金或错过恢复期限导致案件提前终止。有时为了稳妥确收，可考虑电话进一步提醒或要收条等方式，避免客户没有收到而导致不利后果的情况。因送达不及时或送达未至而导致的客户纠纷是代理机构应该尽量避免的情况之一，虽然这部分工作不会产生额外的代理费用，但结案后的转文工作做得仔细、负责，可以避免因此给代理机构带来的诸多隐患。

2. 专利年费结案处理流程

专利年费结案处理流程如图 6-1-4 所示，包括以下步骤：

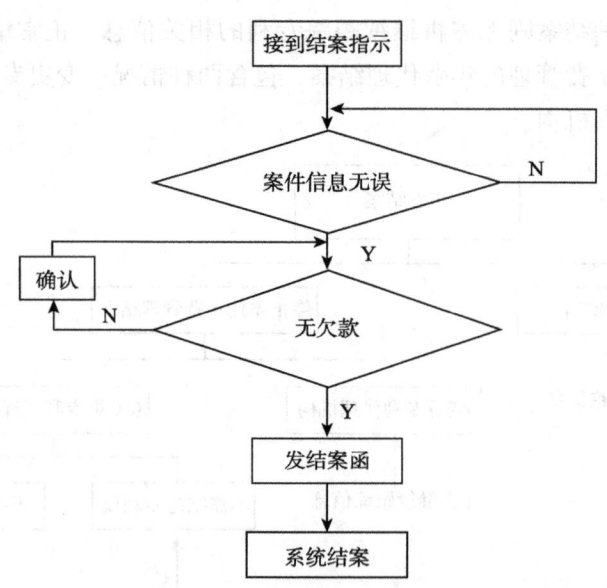

图 6-1-4 专利年费结案处理流程

（1）接收客户结案指示函。

（2）确认案件信息，如果是，则执行步骤（3），如果否，则同客户确认正确信息。

（3）查询客户款项情况，确认是否欠款，如果无欠款，则执行步骤（4），如果欠款，则同客户进一步确认或等待相关部门确认。

（4）发送结案函给客户。

（5）专利代理机构内部系统做结案处理。

3. 年费管理文件、时限及费用要求

文件：结案指示函中信息无误。

时限：确认后及时结案以防止产生后续代理工作。

费用：是否有欠款，官费。

6.1.2.3　实务案例

实务案例：

【知识点】指示信函信息对应

客户来函指示某案件不缴纳年费，经查询后客户卷号、专利号等信息不完全一致，同客户确认后得知专利号错误，客户更新结案指示，代理机构发结案函结案。

◆注意事项

由于年费阶段跨度时间比较长，无其他业务时，代理机构基本上一年联系客户几次，有时会存在无法得到客户的确认才结案的情况。如客户指定的联系人离职、没有及时通知变更后联系人的联系信息或没有做好交接工作、邮箱不经常使用查看等诸多不确定的因素，常常会导致无法联系当前的联系人，从而无法确认是否继续维持专利权。此时，应尽一切办法同客户联系，取得确认。如涉外客户临近期限多次邮件提醒也一直没有确认，则考虑是否同时抄送了客户的专用邮箱、是否有传真等其他的通信方式联系。如果时限紧急，也可考虑电话沟通联系。如国内客户，发邮件和传真也一直没有任何回复，或有回复但没有明确表示委托或汇款，则不妨通过电话等其他方式沟通确认。如所有已知联系方式均无法联系，申请人是国内公司，则可以考虑检索官方网站或通过网络查询，是否有其他联系方式。若经过努力，仍无法取得联系，也可以考虑用当前的地址通过邮局邮寄的方式送达客户。

6.1.3　年费新案委托

6.1.3.1　相关法律法规知识

年费部分请参考本章6.1.1.1相关法律法规知识部分内容。

6.1.3.2 实务操作

1. 年费新案委托类型

年费新案委托一般分为不变更代理机构的年费新案委托、变更代理机构的年费新案委托。

不变更代理机构即代交的年费案件的代理关系不变，管理年费的代理机构仅接受客户委托办理年费管理，不办理代理机构变更。对于上述两种情况，如果代理机构有内部卷号，建议针对此种案件特殊编号，以方便后续年费办理时额外关注，不能因为管理系统里没有任何官文就按照正常情况缴费，立案和后续得知同缴纳年费费用有关的官方文件可考虑及时导入管理系统，以便参考。一定要核实当前案件的状态，应缴年费的年度及相关费用，是否曾经办理过费减请求，是否曾获得费减审批。如受托案件已经无法恢复，则不能承接委托办理缴纳年费；如已经产生滞纳金或处在专利权恢复期，则应向客户进一步说明，计算相应的费用，并监控好相关时限，不要错过恢复期限，造成死案。需要恢复的情况需要办理代理机构变更手续，相关注意事项请参考代理机构变更的说明。如年费阶段正常缴费，收到客户指示及费用后，应及时办理年费缴纳。

接受不变更代理机构的年费新案委托时，向客户说明如果年费阶段专利局下发任何官文，均无法直接收到相应官文。不办理代理机构变更的后果，将无法直接向专利局提交各类文件（公众可以提交的除外）。

如办理恢复手续，需要先办理代理机构变更手续后才能办理恢复手续，需要提醒客户尽早发送办理代理机构变更的相关文件，才可以提交恢复请求。尤其是纸件申请，虽然可以同时办理代理机构变更及恢复请求，但没有收到纸件的相关文件就不能办理代理机构变更及恢复请求，千万不要出现到恢复期还不能办理恢复请求的情况。如果是电子申请，需要先办理代理机构变更请求，收到手续合格通知书后，才能提交 CPC 格式的恢复请求书。另外，专利局可以接受专利权人提出恢复请求的情况。

2. 年费新案委托流程图

（1）不变更代理机构的年费新案委托处理流程如图 6-1-5 所示。包括以下步骤。

① 代理机构接到年费新案委托指示。

② 判断专利权是否有效，如是，则执行步骤③，如否，则同客户进一步

联系。

③ 核实费减情况，如有费减，则导入相关费减审批决定等通知书并执行步骤④，如否，则直接执行步骤④。

④ 核实客户相关指示是否正确，针对非垫付管理客户，同时核实相关费用是否已经到账，如是，则执行步骤⑤，如否，则同客户进一步确认。

⑤ 办理缴费、开具账单对账、报告客户。

⑥ 收到收据核对缴费信息，如无误，则执行步骤⑦，如有误，则进一步联系官方更正。

⑦ 列入下一年费控管。

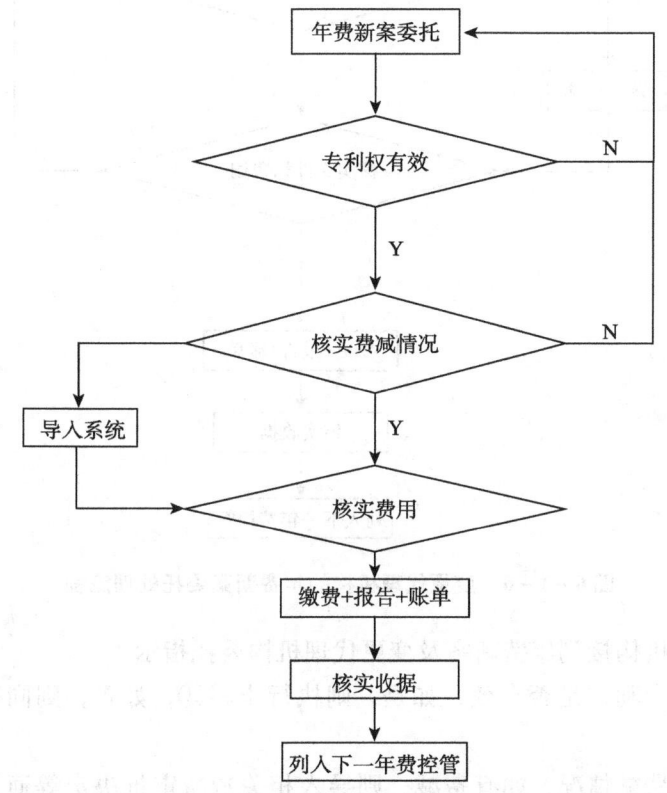

图6-1-5　不变更代理机构的年费新案委托流程

（2）变更代理机构的年费新案委托处理流程如图6-1-6所示。包括以下步骤。

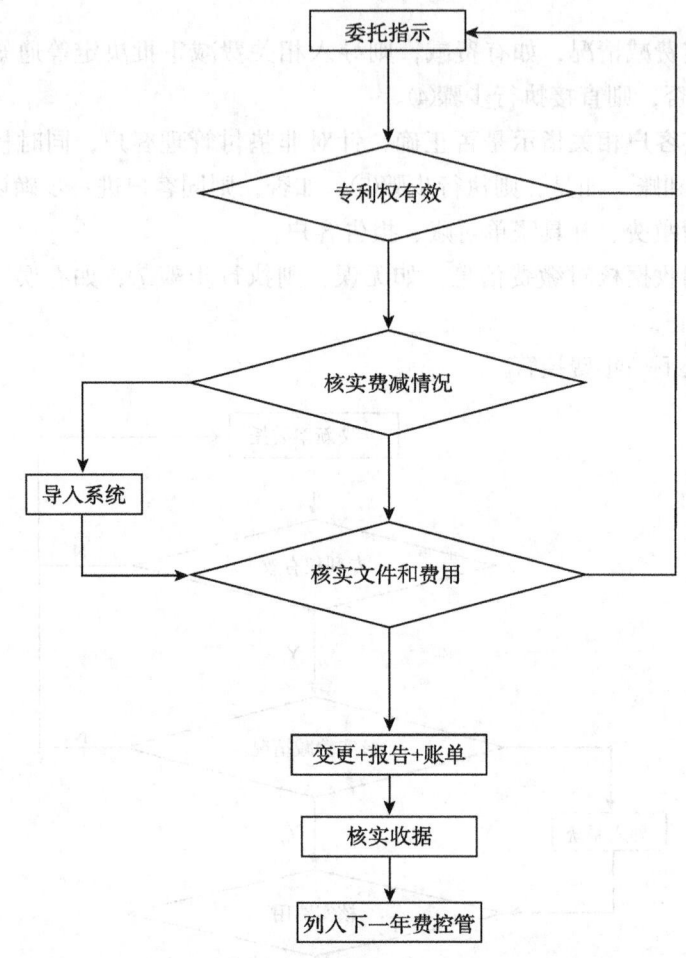

图 6-1-6 变更代理机构的年费新案委托处理流程

① 代理机构接到年费新案及变更代理机构委托指示。

② 判断专利权是否有效，如是，则执行步骤③，如否，则同客户进一步联系。

③ 核实费减情况，如有费减，则导入相关费减审批决定等通知书并执行步骤④，如否，则直接执行步骤④。

④ 核实客户相关指示是否正确，文件是否齐全，针对非垫付管理客户，同时核实相关费用是否已经到账，如是，则执行步骤⑤，如否，则同客户进一步确认。

⑤ 办理变更手续、开具账单对账、报告客户。

⑥ 收到收据核对缴费信息，如无误，则执行步骤⑦，如有误，则进一步联系官方更正。

⑦ 列入下一年费控管。

3. 年费管理文件、时限及费用要求

（1）代理机构不解聘的年费案新委托。

文件：无。

时限：年费时限、滞纳金时限之前或当日办理。

费用：详情请参考表6-1-3。

表6-1-3 年费明细

专利类型	年限（年）	年费（元/年）
发明专利	1~3年（每年）	900
	4~6年（每年）	1200
	7~9年（每年）	2000
	10~12年（每年）	4000
	13~15年（每年）	6000
	16~20年（每年）	8000
实用新型专利、外观设计专利	1~3年（每年）	600
	4~5年（每年）	900
	6~8年（每年）	1200
	9~10年（每年）	2000
年费滞纳金：每超过规定的缴费时间1个月，加收当年全额年费的5%		

（2）变更代理机构的年费新委托。

文件：当前的专利权人签署的解聘书及委托书。

时限：年费时限、滞纳金时限、恢复时限之前或当日办理。

费用：代理机构变更费50元，年费详情请参考表6-1-3。

6.1.3.3 实务案例

实务案例1：

【知识点】处于滞纳金期间年费的管理。

客户委托某个处于滞纳金期间的发明专利年费的缴纳，告知专利号后让代理机构进行报价。

代理机构通过专利号在网上查询应缴纳的年费及对应的费用，因网络信息有时有滞后或不准确的时候，最好通过专利局的咨询电话，进一步确认当前状态是否同网上查询的结果一致。如一致，则立案并给客户报价，需要注意的是：由于处于恢复期，超过恢复期未递交恢复请求，则专利权将终止。如接受了委托，但错过了恢复期限，将会给客户造成巨大损失，因此，恢复期是非常重要的时限，一定不能错过。有时客户仅仅询问处于恢复期的年费案件的费用，代理机构最好设立相应的提醒时限及恢复绝限，及时提醒客户，防止客户的专利错过恢复期限。有时对于不经常联系的客户，提醒时如仅仅发送电子邮件提醒客户，但一直没有收到客户确收或回复，最好考虑通过其他方式联系提醒客户，得到较为确切的结果。如果仍无法确认是否恢复，可以考虑到绝限日提交恢复请求但先不缴纳官费，以争取更多的时间与客户联系，确认是否恢复。收到费用（如信用好可后结款）或客户指示，应不晚于相应期间前缴费。

实务案例2：

【知识点】案件终止，无法接受委托。

客户委托某发明专利年费的缴纳，在接受委托前，先要查询并确认专利权是否有效，如已经因未缴年费而终止并无法恢复，则无法接受委托。如属于此种情况，应第一时间向客户说明。

实务案例3：

【知识点】年费管理及变更代理机构客户委托年费管理阶段的案件同时变更代理机构的，代理机构先判断年费是否快要到期，如是，应先及时缴费，以避免产生不必要的滞纳金，变更代理机构可以在收到解聘书及委托书后及时办理，同时还要监控变更前后可能下发有时限的官文对应的任务。

实务案例4：

【知识点】变更代理机构。

专利权人的案件如已委托代理机构代理，由于某些原因想转到新代理机构代理后续事宜，需要办理代理机构变更手续，在收到手续合格通知书后，官方发出的后续官方文件才会发给新的代理机构。为此，专利权人需要提供签字或盖章的解聘书及委托书给新的代理机构，代理机构在提交代理机构变更请求时，需要在专利局网站的专利检索模块的中国及多国专利审查信息查询入口（http://cpquery.sipo.gov.cn/）中查询原代理机构的相关信息及案件状态，代理机构的机构代码可以在专利局网站的专利代理管理系统（http://dlgl.sipo.gov.cn/txnqueryAgencyOrg.do）中查询。

6.2 专利运用流程操作实务

6.2.1 专利权的终止

6.2.1.1 相关法律法规知识

1.《专利法》

《专利法》第 44 条规定有下列情形之一的，专利权在期限届满前终止：

（1）没有按照规定缴纳年费的。

（2）专利权人以书面声明放弃其专利权的。

专利权在期限届满前终止的，由国务院专利行政部门登记和公告。

2.《专利审查指南 2010》

《专利审查指南 2010》第五部分第九章 2 对专利权的终止作出了相关规定。

6.2.1.2 实务操作

专利权授权后至有效期内，专利权人均可以提出放弃专利权。主动放弃专利权的，应当提交全体专利权人签字或盖章的专利权放弃声明，此声明应该是无条件放弃声明，有条件、部分或一个专利权人签字或盖章，全体专利权人放弃一部分的放弃专利权声明将视为未提出。放弃专利权声明的生效日为手续合格通知书的发文日，放弃的专利权自该发文日起终止，而非提交放弃声明的递交日。一般情况，专利权人不得撤销放弃专利权的声明，除非在专利权非真正拥有人恶意要求放弃专利权后，专利权真正拥有人（应当提交生效的法律文书证明）可要求撤销放弃专利权声明。因此，在代为专利权人递交放弃专利权声明时，一定要核查是否为专利权人的真实意思、放弃专利权声明是否为非专利权人提供，以避免出现恶意放弃专利权情况的发生。

放弃专利权声明经审查，不符合规定的，审查员应当发出视为未提出通知书；符合规定的，审查员应当发出手续合格通知书，并将有关事项分别在专利登记簿和专利公报上登记和公告。

1. 放弃专利权流程图

放弃专利权处理流程如图 6-2-1 所示，包括以下步骤。

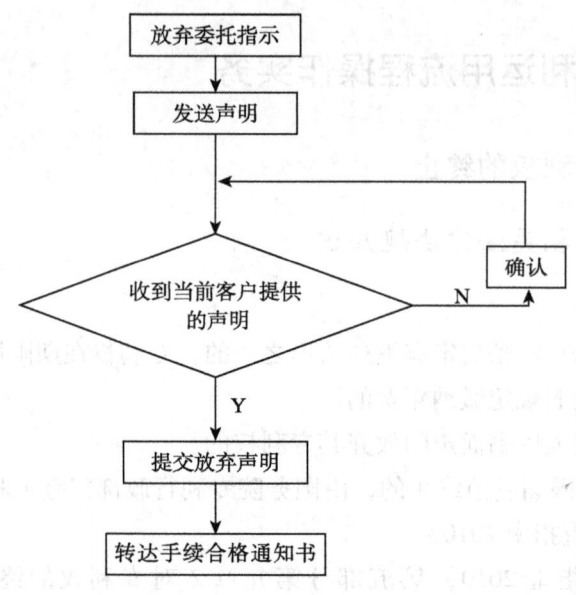

图 6-2-1 放弃专利权流程

(1) 接收客户发送的放弃委托指示函。

(2) 发送放弃专利权声明文件给客户。

(3) 接收客户发送的签字或盖章的放弃专利权声明文件,核实是否无误,如有误,进一步同客户确认,如无误,则执行步骤(4)。

(4) 向官方递交放弃专利权声明文件。

(5) 接收并转达手续合格通知书。

2. 放弃专利权文件、时限及费用要求

时限:授权前提出的是撤回专利申请,授权后可以提出放弃专利权声明。如果提交时间或文件有误,审查员会发出视为未提出,不接受放弃请求。

费用:无。

文件:全体专利权人签字或盖章同意放弃专利权的声明。

6.2.1.3 实务案例

实务案例1:

【知识点】真实意思表示。

客户亲自来访办理或邮寄专利权放弃声明并缴纳了相关代理费用,需要核实亲自办理及邮寄的专利权放弃声明是否是客户的真实意思表示,有时虽然有盖章，但有时会遇到废弃章盖的证明文件或未经授权盖章的证明文件，曾经遇到不同的"授权人"先后办理相同的案件的代理机构变更，都希望变更到自己委托的代理机构的代理师名下，以期防止被另外一方控制案件的进展。遇到上述情况，代理机构应该谨慎处理。

实务案例2：

【知识点】真实意思表示。

客户通过电子邮件传送了专利权放弃声明并缴纳了相关代理费用，需要核实通过邮件发来的专利权放弃声明是否是客户的真实意思表示，有时虽然有盖章，但有时并非是原件扫描后的文件。

◆注意事项

（1）《专利法》第44条规定："提交放弃专利权声明，主动放弃不得附有任何条件，放弃专利权只能放弃一件专利的全部，不能放弃部分专利权。如相似外观专利权或套件外观专利权或符合单一性的专利，都不能选择放弃专利权中的某一部分。符合上述条件及相关程序的规定，专利局将下发手续合格通知书，放弃专利权声明的生效日为手续合格通知书的发文日，放弃的专利权自该发文日起终止，专利权将在在期限届满前提前终止。"

（2）专利代理机构的流程人员处理主动放弃专利权事宜时，要确认客户给代理机构放弃专利权声明的方式，确保是客户给的真实意思的表示，而不是其他未授权的人提供的放弃专利权声明。极端情况下，不排除有居心不良客户或曾经的联系人不希望专利权维持，伪造放弃专利权声明。如不核对文件的来源是否可靠，将给权利人造成不利后果。

6.2.2 避免重复授权的放弃

6.2.2.1 相关法律法规知识

1.《专利法》

《专利法》第9条规定："同样的发明创造只能授予一项专利权。但是，同一申请人同日对同样的发明创造既申请实用新型专利又申请发明专利，先获得的实用新型专利权尚未终止，且申请人声明放弃该实用新型专利权的，可以授予发明专利权。

"两个以上的申请人分别就同样的发明创造申请专利的，专利权授予最先申请的人。"

2.《专利法实施细则》

《专利法实施细则》第 41 条规定:"两个以上的申请人同日(指申请日,有优先权的,指优先权日)、分别就同样的发明创造申请专利的,应当在收到国务院专利行政部门的通知后自行协商确定申请人。"

"同一申请人在同日(指申请日)对同样的发明创造既申请实用新型专利又申请发明专利的,应当在申请时分别说明对同样的发明创造已申请了另一专利;未作说明的,依照《专利法》第 9 条第 1 款"关于同样的发明创造只能授予一项专利权"的规定处理。

"国务院专利行政部门公告授予实用新型专利权,应当公告申请人已依照本条第 2 款的规定同时申请了发明专利的说明。

"发明专利申请经审查没有发现驳回理由,国务院专利行政部门应当通知申请人在规定期限内声明放弃实用新型专利权。申请人声明放弃的,国务院专利行政部门应当作出授予发明专利权的决定,并在公告授予发明专利权时一并公告申请人放弃实用新型专利权声明。申请人不同意放弃的,国务院专利行政部门应当驳回该发明专利申请;申请人期满未答复的,视为撤回该发明专利申请。

"实用新型专利权自公告授予发明专利权之日起终止。"

3.《专利审查指南 2010》

另外,《专利审查指南 2010》第二部分第三章 6.2.2 也对放弃同时申请的实用新型专利权进行了说明。

6.2.2.2 实务操作

根据发明专利申请的审查意见中审查员的意见,申请人可以在审查意见的指定期限内提交同日申请的实用新型专利的放弃专利权声明,最好在答复发明专利申请的审查意见的同时,说明已经提交了对应的实用新型专利的放弃专利权声明,请发明专利申请的审查员核实审查。在实际操作中,在审查意见中提及,审查员也是能接受的。有些经验不足的代理师或流程人员有时会将实用新型专利的放弃专利权声明填写在发明专利申请的放弃专利权声明表格里,此请求将不会被审查员接受。

1. 放弃同时申请的实用新型专利权流程图

同一申请人在同日(指申请日)对同样的发明创造既申请实用新型专利又申请发明专利的,在答复发明专利审查意见通知书时,放弃同日申请的实用新型专利的处理流程如图 6-2-2 所示，包括以下步骤。

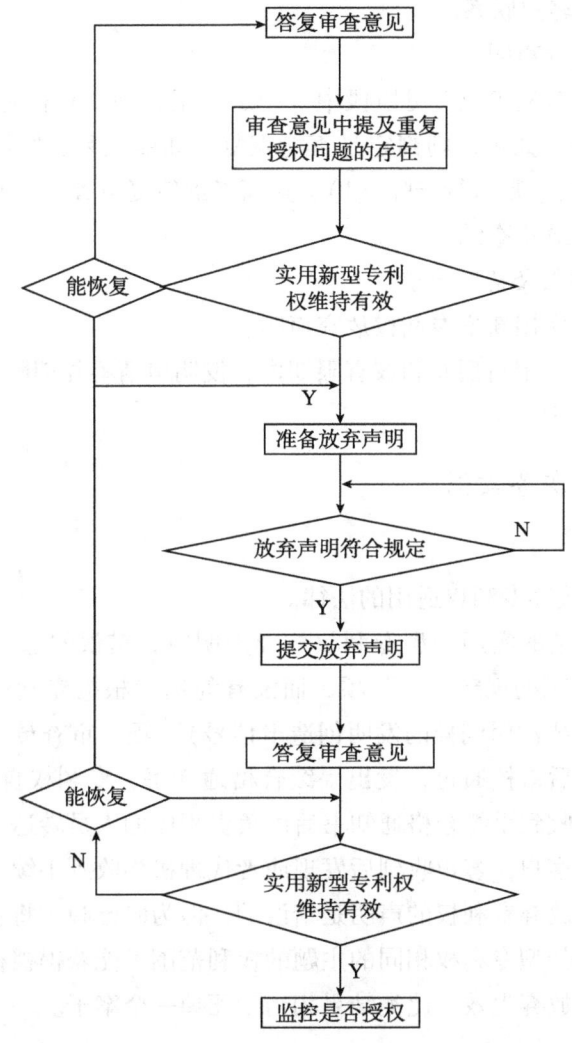

图 6-2-2　放弃同日申请的实用新型专利权的处理流程

（1）接到审查员发出的审查意见通知书。

（2）审查意见通知书中指出可提交放弃同日申请的实用新型专利权。

（3）确认实用新型专利权是否有效，如有效，则执行步骤（4），如无效，则判定是否能恢复。如能恢复，则恢复后执行步骤（4）；如不能恢复，则执行步骤（1），重新考虑答复审查意见通知书的方向。

（4）准备放弃专利权声明文件。

（5）审查放弃声明相关内容是否正确，如无误，则执行步骤（6），如有误，则进一步同客户联系。

（6）递交放弃声明。

（7）在后续答复审查意见阶段中，判定实用新型专利权是否有效。如是，则执行步骤（8），如否，则判定是否能恢复，如能恢复，则恢复后执行步骤（8），如不能恢复，则执行步骤（1），重新考虑答复审查意见通知书的方向。

（8）监控后续审查结果。

2. 文件、时限及费用要求

（1）文件：实用新型专利权放弃声明。

（2）时限：实用新型专利权有限期内，发明申请答复期限之前提交。

（3）费用：无。

6.2.2.3 实务案例

实务案例1：

【知识点】放弃专利权适用的法律。

提交同日申请的实用新型专利权放弃声明时，错误勾选"根据专利法第44条第1款第2项的规定……"项，而没有勾选"根据专利法第9条第1款的规定……（需要注明同样的发明创造申请号）"项，审查员收到专利权人放弃专利权的声明后审核通过，发出手续合格通知书，专利权自发文日起终止。通常，代理机构收到手续合格通知书后由负责程序的人员转达。如果没有太多关注，直接转达客户，客户收到后发现或者代理机构收到手续合格通知书核查后发现之前提交放弃专利权的声明是错误的，但为时已晚，将直接导致与发明同日申请的实用新型专利权相同的主题的权利范围不能获得授权，同时因实用新型专利权主动放弃生效，此类结果相当于死掉一个案子。

◆注意事项

专利权人声明放弃同日申请的实用新型专利权，按照《专利法》及其实施细则的规定，应当填写放弃专利权声明书，放弃专利权声明的表格中声明的内容需要格外关注，不要勾选错误。三个选项内容如下：

□根据专利法第44条第1款第2项的规定，专利权人声明放弃上述专利权。

□根据专利法第9条第1款的规定，专利权人声明放弃上述专利权。

注：同样的发明创造申请号为_____。

□无效宣告程序中，根据专利法第9条第1款的规定，专利权人声明放弃上述专利权。

注：同样的发明创造专利号为_____。

如果放弃专利权声明中勾选了"根据专利法第44条第1款第2项的规定，专利权人声明放弃上述专利权"，则相应的实用新型专利权的放弃将自手续合格通知书的发文日起生效，专利权提前终止。而根据专利法第9条第1款的规定提出的放弃专利权声明是自发明专利申请的授权公告之日起终止。如果发明专利审查过程中，对应的实用新型专利权已经终止或正处于专利权恢复期等情况，都不符合根据专利法第9条第1款选择放弃同日申请的实用新型专利权的情形。错误勾选声明的适用法律条款，例如误选根据专利法第44条第1款第2项的规定提交的专利权放弃声明，可能会给专利权人造成不可挽回的后果。

另外，提交正确适用法律的专利权放弃声明后，还要关注此实用新型专利的进展。有时会遇到发明专利申请经过答复后，审查员又多次下发审查意见通知书，在这种情况下，需要提醒客户及时缴纳实用新型年费。实际操作中，因为经常会有权利人认为已经递交了放弃实用新型专利权声明，则不需要继续缴纳年费的情况发生，尤其是客户自行缴费时最容易出现问题。有时虽然收到发明专利申请发出授予发明专利权通知书及办理登记手续通知书，还要核实授予发明专利权通知书中第4项内容：

□申请人于____年____月____日提交专利号为_____的"放弃专利权声明"，经审查；

☒进入放弃专利权的程序。

□未进入放弃专利权的程序。理由是：申请人声明放弃的专利与本发明专利申请不属于相同的发明创造。

如果属于上述情况，实用新型专利权将进入放弃专利权的程序。但有时即使发明已经授权发证，实用新型专利仍没有进入放弃专利权的程序，代理机构可以提交意见陈述，提醒专利局审查员发出手续合格通知书，使该实用新型专利权进入放弃程序。

☒申请人于____年____月____日提交专利号为_____的"放弃专利权声明"，经审查；

□进入放弃专利权的程序。

☒未进入放弃专利权的程序。理由是：申请人声明放弃的专利与本发明专利申请不属于相同的发明创造。

代理机构需要进一步核实是否属于审查员认定正确的情况，即不属于相同的发明创造，如是，则应告知客户并提醒实用新型专利权应正常缴费；如不是，则应及时联系审查员，确保案件的正常进行。

6.2.3 权利的恢复

6.2.3.1 相关法律法规知识

专利权人因其他正当理由延误专利法、专利法细则规定的期限或者专利局规定的期限或者专利局指定的期限，导致其权利丧失的，应办理恢复请求。

1.《专利法实施细则》

《专利法实施细则》第6条规定，"当事人因不可抗拒的事由而延误专利法或者本细则规定的期限或者国务院专利行政部门指定的期限，导致其权利丧失的，自障碍消除之日起两个月内，最迟自期限届满之日起两年内，可以向国务院专利行政部门请求恢复权利。

"除前款规定的情形外，当事人因其他正当理由延误专利法或者本细则规定的期限或者国务院专利行政部门指定的期限，导致其权利丧失的，可以自收到国务院专利行政部门的通知之日起两个月内向国务院专利行政部门请求恢复权利。

"当事人依照本条第1款或者第2款的规定请求恢复权利的，应当提交恢复权利请求书，说明理由，必要时附具有关证明文件，并办理权利丧失前应当办理的相应手续；依照本条第2款的规定请求恢复权利的，还应当缴纳恢复权利请求费。

"当事人请求延长国务院专利行政部门指定的期限的，应当在期限届满前，向国务院专利行政部门说明理由并办理有关手续。

"本条第1款和第2款的规定不适用《专利法》第24条、第29条、第42条、第68条规定的期限。"

2.《专利审查指南2010》

《专利审查指南2010》第五部分第七章"6 权利的恢复"也对专利权的恢复有较为详细的描述。

6.2.3.2 实务操作

办理恢复权利请求的（包括已经授权或未授权的），应向专利局提交恢复权利请求书，并缴纳恢复费。该项费用的缴纳期限是自当事人收到专利局发出的权利丧失通知之日起两个月内。未在规定的期限缴纳或缴足的,其权利不予恢复。恢复费为 1000 元。

新代理机构办理恢复请求时,如为纸件申请,应同时提交变更代理机构请求;如为电子申请,应先办理变更代理机构请求,收到手续合格通知书后才可以办理恢复请求。变更代理机构请求的相关注意事项请参考本书关于代理机构变更部分内容。

1. 恢复权利处理流程

专利代理机构办理权利恢复的流程如图 6-2-3 所示,包括以下步骤。

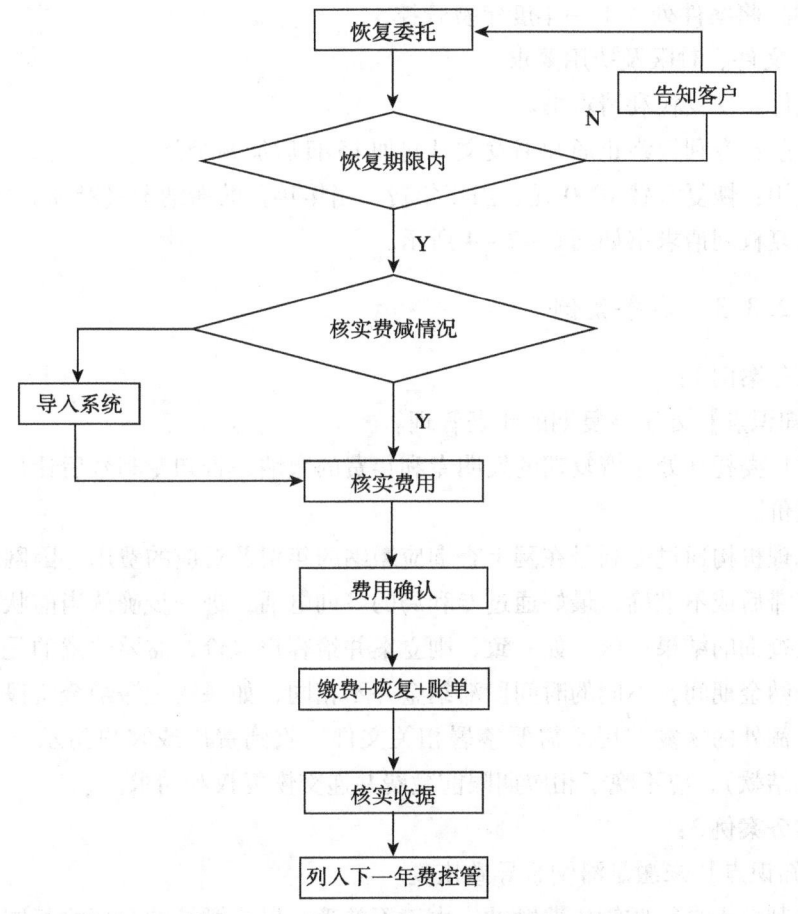

图 6-2-3 专利代理机构权利恢复流程图

(1) 接受客户办理权利恢复委托。

(2) 确认该案是否在恢复期限内,如是,则执行步骤(3),如否,则联系客户，结案处理。

（3）核实拟恢复权利案件的费减情况，如有费减，则将相关审批文件导入代理机构内部系统，以供后续参考缴费，如无，则执行步骤（4）。

（4）需确认年度及年费以及滞纳金等相关费用，若未缴或未未缴足，需要在恢复权利期限内一并补缴。

（5）费用（针对非垫付管理流程）已经齐备。

（6）缴费、递交恢复利权请求文件、开具账单对账、报告客户。

（7）接受官方返回收据并核实。

（8）将案件列入下一年度年费管控。

2. 文件、时限及费用要求

文件：恢复权利请求书。

时限：专利权终止通知书发文日起加15日后加两个月。

费用：恢复官费1000元、当年年费、当年年费的滞纳金（25%）。

恢复权利请求书如图6-2-4所示。

6.2.3.3 实务案例

实务案例1：

【知识点】处于恢复期的年费管理。

客户委托某处于恢复期的发明专利年费的缴纳，告知专利号后让代理机构进行报价。

代理机构通过专利号在网上查询应缴纳的年费及对应的费用，因网络信息有时有滞后或不准确，最好通过专利局的咨询电话，进一步确认当前状态是否同网上查询的结果一致。如一致，则立案并给客户报价，需要注意的是：由于处于滞纳金期间，不同的时间段滞纳金并不相同，如果错过滞纳金阶段，可能将产生额外的恢复费用及需要签署相关文件。收到费用或客户指示（如信用好可后结款），应不晚于相应期限前缴费并递交恢复权利请求。

实务案例2：

【知识点】未缴足滞纳金导致恢复。

专利权人自行监管年费缴纳，由于不熟悉，以为缴纳的金额均相同，没有缴足年费数额。在收到缴费通知书后，发现少缴年费，于是"及时"补交了年费的差额。官方发出缴费通知书时，往往已经产生滞纳金了，但专利权人没有关注已经产生滞纳金及对应不同时间段将产生不同金额的滞纳金。专利权人再次补缴时，应按照实际补缴日应缴纳的滞纳金标准，补足应缴纳的全部年费及滞纳金。当权利人没有缴足全部年费及滞纳金时，如果想保持专利权有效，需启动恢复权利程序。恢复权利程序产生的官费为当年年费、当年年费全额的25%滞纳金及恢复费1000元。

恢 复 权 利 请 求 书

请按照"注意事项"正确填写本表各栏

① 专利或申请 专利	申请号或专利号
	发明创造名称
	申请人或专利权人（*应当填写第一署名申请人）
②请求内容： 根据专利法实施细则第 6 条的规定，针对＿＿＿年＿＿月＿＿日国家知识产权局发出的＿＿＿通知书（发文序号＿＿＿）请求恢复权利。	
③请求恢复权利的理由：□正当理由　　□不可抗拒事由	
④附件清单 已备案的证明文件备案编号：＿＿＿。	
⑤当事人或专利代理机构签字或者盖章 2017年08月25日	⑥国家知识产权局处理意见 年　月　日

图6-2-4　恢复权利请求书

6.2.4 专利权转让

6.2.4.1 相关法律法规知识

1.《专利法》

《专利法》第 10 条规定:"专利申请权和专利权可以转让。

"中国单位或者个人向外国人、外国企业或者外国其他组织转让专利申请权或者专利权的,应当依照有关法律、行政法规的规定办理手续。

"转让专利申请权或者专利权的,当事人应当订立书面合同,并向国务院专利行政部门登记,由国务院专利行政部门予以公告。专利申请权或者专利权的转让自登记之日起生效。"

2.《专利法实施细则》

《专利法实施细则》第 14 条第 1 款规定:"除依照《专利法》第 10 条规定转让专利权外,专利权因其他事由发生转移的,当事人应当凭有关证明文件或者法律文书向国务院专利行政部门办理专利权转移手续。"

3.《专利审查指南 2010》

《专利审查指南 2010》第一部分第一章 6.7.1 及 6.7.2 部分内容对著录项目变更作出了相关规定。

6.2.4.2 实务操作

(1) 著录项目变更请求书(XML 格式)(详情请参考图 6-2-5)。

(2) 著录项目变更理由证明(含理由证明题录)(XML 格式)、导入证明文件(PDF 格式)(详情请参考图 6-2-6)。

(3) 代理委托书(XML 格式)(详情请参考图 6-2-7)。

1. 专利权转让流程

根据是否到款为启动条件,分为两种情况。

(1) 垫付管理流程,一般适用于涉外客户或国内信誉优良的客户委托流程,转让流程如图 6-2-8 所示,包括以下步骤:

① 代理机构接到转让委托指示。

② 判断专利权是否有效,如是,则执行步骤③,如否,则同客户进一步联系。

③ 核实文件是否齐全,如是,则执行步骤④,如否,则同客户进一步确认。

著录项目变更申报书

请按照"注意事项"正确填写本表各栏

① 专利或申请

申请号或专利号	
发明创造名称	
申请人或专利权人（*应当填写第一署名申请人）	

② □针对_____通知书（发文序号_____）进行著录项目变更。

③ 变更项目

变更项目名称	变更前	变更后
发明人		
申请人		
联系人		
代理机构		
代理师		

电子申请用户代码和名称　代码_____　名称_____

④ 附件清单
已备案的证明文件备案号：_____。

⑤当事人或专利代理机构签字或者盖章	⑥国家知识产权局处理意见
年　月　日	年　月　日

图 6-2-5　著录项目变更请求书

④ 办理转让手续、开具账单对账、报告客户。

⑤ 收到官费收据后核对缴费信息，如无误，则执行步骤⑥，如有误，则进一步联系官方更正。

⑥ 转达电子版手续合格通知书（以下流程图中简称"手合"）。

⑦ 如客户需要带有专利局红章的纸件手续合格通知书或专利登记簿副本，

执行步骤⑧，如不需要，则代理工作完毕。

⑧ 单独请求办理纸件发文或专利登记簿副本。

⑨ 转达纸质手续合格通知书或专利登记簿副本。

著录项目变更理由证明

①专利申请或专利	专利申请号或专利号
	发明创造名称
	申请人或专利权人（*应当填写第一署名申请人）
②证明文件题录	变更项目
	证明文件种类
	变更理由
	证明文件题录信息
③□ 声明	当事人所提供的中文题录与著录项目变更理由证明文件中的信息是一致的。

图 6-2-6　著录项目变更理由证明

（2）非垫付管理流程，一般适用于信誉较差的客户委托流程，转让流程如图 6-2-9 所示，包括以下步骤：

① 代理机构接到转让委托指示。

② 判断专利权是否有效，如是，则执行步骤③，如否，则同客户进一步联系。

③ 核实文件是否齐全，针对非垫付管理客户，同时核实相关费用是否已经到账。如是，则执行步骤④，如否，则同客户进一步确认。

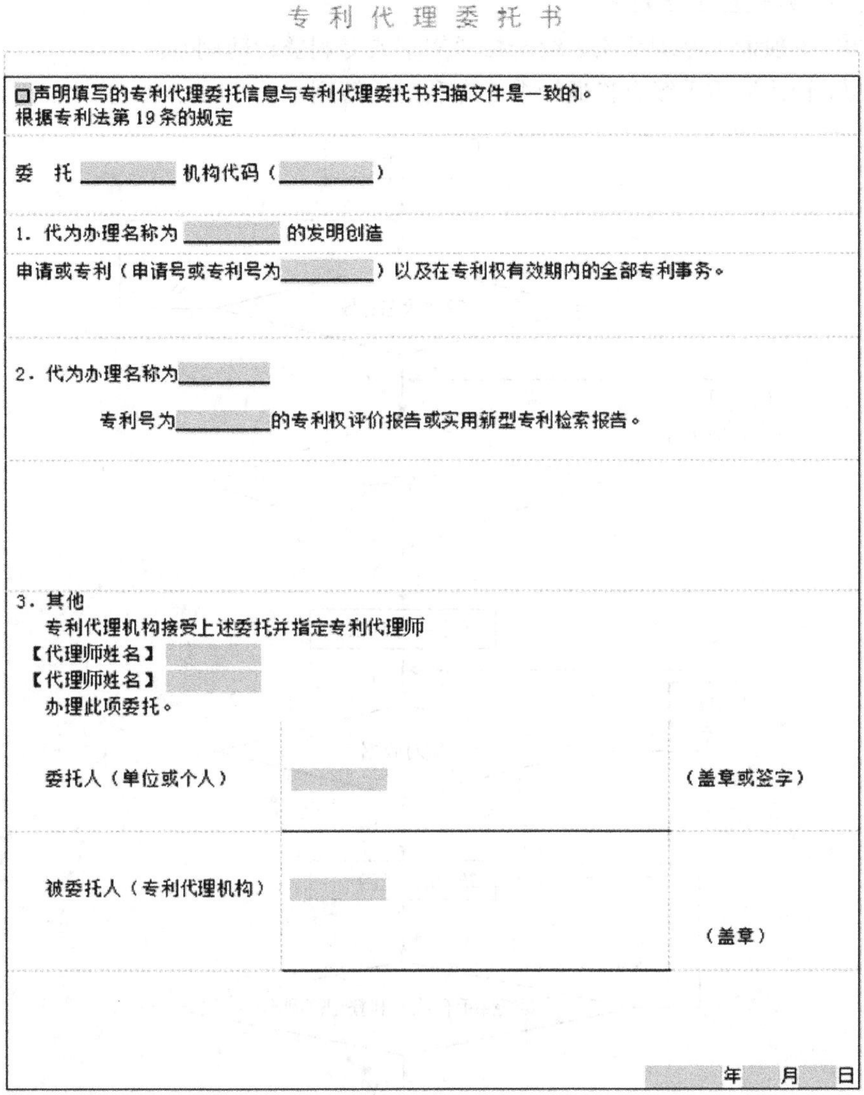

专 利 代 理 委 托 书

□ 声明填写的专利代理委托信息与专利代理委托书扫描文件是一致的。
根据专利法第19条的规定

委 托 _____ 机构代码（_____）

1. 代为办理名称为 _____ 的发明创造
申请或专利（申请号或专利号为_____）以及在专利权有效期内的全部专利事务。

2. 代为办理名称为 _____
专利号为 _____ 的专利权评价报告或实用新型专利检索报告。

3. 其他
专利代理机构接受上述委托并指定专利代理师
【代理师姓名】_____
【代理师姓名】_____
办理此项委托。

委托人（单位或个人）_____ （盖章或签字）

被委托人（专利代理机构）_____ （盖章）

年　月　日

图 6-2-7　专利代理委托书

④ 办理转让手续、开具账单对账、报告客户、国内客户开具发票。

⑤ 收到官费收据后，核对缴费信息，如无误，则执行步骤⑥，如有误，则进一步联系官方更正。

⑥ 转达电子版手续合格通知书。

⑦ 如需要提供纸质手续合格通知书或专利登记簿副本，执行步骤⑧，如

不需要，则代理工作完毕。

⑧ 单独请求办理纸质手续合格通知书或专利登记簿副本。

⑨ 转达纸质手续合格通知书或专利登记簿副本。

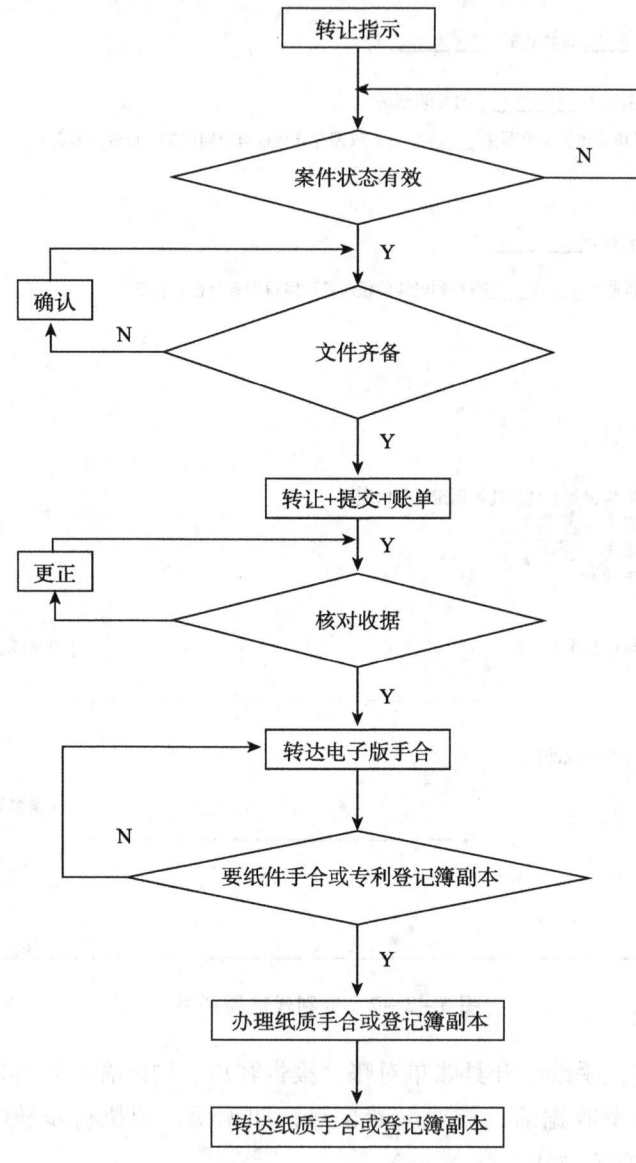

图 6-2-8 垫付管理流程

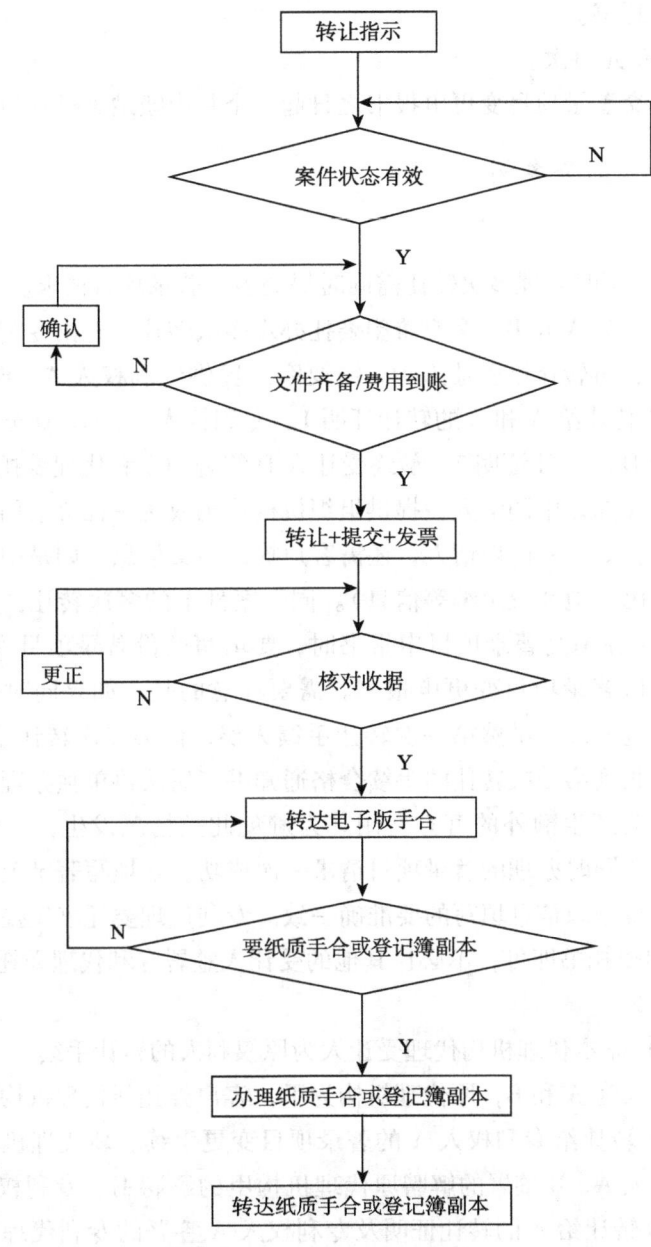

图 6-2-9 非垫付管理流程

2. 文件、时限及费用要求

文件：提交著录项目变更申报书及其著录项目变更理由证明、受让人签署的专利代理委托书。

费用：200元每次。

时限：提交著录项目变更申报书之日起一个月内缴纳著录项目变更费。

6.2.4.3 实务案例

实务案例1：

【知识点】同时办理多次转让需同时提交多个著录项目请求。

某专利权人为A和B，客户希望委托办理多次转让。先由专利权人A和B转让给A和C，再转让给受让人D，需要客户提供专利权人A、B、C分别签署的由A和B转让给A和C的转让证明1、专利权人A、C、D分别签署的由A和C转让给D的转让证明2、最终受让人D签署的专利代理委托书、受让人D的相关信息（如是中国法人，提供组织机构代码或统一社会信用代码、地址及邮编等信息；如是外国申请人，还需客户提供中文信息；如是中国个人，需提供身份证号码、地址及邮编等信息）。同一案件下的多次转让，仅产生一笔200元的官费。在递交著录项目申报书时，要填写两份著录项目变更申报书，不能仅填写一份著录项目变更申报书。需要注意的是，如果同时办理二次转让，但由于某些原因，虽然第一次转让手续无误，但第二次转让手续有瑕疵，可能会导致只收到第一次转让的手续合格通知书，后续再单独办理第二次转让手续，这样将会产生额外的官方费用。为避免此类情况发生，一定要仔细核对，使多次转让同时办理的著录项目请求一次成功。在填写著录项目变更理由证明时，要注意题录信息填写的要准确一致。专利代理委托书仅提供最终的受让方D签署的委托书即可，不必让其他的受让人签署专利代理委托书。

实务案例2：

【知识点】非本代理机构代理受让人为原权利人的转让手续。

某专利权人为A和B，原代理机构为甲，客户委托新代理机构乙办理专利权人由A和B转让给专利权人A的著录项目变更手续。新代理机构乙需要客户提供专利权人A、B签署的解聘原代理机构甲的解聘书、专利权人A、B签署的由A和B转让给A的转让证明及专利权人A签署的专利代理委托书、专利权人A的相关信息。原代理机构的机构代码如果不清楚，代理机构可在专利局网站的专利代理管理系统（http://dlgl.sipo.gov.cn/txnquery Agency Org.do）查询得到相关信息。

实务案例3：

【知识点】非本代理机构代理受让人不是原权利人的转让手续。

某专利权人为A和B，原代理机构为甲，客户委托新代理机构乙办理专利权人由A和B转让给C的著录项目变更手续。新代理机构乙需要客户提供专利权人A、B、C签署的由A和B转让给C的转让证明、受让人C签署的专利代理委托书、受让人C的相关信息。原代理机构的机构代码如果不清楚，代理机构可在专利局网站的专利代理管理系统（http：//dlgl.sipo.gov.cn/txnquery-AgencyOrg.do）查询得到相关信息。对于上述办理转让证明的同时办理代理机构变更手续的，无需递交专利权人A、B签署的解聘原代理机构甲的解聘书。如办理的是专利权人更名手续，则需要递交解聘书来变更专利代理机构。

◆注意事项

（1）办理转让的案件，应核实涉案当前状态是否为专利权维持有效的状态。有时专利权人不及时缴纳年费，产生滞纳金或处于恢复程序时，由于某些原因要办理转让手续，需要考虑及时缴纳年费和滞纳金，并办理恢复权利手续。

（2）由于转让程序关系到权利的转移，要尽可能的确认转让证明文件的真实有效性，防止提交伪造的证明文件。

（3）当受让方为中国单位时，需要提供组织机构代码，不提供将视为未提出或在专利局CPC系统中无法提交请求文件，为此，需要提前向客户确认或提供受让方的组织机构代码。有时虽然已有受让方的组织机构代码，但由于某些因素，例如办理三证合一或五证合一时可能会有变化，所以最好在转让的变更程序中提前向客户确认此类信息。另外，由于有些受让人的信息（地址、邮编）有时会有变化，最好不要直接使用原来已有的信息直接提交变更请求，以免提交不准确的变更请求。

6.2.5 专利权评价报告

6.2.5.1 相关法律法规知识

1.《专利法》

《专利法》第61条规定："专利侵权纠纷涉及新产品制造方法的发明专利，制造同样产品的单位或者个人应当提供其产品制造方法不同于专利方法的证明。

"专利侵权纠纷涉及实用新型专利或者外观设计专利的，人民法院或者管理专利工作的部门,可以要求专利权人或者利害关系人出具由国务院专利行政部门对相关实用新型或者外观设计进行检索、分析和评价后作出的专利权评价报告,以此作为审理、处理专利侵权纠纷的证据。"

2.《专利法实施细则》

《专利法实施细则》第56条规定:"授予实用新型或者外观设计专利权的决定公告后,专利法第60条规定的专利权人或者利害关系人可以请求国务院专利行政部门作出专利权评价报告。

"请求作出专利权评价报告的,应当提交专利权评价报告请求书,写明专利号。每项请求应当限于一项专利权。

"专利权评价报告请求书不符合规定的,国务院专利行政部门应当通知请求人在指定期限内补正;请求人期满未补正的,视为未提出请求。"

《专利法实施细则》第57条规定:"国务院专利行政部门应当自收到专利权评价报告请求书后两个月内作出专利权评价报告。对同一项实用新型或者外观设计专利权,有多个请求人请求作出专利权评价报告的,国务院专利行政部门仅出具一份专利权评价报告。任何单位或者个人可以查阅或者复制该专利权评价报告。"

3.《专利审查指南2010》

《专利审查指南2010》第五部分第十章对专利权评价报告作出了相关规定。

6.2.5.2 实务操作

专利权评价报告请求书如图6-2-10所示。

如果客户委托办理专利权评价报告,但案件非本代理机构代理,需要客户单独签署授权委托书,确认好当前专利状态及有效授权文本后,及时提交专利权评价报告请求书并办理缴费事宜。

1. 专利权评价报告的流程

根据是否到款为启动条件,分为两种情况。

(1) 垫付管理流程,一般适用于付款信誉好的涉外客户及国内长期合作客户委托流程,流程如图6-2-11所示,包括以下步骤:

① 代理机构接到委托指示。

② 判断是否为本代理机构代理案件,如是,则执行步骤③,如否,则提供委托书供客户签署。

专 利 权 评 价 报 告 请 求 书

①	专利号 专利权人（*应当填写第一署名专利权人）				
②	□实用新型名称 □外观设计名称				
③ 请求人	姓名或名称				
	□专利权人 □利害关系人 如果是利害关系人，且专利实施许可合同已在国家知识产权局备案，请注明备案号				
④ 收件人	姓名		电话		
	邮政编码	详细地址			
⑤ 专利 代理 机构	名　称			机构代码	
	代 理 师 (1)	姓　名		代 理 师 (2)	姓　名
		执业证号			执业证号
		电　话			电　话
⑥请求内容： 根据专利法第61条及其实施细则第56条的规定，请求对上述专利作出专利权评价报告。					
⑦附件清单 已备案的证明文件备案编号：_____					
⑧请求人或专利代理机构签字或者盖章 　　　　　　　　　　　年　月　日			⑨国家知识产权局处理意见 　　　　　　　　　　年　月　日		

图 6-2-10　专利权评价报告请求书

③ 核实文件是否齐全，如是则执行步骤④，如否，则同客户进一步确认。
④ 递交评价报告请求书并缴费、开具账单、报告客户。
⑤ 收到专利权评价报告后核对相关信息是否正确，如无误，则执行步骤

⑥，如有误，则联系官方更正。

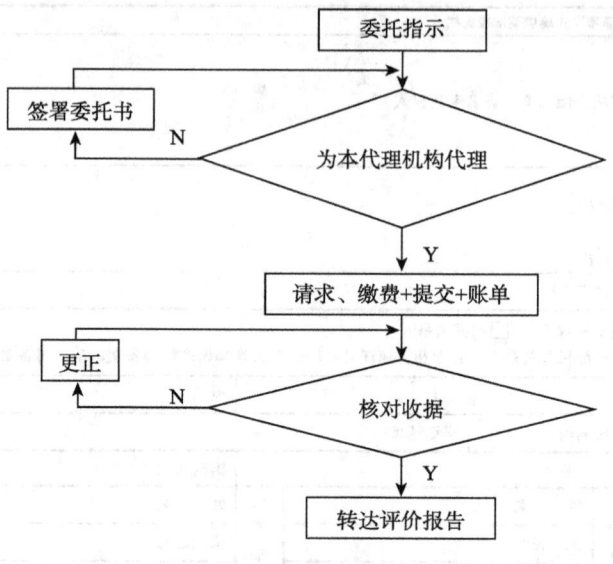

图 6-2-11 垫付管理流程图

⑥ 转达评价报告。

（2）非垫付管理流程，一般适用于付款信誉较差的客户委托流程，流程如图 6-2-12 所示，包括以下步骤：

① 代理机构接到委托指示。

② 判断是否为本代理机构代理案件，如是，则执行步骤③，如否，则提供委托书供客户签署。

③ 核实文件是否齐全，如是则执行步骤④，如否，则同客户进一步确认。

④ 递交评价报告请求并缴费、开具账单对账、报告客户。

⑤ 收到收据核对缴费信息，如无误，则执行步骤⑥，如有误，则联系官方更正。

⑥ 转达评价报告。

2. 文件、时限及费用要求

文件：非本代理机构代理案件时，需要提供授权委托书原件，并且需要纸件递交；如为本代理机构代理的案件，则无需提供授权委托书，且如果案件为电子申请，专利权评价报告请求可以通过 CPC 进行电子提交。

时限：授权公告后，可以办理。

官费：自提交专利权评价报告请求之日起一个月内缴费，为便于管理，一般提交专利权评价报告请求同时缴费。

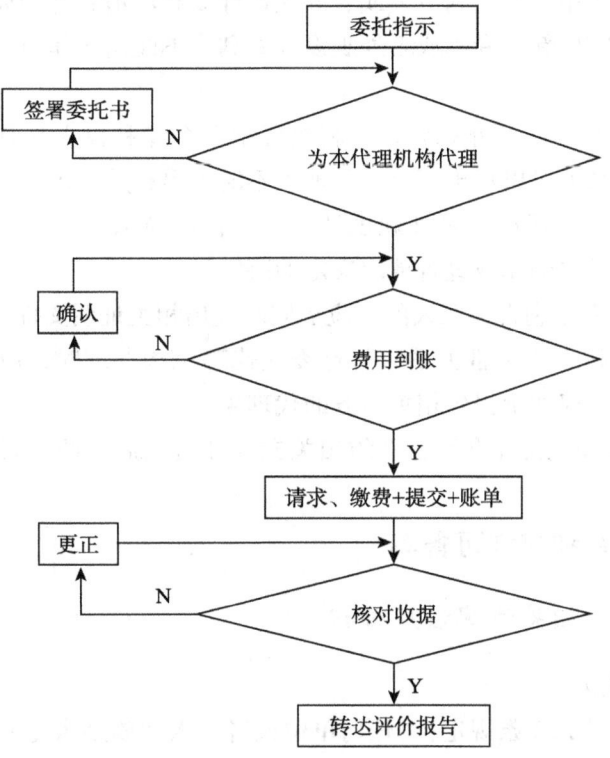

图 6-2-12 非垫付管理流程图

6.2.5.3 实务案例

实务案例：

【知识点】案件为电子形式，递交时用纸件提交的情况。

某专利权人 A 希望就其同 B 共同拥有的专利提出专利权评价报告，新代理机构接受委托时需要确认申请日及授权信息、案件申请形式（电子申请或纸件申请）。如为电子申请，需要专利权人 A 及 B 签署纸件授权委托书，纸件方式递交并缴费，通过 CPC 客户端无法提交相关请求。办理后，建立两个月左右的监控专利权评价报告下发的时限，以便及时转达给客户。

◆注意事项

（1）已经授权公告的实用新型专利或者外观设计专利，无论有效或已经终止或放弃的，均可提出。

(2) 已经被复审委宣告全部无效的实用新型专利或者外观设计专利、没有授权公告的实用新型专利申请或者外观设计专利申请、专利局已经作出专利权评价报告的实用新型专利或者外观设计专利,不能请求作出或重新作出专利权评价报告。

(3) 实用新型或者外观设计专利权属于多个专利权人共有的,部分专利权人或利害关系人可以提出请求,其他人不能提出相关请求。

(4) 如果实用新型或者外观设计专利权曾经被部分无效,请求人应当在请求书中指明相关的无效宣告请求决定的决定号。

(5) 请求人是利害关系人的,应当同时提出相关证明文件。

(6) 专利权人或利害关系人另行委托代理机构办理时,应提交写明委托权限为办理专利权评价报告相关事务的代理委托书。

(7) 专利局一般自收到合格的相关文件和费用后,两个月内做出专利权评价报告。

6.2.6 专利权许可备案

6.2.6.1 相关法律法规知识

1.《专利法》

《专利法》第12条规定:"任何单位或者个人实施他人专利的,应当与专利权人订立实施许可合同,向专利权人支付专利使用费。被许可人无权允许合同规定以外的任何单位或者个人实施该专利。"

《专利法》第15条规定:"专利申请权或者专利权的共有人对权利的行使有约定的,从其约定。没有约定的,共有人可以单独实施或者以普通许可方式许可他人实施该专利;许可他人实施该专利的,收取的使用费应当在共有人之间分配。"

2.《专利法实施细则》

《专利法实施细则》第14条规定:"除依照专利法第10条规定转让专利权外,专利权因其他事由发生转移的,当事人应当凭有关证明文件或者法律文书向国务院专利行政部门办理专利权转移手续。

"专利权人与他人订立的专利实施许可合同,应当自合同生效之日起3个月内向国务院专利行政部门备案。

"以专利权出质的,由出质人和质权人共同向国务院专利行政部门办理出质登记。"

6.2.6.2 实务操作

专利权许可备案是指专利局依据专利法及其实施细则以及专利实施许可合同备案办法的规定，对当事人已经缔结并生效的专利实施许可合同加以备案存档，并对外公示的行为。专利实施许可合同备案的有关内容由专利局在专利登记簿副本上登记，并通过专利公报进行公告，公告的内容包括：许可人、被许可人、主分类号、专利号、申请人、授权公告日、实施许可的种类和期限、备案日期。若专利实施许可合同备案后变更、注销和撤销，专利局将予以相应登记和公告。专利局在专利实施许可合同备案审查中主要对许可专利的法律状态、许可人的许可权限、许可合同以及手续文件的形式要求等方面进行审核。

(1) 专利实施许可合同备案。

① 备案申请表：如欲办理专利实施许可合同备案，需要预先准备好许可方签章的专利实施许可合同备案申请表。如果备案涉及的专利数量多于3件，当事人可参照申请表中专利号及专利名称的采集表格，增设申请表附页，再将备案专利的相关信息填写在附页；如是多份实施许可合同针对不同的案件签署的，实施许可合同备案申请表的信息要与合同相对应，也要准备多份对应的申请表。另请注意，申请表应由许可人和代理师签字或者盖章，许可人为外国人的可由其委托的代理机构签章。许可合同备案申请表的信息要与实施许可合同中记录一致，并能在合同找到相关出处，且无矛盾。

② 委托书：双方签署的代理委托书可使用专利局提供的参考模板，也可以自行拟定，但应当写明委托权限、委托事宜、委托人及被委托人的姓名和身份证号。当事人委托专利代理机构的，委托书中应当写明具体办理专利实施许可合同备案手续的代理师姓名。

◆关于实施许可合同

备案并且公示的许可类型包括独占许可、排他许可和普通许可三类。三种类型为"或"的关系，不能是"和"的关系，即合同中仅能约定某一种许可类型，不能同时约定某两种或三种类型同时存在。

① 独占许可。指许可人在约定许可实施专利的范围内，将该专利权许可给一个被许可人实施专利权，其他人包括许可人都不能实施该专利（或专利申请）。

② 排他许可。指许可人在约定许可实施专利的范围内，将该专利权仅许可给一个被许可人实施专利权，许可人能实施该专利（或专利申请）。

③ 普通许可。指许可人在约定许可实施专利的范围内，将该专利权仅许可给被许可人实施专利权，许可人能实施该专利（或专利申请）。

（2）专利实施许可合同变更备案。

如欲办理专利实施许可合同变更备案，需要预先准备好许可方签章的专利实施许可合同备案变更申请表、双方当事人签字或签章的合同变更的相关证明文件、专利实施许可合同备案证明原件（两份；原件或其中一份原件丢失时，当事人应当提交情况说明，并附具相应的证明材料）、双方签署的代理委托书（可使用专利局参考的模板，也可以自行拟定）、委托人及被委托人的身份证明。

（3）专利实施许可合同注销备案。

如欲办理专利实施许可合同注销备案，需要预先准备好许可方签章的专利实施许可合同备案注销申请表、双方当事人签字或签章的合同解除或履行完毕的相关证明文件、专利实施许可合同备案证明原件（两份；原件或其中一份原件丢失时，当事人应当提交情况说明，并附具相应的证明材料）、双方签署的代理委托书（可使用专利局参考的模板，也可以自行拟定）、委托人及被委托人的身份证明。

◆ 办理地点

合同双方都为国内法人或个人的，当事人可以在专利局所设的地方专利代办处办理相关业务，也可以根据需要在专利局初审及流程管理部业务发文管理处办理。

合同双方当事人涉及外国人、外国企业或外国其他组织或个人的，当事人应当委托专利代理机构在专利局初审及流程管理部业务发文管理处办理。我国香港、澳门、台湾地区的当事人参照涉外当事人要求办理。

当事人可以通过面交和邮寄两种方式递交专利实施许可合同备案的文件。

面交地址：北京市海淀区蓟门桥西土城路6号国家知识产权局专利局受理大厅107房间。

邮寄地址：北京市海淀区蓟门桥西土城路6号国家知识产权局专利局初审及流程管理部业务发文管理处（以下简称"专利局初审部事务服务处"），邮编：100088。当事人应当在邮寄信封上注明"合同备案"字样。

（4）专利实施许可合同备案申请表（请参考图6-2-13）。

专利实施许可合同备案申请表填写应注意的相关事宜：

① 相关专利（或专利申请）如多于3件，可增设申请表附页（写明专利

或专利申请名称、专利或专利申请号)。

专利实施许可合同备案申请表

许可专利	专利名称		专利(申请)号	
许可方	名称		电话	
	地址		邮编	
被许可方	名称		电话	
	地址		邮编	
代理师	机构名称		姓名	电话
	地址			邮编
合同信息	许可种类	□独占许可 □排他许可 □普通许可 □交叉许可 □分许可	专利许可地域范围	
	使用费用	□人民币 □美元	支付方式	
	生效日期		终止日期	
许可方声明	□专利实施许可合同符合《专利实施许可合同备案办法》相关规定 □不存在违反专利法第15条相关规定的情形			
许可方签章: 年 月 日	代理机构签章: 年 月 日		审查意见: 年 月 日	

图 6-2-13 专利实施许可合同备案申请表

② 申请表中的相关信息要与专利实施许可合同中约定的内容一致,不能出现相违背的情况。

③ 专利许可地域范围不得超出中国。

④ 使用费应当以人民币或美元作为结算单位,以其他货币种类结算的,要按照合同生效日外汇牌价将其折算成美元为货币单位的数额,使用费为零时,支付方式为无偿使用。

(5) 专利实施许可合同备案变更申请表(请参考图 6-2-14)。

专利实施许可合同备案变更申请表填写应注意的相关事宜:

专利实施许可合同备案变更申请表

合同备案号			
代理师 机构名称		电话	
姓名		邮编	
地址			

变更内容	变更前	变更后
□ 专利项目		
□ 许可方		
□ 被许可方		
□ 许可种类		
□ 合同终止日期		

许可方签章	代理机构签章	审查意见
年 月 日	年 月 日	年 月 日

图 6-2-14 专利实施许可合同备案变更申请表

① 申请表一般由许可方签章；许可方或被许可方为外国人的，可由其委托的代理机构签章。

② 许可方及被许可方变更为多人、专利项目变更为多项的，当事人可自行制作申请表附页，将完整信息填入。

(6) 专利实施许可合同备案注销申请表（请参考图 6-2-15）。

专利实施许可合同备案注销申请表填写应注意的相关事宜：

申请表一般由许可方签章。许可方或被许可方为外国人的，可由其委托的代理机构签章。

专利实施许可合同备案注销申请表

合同备案号					
代理师	机构名称		姓名		电话
	地址				邮编
注销事由					
许可方签章		代理机构签章		审查意见	
年　月　日		年　月　日		年　月　日	

图6-2-15　专利实施许可合同备案注销申请表

1. 专利权许可备案的流程

（1）代理机构垫付费用管理流程，一般适用于付款信誉好的涉外客户或国内长期合作客户委托流程，备案流程如图6-2-16所示，包括以下步骤：

① 代理机构接到委托指示。

② 判断专利权是否有效，如是，则执行步骤③，如否，则同客户进一步联系。

③ 核实各项文件是否完毕无误，如是，则执行步骤④，如否，则同客户进一步确认。

④ 办理备案手续、开具账单对账、报告客户。

⑤ 转达备案证明，标记原件的份数。

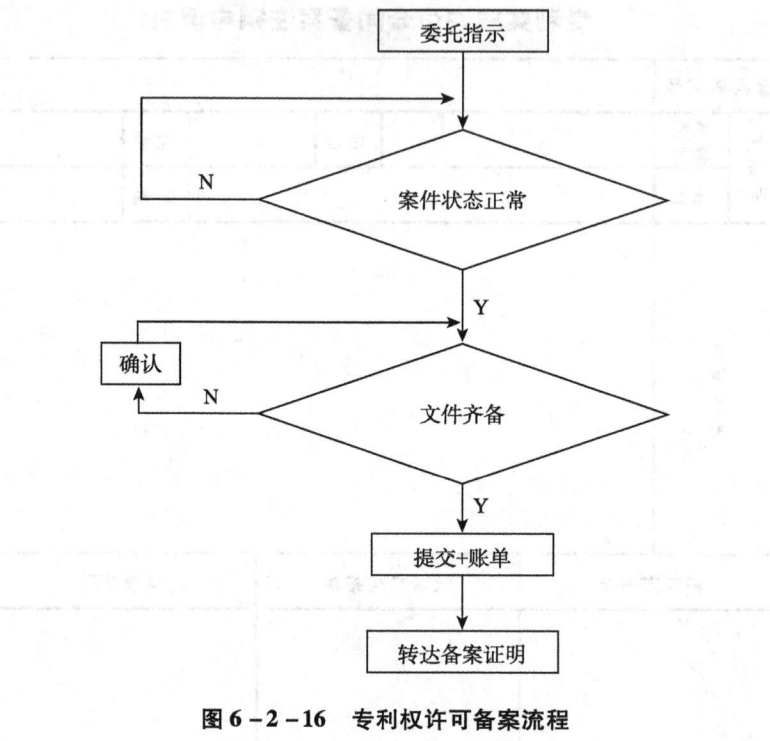

图 6-2-16 专利权许可备案流程

（2）代理机构非垫付费用管理流程，一般适用于付款信誉较差的客户委托流程，备案流程如图 6-2-17 所示，包括以下步骤：

① 代理机构接到委托指示。

② 判断专利权是否有效，如是，则执行步骤③，如否，则同客户进一步联系。

③ 核实代理费用是否到账、各项文件是否完毕无误，如是，则执行步骤④，如否，则同客户进一步确认。

④ 办理备案手续、开具账单对账、报告客户。

⑤ 转达备案证明，标记原件的份数。

2. 文件、时限及费用要求

形式：纸件递交。

文件：

（1）许可人和被许可人盖章或签字的专利权许可申请表一份。

（2）专利权许可合同/变更协议/注销协议原件一份或经公证的其复印件。

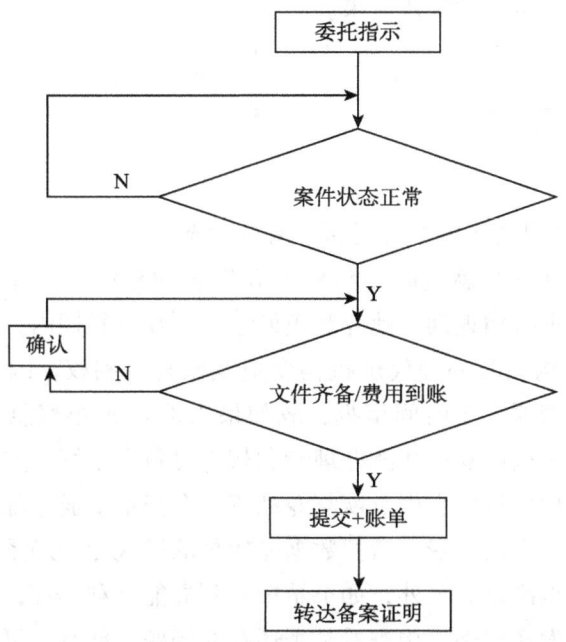

图 6-2-17 备案流程

(3) 许可人和被许可人的合法身份证明（中国个人需提交身份证复印件，外国人可提交护照复印件；中国企业需提交加盖公章的营业执照复印件、组织机构代码证复印件；事业单位需提交加盖公章的事业单位法人证书复印件；组织机构代码证复印件，涉外企业或其他组织的，需提交当地主管机构出具的注册证明，如为复印件，需要当地公证机构公证）。

(4) 许可人和被许可人签字或签章的委托书。

(5) 代理师身份证复印件。

(6) 如中国单位或个人向外许可专利的，办理时需提交商务部门出具的技术进出口登记证或技术进出口许可证。

(7) 如办理专利权许可变更、注销手续时，应当交回专利权许可证明通知书的原件。

以上文件是外文文本的，应同时附中文译文，以中文译文为准，当事人提交的中文译本应当有提供翻译文本的一方盖章。

时限：签订许可合同生效日的 3 个月内。若当事人逾期办理的，应当提交双方当事人签署的关于原专利实施许可合同有效性声明，并在该声明中对未在规定时限内办理许可备案手续的情况作出说明，同时承诺将承担因未在 3 个月内办理备案手续所带来的法律后果。

官费：无。

6.2.6.3 实务案例

实务案例：

【知识点】许可备案的案件是否为有效状态。

某被许可人 A 希望就其同专利权人 B 签署的专利实施许可合同委托代理机构备案。经代理机构查询，此专利正处于专利权恢复期内，经确认，被许可人 A 委托代理机构同时办理代理机构变更及恢复专利权。因办理代理机构变更及恢复专利权需要一定时间审批，故如果当事人 A 很着急拿到许可备案证明，也要等待专利权恢复后才能办理专利权许可备案手续。如果比较着急办理恢复手续，办理代理机构变更及恢复专利权的缴费不要通过邮局汇款，建议采用电子申请网缴费方式缴费，缴费数据能较早的进入专利局系统，以便审查员可以尽快做出审批决定。另外，如果希望专利局能顺利办理，最好客户邮寄纸件文件之前，先发送代理机构查看是否还存在问题，如有，可以及时调整。

◆注意事项

(1) 专利权人与他人订立专利实施许可合同的，应当自合同生效日起 3 个月内备案。若当事人逾期办理的，应当提交双方当事人签署的关于原专利实施许可合同有效性声明，并在该声明中对未在规定时限内办理许可备案手续的情况作出说明，同时承诺将承担因未在 3 个月内办理备案手续所带来的法律后果。

(2) 需要备案的专利权一定要有效，而且不能处于滞纳金、恢复期等特殊阶段，如果已经处在特殊阶段，需要先办理缴费或恢复等程序后才能办理。

(3) 中国专利（或申请）的许可合同均可以备案，但是尚未公开的，专利局不予公告。值得注意的是，经备案的专利申请被驳回、撤回或视为撤回的，当事人应当及时办理备案注销手续。

(4) 如果一份专利实施许可合同中，同时包括多个案件（专利申请），其中含中国专利和其他国家或地区的专利（专利申请），专利局仅对中国专利（中国专利申请）出具备案证明。

(5) 实施许可合同如果是法人签订，需要法人盖章及法人代表签字。

(6) 申请表一般由许可方签章；许可方或被许可方为外国人的，可由其委托的代理机构签章。

(7) 常见不予备案情形：

① 许可人不是合法专利权人或专利申请人或其他权利人。
② 共有专利权人违反法律规定或者约定订立专利实施许可合同的。
③ 同一专利实施许可合同重复申请备案的。
④ 与已经备案的专利实施许可合同冲突的。
⑤ 未经质权人同意的被质押的专利。
⑥ 实施许可的期限超过专利权有效期的。
⑦ 专利权被宣告无效或终止的,若专利权被宣告部分无效的情况下,当事人办理许可备案手续时,需提交被许可人知情同意的证明材料。
⑧ 专利权处于年费缴纳滞纳期的。
⑨ 因专利权的归属发生纠纷,或者人民法院裁定对专利权采取保全措施,专利权的有关程序被中止的。

6.2.7 专利权质押备案

6.2.7.1 实务操作

专利权质押备案是指专利局依据《专利法》及其实施细则以及《专利权质押登记办法》的规定,对出质人与质权人订立的书面专利权质押合同进行登记,并对外公示的行为。专利权质押登记申请经审查合格的,由专利局在专利登记簿上登记,并且通过专利公报进行公告,公告的内容包括出质人、质权人、主分类号、专利号、授权供稿人、质押登记日,专利权质押的变更和注销。质权自专利权质押登记之日起设立。未经登记,质权人就该出质专利权中财产权的变价款优先受偿的权力不能得到法律的确立。专利局在专利权质押登记审查中主要对质押专利的法律状态、出质人处置专利权的权利、质押合同以及手续文件的形式要求等方面进行审核。

《物权法》规定:"以专利权出质,应订立书面合同。该专利质权自主管部门办理出质登记时设立。如果当事人不办理专利权质押登记,则质权人基于担保物权的优先受偿权利得不到法律保障。基于主债权合同关系的专利权质押关系一旦建立,质权人必须同出质人共同办理质押登记手续。"

当事人可以通过面交和邮寄两种方式递交专利权质押登记备案的文件。

面交地址:北京市海淀区蓟门桥西土城路 6 号国家知识产权局专利局受理大厅 107 房间。

邮寄地址:北京市海淀区蓟门桥西土城路 6 号专利局初审部事务服务处,邮编:100088。当事人应当在邮寄信封上注明"质押登记"字样。

合同双方有一方或双方为涉外的企业或其他组织或个人的，当事人应当委托专利代理机构代理在专利局初审及流程管理部业务发文管理处办理。我国香港、澳门、台湾地区的当事人参照涉外当事人要求办理。

1）专利权质押登记。专利权质押登记申请表请参考图6-2-18。

专利权质押登记申请表

质押专利	专利名称		专利号		授权公告日	
出质人	名称				电话	
	地址				邮编	
质权人	名称				电话	
	地址				邮编	
代理师	名称				电话	
	地址				邮编	
债务合同信息	合同名称			债务履行期限		
	债务金额	（人民币）（外汇）		质押金额	（人民币）（外汇）	
	债权人			债务人		
	经济活动简述					
专利权是否经过资产评估	是□	评估单位名称				
	否□					
出质人签章： 年　月　日		质权人签章： 年　月　日		代理师签章： 年　月　日		

图6-2-18　专利权质押登记申请表

表格填写说明如下：

（1）关于出质人。出质人应当是专利权人。出质人有多个的，当事人可以基于表格的样式，增加行数以填写其余的出质人。当事人可以在第一页的"出质人"一栏中续接增加行数，也可以增加附页，在附页中复制"出质人"

一栏表格,以填写新增的出质人信息。当事人增加附页的,应当在附页上加盖双方的签字或签章,也可以在申请表和附页加盖骑缝章。

(2)关于质权人。专利权直接质押给债权人的,债权人是质权人;专利权质押给担保单位的,该担保单位为质权人。质权人有多个的,当事人可以基于表格的样式,增加行数以填写其余的出质人。当事人可以在第一页的"质权人"一栏中续接增加行数;也可以增加附页,在附页中复制"质权人"一栏表格,以填写新增的质权人信息。当事人增加附页的,应当在附页上加盖双方的签字或签章,也可以在申请表和附页加盖骑缝章。

(3)关于债务合同信息。

①"合同名称"的填写。当事人在这一栏中应当填写办理专利权质押登记手续时所提交的质押合同及债务合同名称,且保证所填合同名称与附具的相关合同名称一致。

②"债务履行期限"的填写。当事人在这一栏中应当采用起始日至终止日的方式填写专利权质押所担保的主债务履行的期限。

③"债务金额"的填写。债务金额是指专利权质押所担保的主债务的金额。当事人在这一栏中应当填写具体发生的主债务金额。债务金额以外币实现的,应当换算成美元进行填写。

④"质押金额"的填写。当事人在这一栏中应当依据专利权质押合同或者质押条款中关于质押担保范围的约定,填写质押金额。质押金额以外币实现的,应当换算成美元进行填写。

⑤"债权人"的填写。当事人应当依据专利权质押合同或者债务合同中所体现的债权人、放款人、授信人等信息,填写此栏。

⑥"债务人"的填写。当事人应当依据专利权质押合同或者债务合同中所体现的债务人、借款人、受信人等信息,填写此栏。

⑦"经济活动简述"的填写。当事人应当根据合同约定,简要填写债务关系和担保关系,只需表明债务人、债权人、出质人、质权人的关系即可。

(4)关于经济活动简述。指专利权质押发生的原因。

(5)关于专利权资产评估。专利资产评估不是必须提交的材料。但是如果为办理专利权质押手续,质押专利经过评估的,当事人办理登记手续时需要同时提交资产评估报告,并在申请表"专利权是否经过资产评估"一栏中,勾选"是",同时填写评估单位名称。当事人所填评估单位名称应当与评估报告中的出具单位名称保持一致。

当事人附具的专利权价值评估报告可以是原件或者复印件。

当事人未委托评估机构对专利权价值进行评估的,在填写申请表时,应当勾选"否"。

(6) 关于出质人、质权人和代理师的签章。专利权质押登记申请表应当由出质人、质权人和代理师共同签字或签章,并填写日期。

2) 专利权质押登记变更。专利权质押登记变更申请表请参考图 6-2-19。

专利权质押登记变更申请表

质押登记号				
代理师	名称		电话	
	地址		邮编	
变更内容	变更前		变更后	
专利项目				
出质人				
质权人				
出质人签章		质权人签章		代理师签章
年　月　日		年　月　日		年　月　日

图 6-2-19　专利权质押登记变更申请表

表格填写注意事宜如下：

(1)"质押登记号"一栏的填写。质押登记号是指专利权质押登记手续办理合格后，体现在专利权质押登记合格通知书中的登记编号。

(2)"代理师"一栏的填写。代理师是出质人和质权人共同委托办理专利权质押登记变更手续的民事代理师，其代理权限取决于委托书中出质人和质权人共同赋予代理师的委托权限。

(3)变更内容中"专利项目"一栏的填写。此处对应的是质押专利数量的增加或减少。如果新增质押专利的，应当在"变更后"的空格内填写新增专利的专利号，并在该专利号前写明"新增"两字；如果减少质押专利的，应当在"变更后"的空格内写明所去除的专利号，并在该专利号前写明"去除"两字。

注意，关于质押专利的变更，一定要在该专利号前写清楚"新增"或者"去除"，且保证专利号的准确、完整，专利号中的校验位必须填写。

(4)变更内容中"出质人"一栏的填写。变更出质人权利主体或名称的，应当在该表中的相应空格内，准确、完整的填写"变更前"和"变更后"的出质人名称。

出质人发生变更的，应当及时办理涉及专利权人的著录项目变更手续。

(5)变更内容中"质权人"一栏的填写。变更质权人名称的，应当在该表中的相应空格内，准确、完整的填写"变更前"和"变更后"的质权人名称。

注意：一般情况下，质权人权利主体不予变更。

(6)出质人、质权人和代理师的签章。专利权质押登记变更申请表应当由出质人、质权人和代理师共同签字或签章，并填写日期。

3) 专利权质押登记注销。专利权质押登记注销申请表请参考图 6-2-20。

表格填写注意事宜如下。

(1)"质押登记号"一栏的填写。质押登记号是指专利权质押登记手续办理合格后，体现在专利权质押登记合格通知书中的登记编号。

当事人在办理专利权质押登记注销手续时，应当准确、完整地填写质押登记号。

(2)"代理师"一栏的填写。代理师是出质人和质权人共同委托办理专利权质押登记注销手续的人员，其代理权限取决于委托书中出质人和质权人共同赋予代理师的委托权限。

（3）"注销事由"一栏的填写。注销事由应当体现当事人办理专利权质押登记注销手续的原因和依据。表格中填写的注销事由应当与当事人附具的注销证明材料相一致。一般情况下的注销事由包括：债务按期履行完毕、债务提前清偿完毕、质权已经实现、质权人放弃质权、因主合同无效或者被撤销而导致的质押合同无效或被撤销等情形。

专利权质押登记注销申请表

质押登记号				
代理师	名称		电话	
	地址		邮编	
注销事由				
出质人签章		质权人签章		代理师签章
年　月　日		年　月　日		年　月　日

图6-2-20　专利权质押登记注销申请表

（4）出质人、质权人和代理师的签章。专利权质押登记注销申请表应当由出质人、质权人和代理师共同签字或签章，并填写日期。

4）专利权质押备案的流程。

（1）垫付管理流程，一般适用于付款信誉好的涉外客户或国内长期合作客户委托流程，质押流程如图6-2-21所示，包括以下步骤：

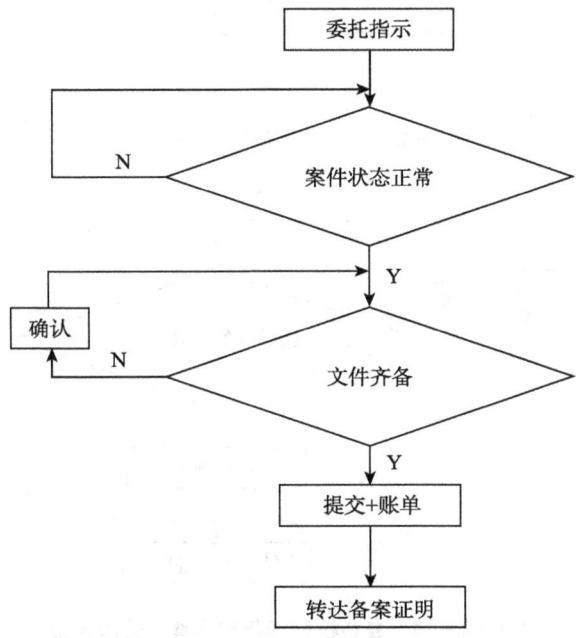

图6-2-21 专利权质押备案垫付管理流程

① 代理机构接到委托指示。

② 判断专利权是否有效，如是，则执行步骤③，如否，则同客户进一步联系。

③ 核实各项文件是否完毕无误，如是，则执行步骤④，如否，则同客户进一步确认。

④ 办理备案手续、开具账单对账、报告客户。

⑤ 转达备案证明，标记原件的份数。

（2）非垫付管理流程，一般适用于信誉较差的客户委托流程，质押流程如图6-2-22所示，包括以下步骤：

① 代理机构接到委托指示。

② 判断专利权是否有效，如是，则执行步骤③，如否，则同客户进一步联系。

③ 核实代理费用是否到账、各项文件是否完毕无误，如是，则执行步骤④，如否，则同客户进一步确认。

④ 办理备案手续、开具账单对账、报告客户。

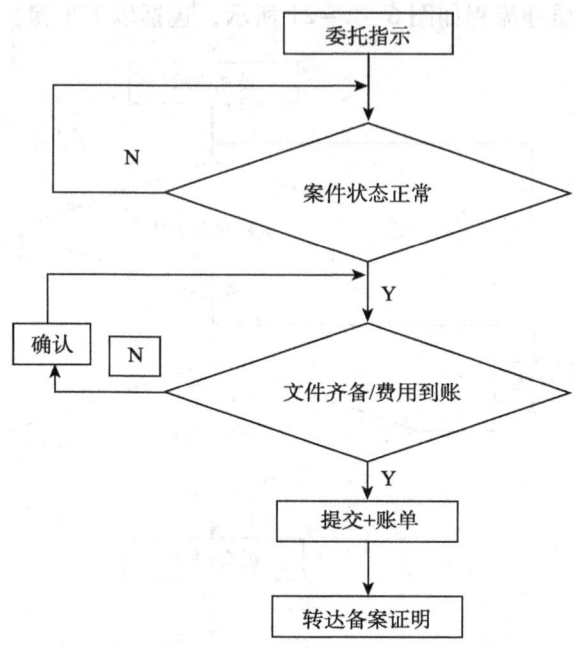

图6-2-22 专利权质押备案非垫付管理流程

⑤ 转达备案证明,标记原件的份数。

5)文件、时限及费用要求。

形式:纸件递交。

文件:

(1)经质押双方当事人和代理师盖章或签字的专利权质押申请表一份,委托专利代理机构的,应当加盖专利代理机构的公章。

(2)专利权质押合同或变更协议或注销协议原件一份或经公证的其复印件。

(3)出质人和质权人的合法身份证明(中国个人需提交身份证复印件,外国人可提交护照复印件;中国企业需提交加盖公章的营业执照复印件、组织机构代码证复印件;事业单位需提交加盖公章的事业单位法人证书复印件、组织机构代码证复印件;涉外企业或其他组织的,需提交当地主管机构出具的注册证明(如为复印件,需要当地公证机构公证)。

(4)出质人和质权人及被委托人共同签字或签章的委托书原件。

(5)被委托人身份证复印件。

(6) 专利权经过资产评估的，当事人还应当提交资产评估报告。

(7) 如办理专利权质押登记变更、注销手续时，应当交回专利权质押登记通知书的原件。

以上文件是外文文本的，应同时附中文译文，以中文译文为准。

时限：尽快办理。

官费：无。

6.2.7.2 实务案例

实务案例：

【知识点】质押备案。

出质人 A 和质权人 B 希望就其共同签署的专利权质押合同委托代理机构备案。经代理机构查询，此专利权人专利局系统记录为 A'，经确认，出质人 A' 已经变更为 A，A 为更名后的名称，经确认需先委托代理机构办理专利权人更名手续。因更名手续需要一定时间审批，故当事人 A 及 B 要等待专利权人更名生效后（专利局发出手续合格通知书），才能办理专利权权质押备案。

◆注意事项

(1) 质押专利超过 3 件的，在申请表中无法填写完整的，双方当事人可以参照质押专利信息表格，增设申请表附页，将余下的专利信息填写在附页中。当事人增加附页的，应当在附页上加盖质押双方当事人的签字或签章，或者在申请表和附页加盖骑缝章。为提高登记手续办理的效率，质押专利超过 10 项的，当事人可以同时提交质押专利电子表单。该电子表单应当采用 EX-CEL 文本格式，内容中务必保证质押专利号准确完整。填写时，校验位前的小数点应当删去。

(2) 需要备案的专利权一定要有效，而且不能处于滞纳金、恢复期等特殊阶段，如果已经处在特殊阶段，需要先办理缴费或恢复等程序后才能办理。

(3) 质押合同如果是法人签订，需要法人盖章及法人代表签字。

(4) 申请表经质押双方当事人和代理师盖章或签字，委托专利代理机构的，应当加盖专利代理机构的公章。

(5) 出质人不是合法专利权人或不是全体专利权人、专利申请尚未授权或专利权已经终止、专利权处于中止或保全期间、债务人履行债务的期限超过专利权有效期的、合同中约定在债务履行期届满质权人未受清偿时、专利权归质权人所有的、同一专利权重复质押的、将不予备案。专利权处于无效宣告程序,无效宣告为部分无效,则需要提交质权人知情同意的声明。

(6)专利权质押登记期间,当债务履行完毕后,质押双方当事人应当及时办理专利权质押登记注销手续,否则专利权人将因专利处于质押状态而无法对专利进行转让、许可、放弃等独立处分。

6.2.8 费减办理流程操作实务

6.2.8.1 相关法律法规知识

1. 专利收费减缴办法

根据2016年9月1日起施行的《专利收费减缴办法》,对满足条件的专利申请人或者专利权人可以减缴以下专利收费:(1)申请费(不包括公布印刷费、申请附加费);(2)发明专利申请实质审查费;(3)年费(自授予专利权当年起6年内的年费);(4)复审费。

专利申请人或者专利权人符合下列条件之一的,可以向专利局请求减缴上述收费:

(1)上年度月均收入低于3500元(年收入4.2万元)的个人。

(2)上年度企业应纳税所得额低于30万元的企业。

(3)事业单位、社会团体、非营利性科研机构。

两个或者两个以上的个人或者单位为共同专利申请人或者共有专利权人的,应当分别符合前款规定。

专利申请人或者专利权人为个人或者单位的,减缴上述四项规定收费的85%。

两个或者两个以上的个人或者单位为共同专利申请人或者共有专利权人的,减缴上述四项规定收费的70%。

2. 费减备案系统

费减备案系统用于申请人或专利权人办理专利费用减缴业务。申请人或专利权人通过费减备案系统在线填写并提交备案信息,若审核通过,则在一个自然年有效期内,该申请人提出专利费减请求的,即可按照《专利收费减缴办法》享受相应比例的专利费用的减缴,无需按照专利申请逐件再次提交专利费用减缴证明。申请人或专利权人在费减备案时须选择预费减备案的年份,每年的最后一个季度(10月1日)起开放下一年度的备案,以便于申请人或专利权人提前备案。

费减备案系统作为专利事务服务系统的一个模块,用户类型分为电子申请注册用户、其他用户。电子申请注册用户可直接登录办理业务，其他用户需要在本系统注册之后方可办理业务。

6.2.8.2 实务操作

1. 请求费减的条件

专利申请人或专利权人符合下列条件之一的，可以向国家知识产权局请求减缴部分专利收费：

（1）上年度月均收入低于3500元（年收入4.2万元）的个人，应当提交所在单位出具的年度收入证明及身份证复印件；无固定工作的，提交户籍所在地或者经常居住地县级民政部门或者乡镇人民政府（街道办事处）出具的关于其经济困难情况证明及身份证复印件。

（2）上年度企业应纳税所得额低于30万元的企业，应当提交盖章的上年度企业所得税年度纳税申报表复印件首页及主页及营业执照复印件。在汇算清缴期内，企业提交盖章的上上年度企业所得税年度纳税申报表复印件及营业执照复印件。

（3）事业单位、社会团体、非营利性科研机构，应当提交盖章的法人证明材料复印件。

专利申请人或者专利权人可以请求减缴下列专利收费：申请费（不包括公布印刷费、申请附加费），发明专利申请实质审查费，自授予专利权当年起六年的年费，复审费。

2. 递交费减请求

（1）新申请费减：申请人在提出专利申请时已经完成费减备案并请求费减的，只需在请求书中勾选"请求费减且已完成费减资格备案"，无需单独提交费用减缴请求书，由系统自动与费减备案信息进行匹配校对，如匹配成功，则可按规定享受相关费用的减缴。

（2）中间文件费减：申请人或者专利权人在专利审查过程中请求费减且已经完成了费减备案的，须提交费用减缴请求书，并按要求填写相应的费减备案证件号，由系统自动与费减备案信息进行匹配校对，如匹配成功，则可按规定享受相关费用的减缴。

需特别注意，收到费减请求批准后，专利申请人或者专利权人发生变更的，对于尚未缴纳的收费，变更后的专利申请人或者专利权人应当重新提交费减请求。

3. 费减办理的流程

备案人在线填写并提交费减备案信息,并确保所提交信息的真实可靠,系统对费减备案信息进行审核,若符合相应的费减条件,则告知请求人可享受到的费减权益,并告知请求人应当在规定的期限内将相关证明材料提交至指定的审核机构进行审核;对于未能在规定期限内向指定机构提交相关证明材料或经审核机构审核认定审核不合格的,其费减备案资格将被置为不合格,对于已减缴的费用由专利局进行追缴。对于备案不合格或者逾期失效的,申请人或者专利权人可以重新进行备案。

专利代理机构可以代为办理费减证明备案,办理的具体流程可参考图6-2-23,包括以下步骤:

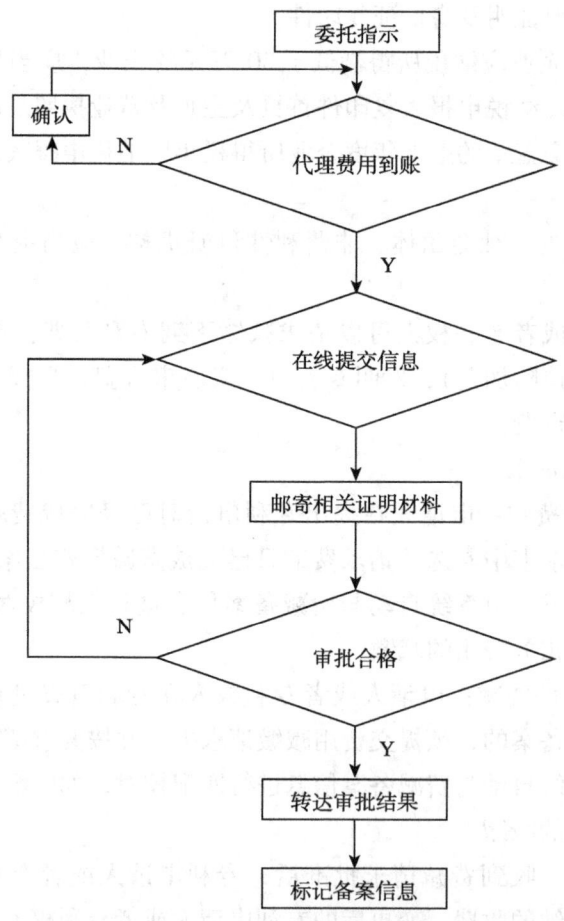

图6-2-23　专利机构代办费减证明备案流程

① 代理机构接到费减备案的委托指示。
② 如为非垫付管理客户，判断代理费用是否到款，如到，则执行步骤③，如否，则同客户进一步联系。
③ 在线填写并提交费减备案信息。
④ 邮寄相关备案材料。
⑤ 核实费减备案情况，如合格，则执行步骤⑥，如否，则返回执行步骤③。
⑥ 转达审批结果。
⑦ 在管理系统里标注备案信息。

专利代理机构递交费减请求流程可参考图6-2-24，包括以下步骤：

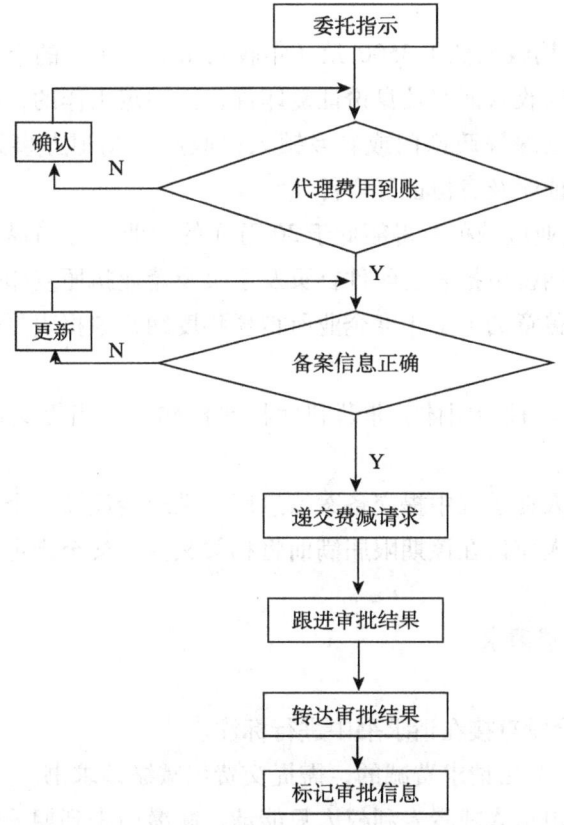

图6-2-24 专利代理机构递交费减请求流程

① 代理机构接到费减请求的委托指示。

② 如为非垫付管理客户，判断代理费用是否到款，如到，则执行步骤③，如否，则同客户进一步联系。

③ 在费减备案系统中确认备案信息是否正确，如正确，则执行步骤④，如否，则同客户进一步联系。

④ 递交费减请求。

⑤ 跟进审批结果。

⑥ 收到费减审批通知书，转达审批通知书。

⑦ 在管理系统里标注费减审批信息。

4. 文件、时限及费用要求

（1）费减证明备案

文件：

① 上年度月均收入低于3500元（年收入4.2万元）的个人，应当提交所在单位出具的年度收入证明及身份证复印件；无固定工作的，提交户籍所在地或者经常居住地县级民政部门或者乡镇人民政府（街道办事处）出具的关于其经济困难情况证明及身份证复印件。

② 上年度企业应纳税所得额低于30万元的企业，应当提交盖章的上年度企业所得税年度纳税申报表复印件首页及主页及营业执照复印件。在汇算清缴期内，企业提交盖章的上上年度企业所得税年度纳税申报表复印件及营业执照复印件。

③ 事业单位、社会团体、非营利性科研机构，应当提交盖章的法人证明材料复印件。

时限：备案人在系统中提交备案信息后，系统会反馈一个具体的提交证明文件期限，备案人应该在该期限届满前将相关文件提交至指定的审核机构。

官费：无。

（2）递交费减请求

文件：

1）新申请阶段直接在请求书中进行标注。

2）新申请递交后请求费减的，需提交费用减缴请求书。

时限：专利申请人或者专利权人只能请求减缴尚未到期的收费。减缴申请费的请求应当与专利申请同时提出，减缴其他收费的请求可以与专利申请同时提出，也可以在相关收费缴纳期限届满日两个半月之前提出。

官费：无。